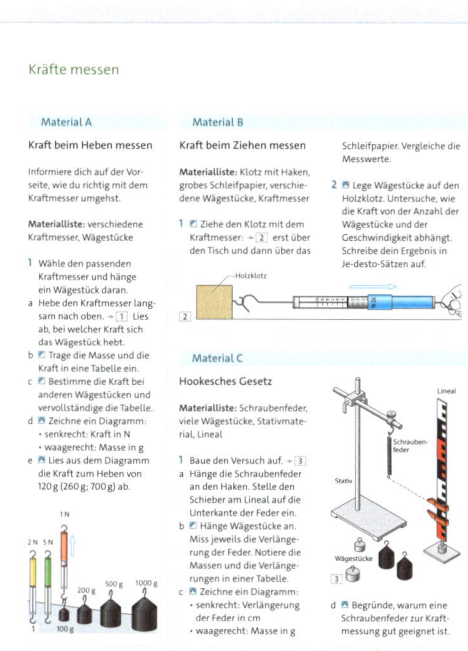

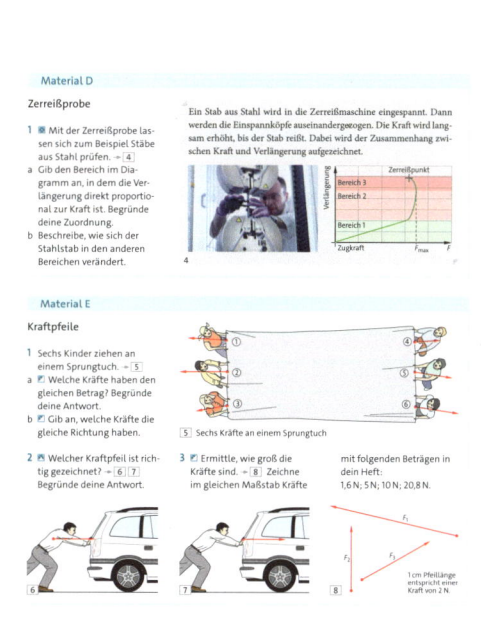

■ **Materialseiten**

... vor allem zum Anwenden und Üben

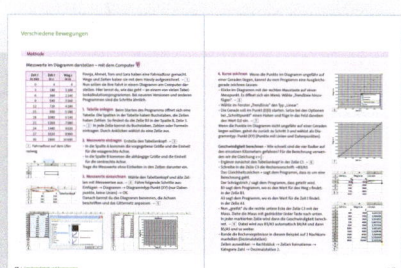

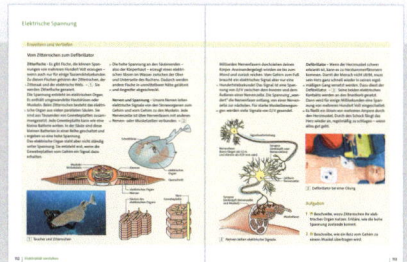

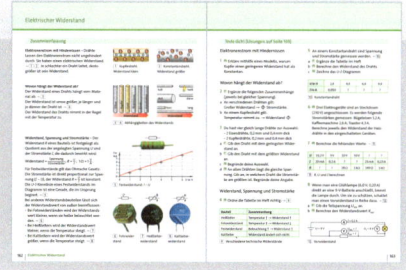

■ **Methodenseiten** zeigen Schritt für Schritt an einem Beispiel, wie man eine Arbeitsweise sinnvoll angeht.

Aufgaben, Methoden, Texte und Materialien mit [MK] [MK] [MK] [MK] tragen zum Erwerb von Medienkompetenzen bei.

■ **Erweitern-und-Vertiefen-Seiten** bieten interessante zusätzliche Texte mit Bildern und Aufgaben.

Die **Zusammenfassung** gibt einen Überblick über die Lerninhalte des Kapitels.

Die Aufgaben der **Teste-dich!-Seiten** helfen dir, dein Wissen selbst einzuschätzen. Die Lösungen der Aufgaben findest du im Anhang.

Niedersachsen

Natur und Technik

Physik 7/8

Cornelsen

NATUR UND TECHNIK
Physik 7/8 Niedersachsen

Autoren: Siegfried Bresler, Dr. Jochim Lichtenberger

Mit Beiträgen von: Bernd Heepmann, Holger Hellendrung, Nico Hirschbolz, Michael Hundertmark, Peter Kiener, Steffen Lenz, Franz Mangold, Kristin Menke, Claudia Täubner, Sven Theis, Sven Ungelenk, Franz Wimmer

Redaktion: Thomas Gattermann, Stephan Möhrle

Grafik und Illustration: Tobias Dahmen, Rainer Götze, Matthias Pflügner

Umschlaggestaltung: SOFAROBOTNIK GbR, Augsburg & München

Layoutkonzept: Typo Concept GmbH, Hannover

Technische Umsetzung: Straive

Begleitmaterialien zum Lehrwerk
Schulbuch als E-Book   1100029874
Handreichungen für den Unterricht mit Kopiervorlagen   978-3-06-011318-7
Unterrichtsmanager Plus   1100029879

www.cornelsen.de

Dieses Werk enthält Vorschläge und Anleitungen für Untersuchungen und Experimente. Vor jedem Experiment sind mögliche Gefahrenquellen zu besprechen. Beim Experimentieren sind die Richtlinien zur Sicherheit im Unterricht einzuhalten.

1. Auflage, 1. Druck 2023

Alle Drucke dieser Auflage sind inhaltlich unverändert und können im Unterricht nebeneinander verwendet werden.

© 2023 Cornelsen Verlag GmbH, Berlin

Das Werk und seine Teile sind urheberrechtlich geschützt.
Jede Nutzung in anderen als den gesetzlich zugelassenen Fällen bedarf der vorherigen schriftlichen Einwilligung des Verlages. Hinweis zu §§ 60 a, 60 b UrhG: Weder das Werk noch seine Teile dürfen ohne eine solche Einwilligung an Schulen oder in Unterrichts- und Lehrmedien (§ 60 b Abs. 3 UrhG) vervielfältigt, insbesondere kopiert oder eingescannt, verbreitet oder in ein Netzwerk eingestellt oder sonst öffentlich zugänglich gemacht oder wiedergegeben werden. Dies gilt auch für Intranets von Schulen.

Soweit in diesem Lehrwerk Personen fotografisch abgebildet sind und ihnen von der Redaktion fiktive Namen, Berufe, Dialoge und Ähnliches zugeordnet oder diese Personen in bestimmte Kontexte gesetzt werden, dienen diese Zuordnungen und Darstellungen ausschließlich der Veranschaulichung und dem besseren Verständnis des Inhalts.

Druck und Bindung: Mohn Media Mohndruck, Gütersloh

ISBN 978-3-06-011317-0

PEFC zertifiziert
Dieses Produkt stammt aus nachhaltig bewirtschafteten Wäldern und kontrollierten Quellen.
www.pefc.de

Inhaltsverzeichnis

Energie 6

Energie – Antrieb für alles	8
Energie wird transportiert	12
Energie wird gespeichert	14
Erweitern und Vertiefen:	
Lageenergie speichern – mit Wasser	17
Energie in Zahlen	18
Thermische Energie – Temperatur	20
Wo bleibt die Energie?	22
Energie ist kostbar!	24
Zusammenfassung – Teste dich!	26

Geschwindigkeit und Bewegungen 28

Geschwindigkeit	30
Methode: Kein Zahlenwert ohne Einheit	32
Methode: Genau messen – sinnvolle Messwerte angeben	33
Erweitern und Vertiefen:	
Das Internationale Einheitensystem	35
Mit Geschwindigkeiten rechnen	36
Erweitern und Vertiefen: Fahrradtacho	40
Erweitern und Vertiefen: „Blitzer" am Straßenrand	41
Verschiedene Bewegungen	42
Methode: Messwerte im Diagramm darstellen	46
Methode: Messwerte im Diagramm darstellen – mit dem Computer	48
Zusammenfassung – Teste dich!	52

 Seiten mit diesem Zeichen enthalten Inhalte, die zum Erwerb von Medienkompetenzen beitragen.

Kräfte und ihre Wirkungen 54

Was Kräfte bewirken 56
Kräfte messen 58
   Methode: Kräfte messen mit dem Kraftmesser 59
Auf dem Mond ist alles leichter 📱 62
   Methode: Videos für den Physikunterricht aufnehmen 📱 .. 64
Wenn mehrere Kräfte wirken 66
Reibungskraft 📱 68
Kraft und Bewegung 70
   Erweitern und Vertiefen:
   Volle Kraft zurück – es geht nach vorn! 72
Kräfte beim Bremsen und Kurvenfahren 74
Zusammenfassung – Teste dich! 76

Elektrizität nutzen 80

Elektrische Geräte und Schaltungen 82
   Methode: Elektrische Versuche sicher durchführen 85
Wir bauen einen Haartrockner nach 86
Was elektrische Geräte tun 88
Zusammenfassung – Teste dich! 90

Elektrizität verstehen 92

Elektrisch geladen 94
   Erweitern und Vertiefen: Das Gewitter 97
So wird elektrische Energie transportiert 98
Elektrische Stromstärke 102
   Methode: Elektrische Stromstärke messen 105
Elektrische Spannung 106
   Methode: Elektrische Spannung messen 109
   Methode: Fehler in Schaltungen finden 110
   Erweitern und Vertiefen: Gefährliche Spannungen 111
   Erweitern und Vertiefen:
   Vom Zitterrochen zum Defibrillator 112

Parallelschaltung im Haushalt 114
Schutzmaßnahmen im Stromnetz 118
    Erweitern und Vertiefen: Elektroniker/-in,
    Fachrichtung Energie- und Gebäudetechnik 124
    Erweitern und Vertiefen: Spannung und
    Potenzialunterschied 125
Zusammenfassung – Teste dich! 126

Elektrische Leistung und Energie   130

Elektrische Leistung 132
    Erweitern und Vertiefen: 7 Radfahrer = 1 Toast 136
    Erweitern und Vertiefen:
    Mit weniger Leistung genauso hell 137
Wie teuer ist elektrische Energie? 138
    Methode: Im Internet recherchieren 142
    Methode: Gute Präsentationen in Physik halten 143
Zusammenfassung – Teste dich! 146

Elektrischer Widerstand   148

Elektronenstrom mit Hindernissen 150
Wovon hängt der Widerstand ab? 152
    Methode: Versuche planen 154
Widerstand, Spannung und Stromstärke 156
    Erweitern und Vertiefen:
    Technische Widerstände als Sensoren 160
Zusammenfassung – Teste dich! 162

Zum Nachschlagen   164

Lösungen der Testaufgaben 164
Sachregister 170
Bildquellenverzeichnis 172
Operatoren 173
Tabellen 174

Energie

Die Stadt und ihr Jahrmarkt benötigen viel Energie. Wofür wird die Energie genutzt?

Ein gesundes Frühstück schmeckt und gibt dir Energie für den Tag. Wie viel Energie brauchst du?

Der Flummi erreicht schon beim ersten Sprung die Starthöhe nicht mehr. Wo ist seine Energie geblieben?

Energie – Antrieb für alles

1 Überall Energie

Energie treibt alles an – nicht nur auf dem Jahrmarkt.

Energie • Die Wagen im Autoscooter werden von Elektromotoren bewegt, der Laster von einem Verbrennungsmotor, das Spielzeugboot von einem aufgeblasenen Luftballon. ▶ 1 Das Ergebnis ist immer dasselbe: Ein Fahrzeug wird bewegt.

Wenn du kalte Hände hast, kannst du sie gegeneinanderreiben, ins Sonnenlicht halten, an eine Wärmflasche oder einen Heizkörper legen. Das Ergebnis ist immer dasselbe: Die Hände werden erwärmt.

Stelle dir einen „Wirkstoff" vor, der das Bewegen und Erwärmen erreicht. Man braucht ihn auch, um etwas zu heben, eine Feder zu spannen, einen Luftballon aufzublasen, Musik zu machen ... Diesen „Wirkstoff" nennen wir Energie.

> Wir brauchen Energie, um Dinge zu bewegen, zu erwärmen, zu beleuchten, zu heben ...

die Energie
die Energieform
der Energiewandler
die Energieumwandlung

Energieformen • Die elektrischen Leitungen bringen viel Energie zum Jahrmarkt. Damit werden Autoscooter, Kassen, Beleuchtung, der Elektrogrill und vieles mehr betrieben.
Ein Fahrzeug braucht ständig Energie zum Antrieb. Sie ist meist im Fahrzeug gespeichert: im Benzin, in einer Batterie oder im aufgeblasenen Luftballon.

> Energie begegnet uns in verschiedenen Energieformen: → 2
> - elektrische Energie
> - chemische Energie
> - Strahlungsenergie
> - mechanische Energie:
>   Lageenergie, Bewegungsenergie, Spannenergie
> - thermische Energie (Wärme)

Energiewandler • Der Autoscooter wandelt elektrische Energie in Bewegungsenergie um. → 3
Die Solarzellen im Solarkraftwerk nehmen Strahlungsenergie von der Sonne auf und geben elektrische Energie ab. → 4 Mit der elektrischen Energie kann ein Ventilator angetrieben werden. Er setzt die Luft in Bewegung.

> Energie kann von einer Form in eine andere umgewandelt werden.

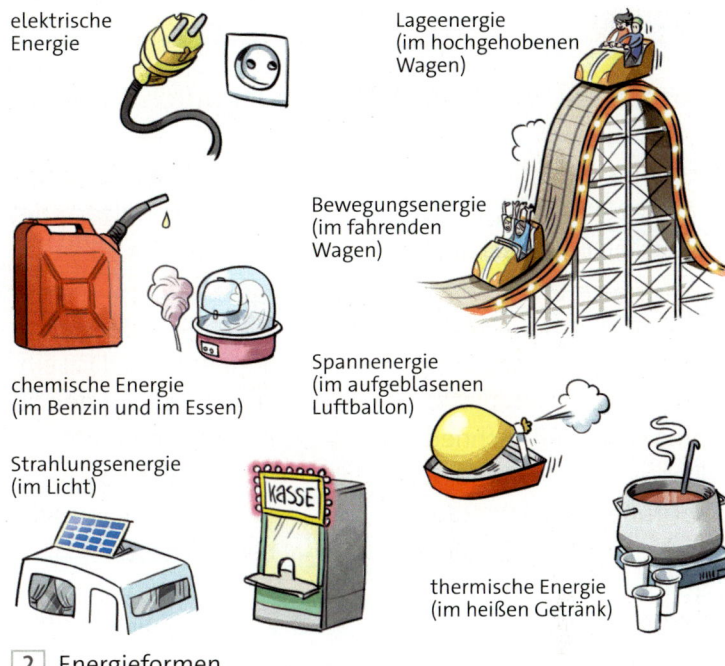

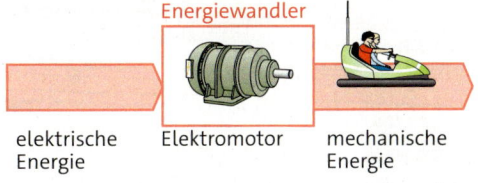

2 Energieformen

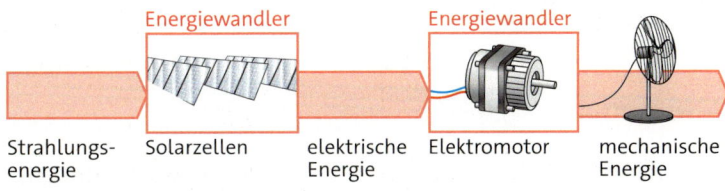

3 Energiekette: Elektromotor

4 Energiekette: Solarzellen und Ventilator

Aufgaben

1 ▣ Nenne alle Energieformen, die du kennst.
Gib zu jeder Energieform ein Beispiel vom Jahrmarkt an. → 1

2 ▣ Zwischen dem Aufstehen und der Schule nutzt du Energie in vielen Formen mit verschiedenen Geräten. Schreibe drei Geräte auf und zeichne die Energieketten bei der Nutzung dieser Geräte.

Energie – Antrieb für alles

Material A

Brauserakete

Materialliste: Filmdose, Brausetablette, Wasser, Auffangbecken oder Backblech

1. Fülle die Dose zu einem Viertel mit Wasser. → 1 Lege die Brausetablette hinein. Schließe schnell den Deckel und stelle die Dose kopfüber in das Becken.
   a ▸ Beschreibe deine Beobachtung.
   b ▸ Zeichne die Energiekette und beschrifte sie.

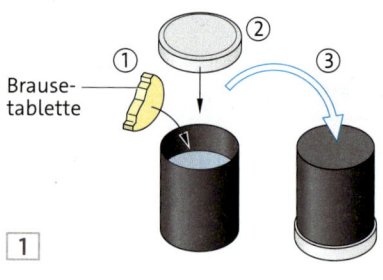

Material B

Feuer durch Sonnenlicht

Materialliste: Lupe (groß und dick), Streichhölzer, Knete (nicht brennbar)

1. Halte die Lupe so ins Sonnenlicht, dass ein heller Fleck oben auf den Streichhölzern entsteht. → 2 Warte ein wenig ...
   ▸ Beschreibe, was du beobachtest.

2. ▸ Nenne die beteiligten Energieformen.

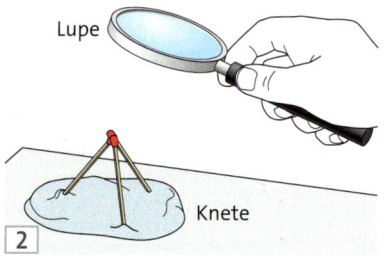

Material C

Solarpropeller

Materialliste: Taschenlampe, Solarmodul, Solarmotor mit Propeller, 2 Kabel

1. Schließe den Solarmotor mit den Kabeln an das Solarmodul an. → 3 Bringe den Motor mithilfe der Taschenlampe zum Laufen.
   a ▸ Nenne die beteiligten Energieformen.
   b ▸ Zeichne die Energiekette und beschrifte sie.

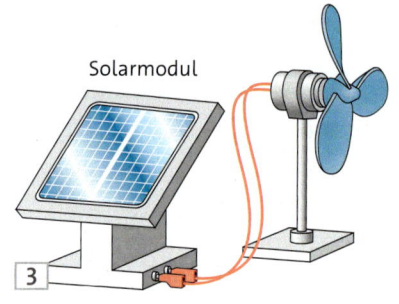

Material D

Kartoffelbatterie

Materialliste: 4 Kartoffeln, 4 Fünf-Cent-Münzen, 4 Unterlegscheiben (verzinkt), 5 Kabel mit Krokodilklemmen, Leuchtdiode (rot, „2 mA")

1. Stecke in jede Kartoffel eine Münze und eine Unterlegscheibe. → 4 Verbinde das lange Bein der Leuchtdiode mit der ersten Münze. Setze die Verkabelung dann genauso wie im Bild fort.
   ▸ Gib die beteiligten Energieformen an.

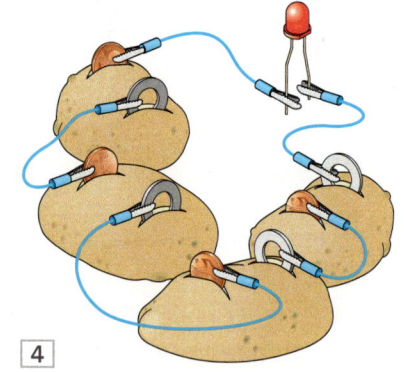

Material E

Thermogenerator

Materialliste: Thermogenerator, Solarmotor mit Propeller, 2 Honiggläser mit Metalldeckeln, Wasser (60 °C, 0 °C), Topflappen

1 Stecke den Thermogenerator vorsichtig zwischen die beiden Gläser. → 5
   a ▸ Beschreibe, was du beobachtest.
   b ▸ Zeichne die Energiekette und beschrifte sie.

2 Tausche die Gläser: heißes Wasser nach oben, kaltes nach unten.
   ▸ Beobachte den Propeller. Vergleiche seine Bewegung mit der in Versuch 1. → 5

Achtung • Hände schützen: Topflappen benutzen!

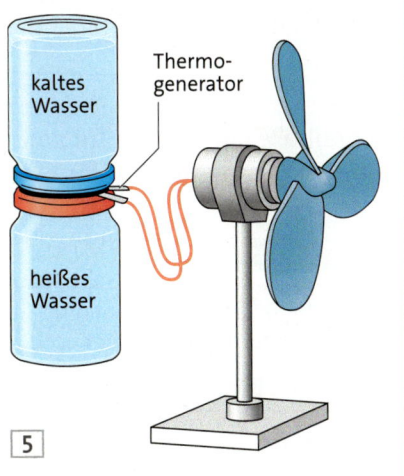

5

Material F

Jo-Jo-Mobile

Materialliste: Stativ, Jo-Jo-Mobile → 6

6

1 Hänge das Mobile ans Stativ. Wickle das Mobile auf und lass es dann los.
   a ▸ Beobachte und beschreibe, was geschieht.
   b ▸ Gib an, wann sich das Mobile am schnellsten dreht und wann am langsamsten.
   c ▸ Gib an, wann die Lageenergie am größten ist und wann am kleinsten.

Material G

Aufziehautos

Materialliste: Modellautos mit Schwungrad und mit Federantrieb, Maßband (10 m)

1 ▸ Was musst du tun, damit die Autos fahren? Beschreibe.

2 ▸ Wovon hängt es ab, wie weit die Autos auf ebener Strecke fahren? Untersuche, miss und beschreibe.

3 ▸ Zeichne für jedes Auto die Energiekette und beschrifte sie.

Material H

Mechanische Energie

7 Zweiradmechatronikerin

1 Was ist mit „mechanisch" gemeint?
   a ▸ Die Mechanik ist ein Teilgebiet der Physik. Informiere dich, was das Wort bedeutet.
   b ▸ Recherchiere Ausbildungsberufe mit einem „Mecha" im Namen. → 7 Wähle einen Beruf aus und beschreibe ihn deinem Sitznachbarn.

Energie wird transportiert

1 Hochspannungsleitungen

Materialien zur Erarbeitung: A–C

2 Pipeline für Erdöl

Wie gelangt die Energie dorthin, wo sie benötigt wird?

Große Energietransporte • Am Meer weht oft Wind. Dort lohnen sich Windenergieanlagen. Sie erzeugen elektrische Energie. Hochspannungsleitungen transportieren die Energie. → 1 Pipelines bringen Erdöl und Erdgas über Tausende von Kilometern nach Europa. → 2 Eine Pipeline transportiert etwa so viel Energie wie 80 Hochspannungsleitungen.
Die Sonne ist unsere wichtigste Energiequelle. Sie liefert innerhalb von etwa 20 Minuten so viel Energie, wie alle Menschen zusammen jährlich nutzen. Ihre Strahlungsenergie ist 150 Millionen Kilometer bis zur Erde unterwegs.

Kleine Energietransporte • Sie begleiten uns auf Schritt und Tritt:
- Die Fahrradkette transportiert mechanische Energie von den Pedalen zum Hinterrad. → 3
- Warmes Wasser transportiert thermische Energie vom Heizkessel zu den Heizkörpern. → 4

▎ **Energie lässt sich transportieren.**

Transportarten • Energie wird auf unterschiedliche Weise transportiert:
- elektrische Energie mit Kabeln
- chemische Energie mit Erdöl, Erdgas, Benzin, Kohle und Nahrungsmitteln
- Strahlungsenergie mit Licht, Radiowellen, Mikrowellen ...
- mechanische Energie mit Ketten, Seilen, Stangen ... oder mit Wind und Wasser
- thermische Energie mit heißen Flüssigkeiten und Gasen

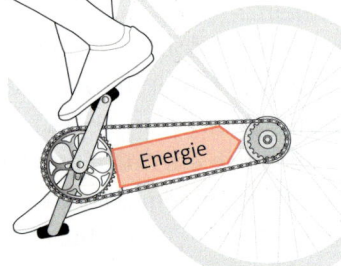

3 Fahrradantrieb

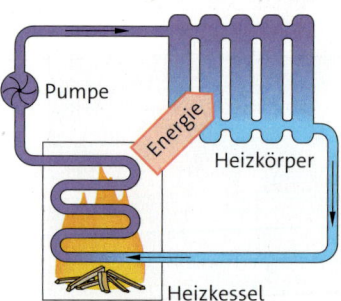

4 Heizungsanlage

Aufgaben

1 ▸ Nenne unsere wichtigste Energiequelle und die von ihr abgegebene Energieform.

2 ▸ Beschreibe je ein Beispiel für eine Transportart der Energie. → 5

Beispiele für Energietransport
Kabel transportieren elektrische Energie vom Kraftwerk bis zum Mixer in der Küche.
Ein Tankwagen mit Benzin transportiert ...

5 Beispieltabelle

der Energietransport

Material A

Mechanische Energie

Materialliste: 2 Handtrommeln, Schlägel, Tischtennisball, Schnüre, Stative

1 Schlage gegen die linke Handtrommel. → 6
   ▶ Beobachte den Ball. Vermute, wie die Energie zu ihm kommt. Schreibe Beobachtung und Vermutung auf.

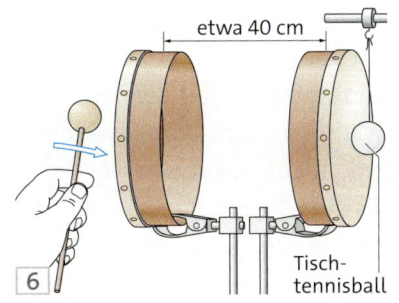

Material B

Thermische Energie (Demoversuch)

Materialliste: Zirkulationsrohr, Stativ, Drahtnetz, Wasser, buntes Badesalz, Gasbrenner

1 ▶ Ins Wasser wird etwas Badesalz gestreut. → 7 Dann erhitzt die Lehrkraft das Wasser vorsichtig unter einer Seite. Beschreibt eure Beobachtungen.
   Achtung • Schutzbrille aufsetzen!

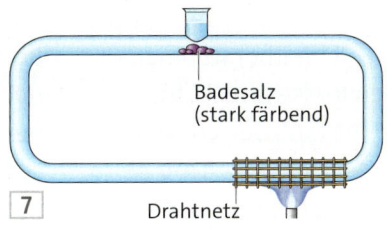

Material C

Elektrische Energie

Materialliste: Handgenerator, viele Kabel, Glühlampe (6 V; 30 W)

1 Probiert mit vielen Kabeln aus, wie weit sich die elektrische Energie im Raum transportieren lässt. → 8
   ▶ Beschreibt eure Beobachtungen.

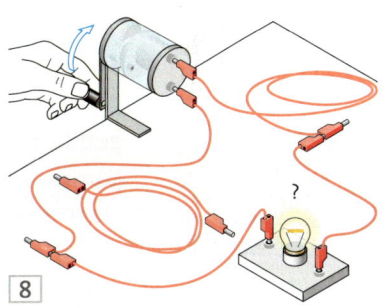

Material D

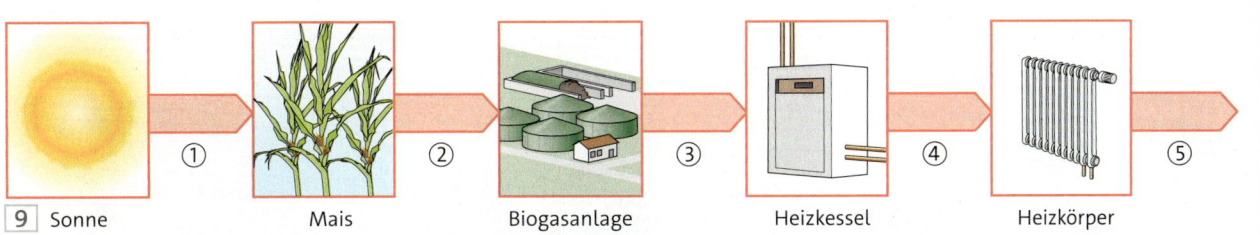

9 Sonne — Mais — Biogasanlage — Heizkessel — Heizkörper

Heizen mit Biogas

Energieabgabe	Energieform	Energieaufnahme
Sonne	Strahlungsenergie	Mais

10 Beispieltabelle

1 Die Nummern in der Energiekette stehen für verschiedene Energieformen. → 9
   a ▶ Vervollständige die Beispieltabelle im Heft. → 10
   b ▶ Beschreibe jeweils, wie die Energie transportiert wird oder werden könnte.

Energie wird gespeichert

Materialien zur Erarbeitung: A–C

Der Mähroboter fährt nach 2 Stunden an die Ladestation. Dann braucht der Akku wieder neue Energie.

Energie im „Tank" • Busse an Oberleitungen können nur entlang der Leitungen fahren. → 2 Um überall hinzukommen, nutzen Busse und Autos stattdessen die im Tank oder Akku gespeicherte Energie. → 3 4 Und beim Radfahren bist du der Energiespeicher.

Speicherarten • Energie wird auf verschiedene Arten gespeichert:
• chemische Energie zum Beispiel in den Energieträgern Benzin, Holz, Kohle und Erdöl oder in Batterien und Akkus → 3 – 6
• elektrische Energie in Kondensatoren → 7
• thermische Energie zum Beispiel in heißen Flüssigkeiten → 8
• mechanische Energie zum Beispiel in gespannten Gegenständen oder in Stauseen → 9 10

Fossil – erneuerbar • Die fossilen Energieträger Kohle, Erdöl und Erdgas sind in großen Mengen über Jahrmillionen entstanden (lat. fossilis: ausgegraben). Sie enthalten pro Kilogramm sehr viel chemische Energie. Ihre natürlichen Vorräte sind begrenzt.
Bäume und „Energiepflanzen" wie zum Beispiel Mais wachsen immer wieder nach. Sonnenlicht, Wind und Wasser liefern uns ständig Energie. Wir sprechen von erneuerbaren Energieträgern.

> Energie lässt sich auf verschiedene Arten speichern. Erneuerbare Energieträger stehen immer wieder bereit, um Energie zu liefern, fossile Energieträger nur einmal.

2 Der Elektrobus erhält ständig Energie aus den Oberleitungen.

3 Im Benzin ist chemische Energie gespeichert.

4 In den Akkus von E-Autos ist chemische Energie gespeichert.

14 | Energie

der Energiespeicher
der fossile Energieträger
der erneuerbare
   Energieträger

5 6 Brennholz und Batterien: Speicher für chemische Energie

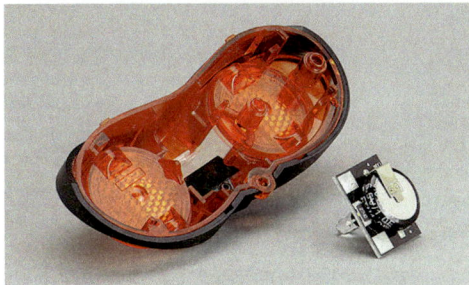

7 Kondensator im Rücklicht (rechts): Speicher für elektrische Energie

8 Heißer Kaffee in der Thermosflasche: Speicher für thermische Energie

9 10 Gespannter Bogen, Stausee: Speicher für mechanische Energie

Aufgaben

1 ▸ Beschreibe je ein Beispiel: Speicher für chemische, elektrische, thermische, mechanische Energie.

2 ▸ Kerzen wandeln die gespeicherte Energie beim Verbrennen um. Nenne alle beteiligten Energieformen.

3 ▸ Eine der Energieformen, die du kennst, fehlt in unseren Beispielen, weil sie sich nicht direkt speichern lässt (sie muss vorher umgewandelt werden). Nenne diese Energieform.

4 ▸ „Zum Antrieb für das Radfahren gibt es verschiedene Energiespeicher." Begründe diese Aussage.

Energie wird gespeichert

Material A

Handwärmer

Materialliste: Handwärmer („aufgeladen")

1. Drücke auf das kleine Metallplättchen im Handwärmer. → 1 Nimm das Wärmekissen dann in die Hand. ☒ Beschreibe, was du beobachtest und mit der Hand fühlst.

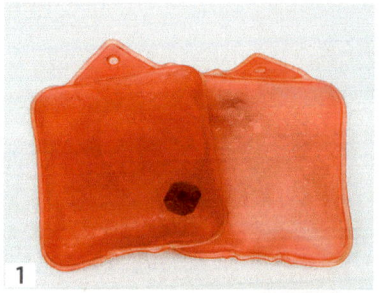

Material B

Elektrischer Energiespeicher

Materialliste: Goldcap-Kondensator (1 F; 5,5 V), 2 Kabel mit Krokodilklemmen, Solarmotor mit Propeller, Batterie (1,5 V)

1. Verbinde den Kondensator für 1 Minute mit der Batterie. Beachte die Polung! → 2 Schließe ihn dann an den Solarmotor an. ☒ Beschreibe deine Beobachtungen.

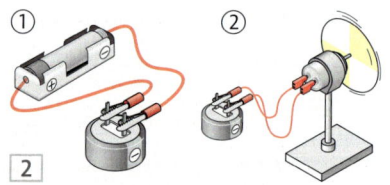

Material C

„Magnetkanone"

Materialliste: Magnetkugel, 4 Stahlkugeln, Rinne (aus Holz oder Kunststoff)

1. Lass die Stahlkugel langsam gegen die Magnetkugel rollen. → 3
   a ☒ Beschreibe deine Beobachtung.
   b ☒ Erkläre die Beobachtung. Tipp: Woher kommt die Energie? Wenn du die Anlage für den nächsten Schuss vorbereitest, merkst du es.

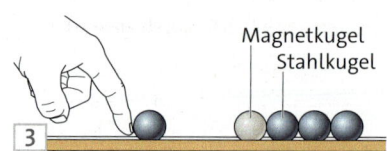

Material D

Meisterspringer

1. Lies den Text. → 4
   a ☒ Gib die Körperlänge einer Zikade an (in mm).
   b ☒ Nenne die Energieformen beim Spannen, Abspringen und Fliegen.
   c ☒ Gib an, wann die Spannenergie bzw. die Bewegungsenergie am größten ist.
   d ☒ Zeichne eine Energiekette für den Absprung.

Stelle dir vor, du könntest das 200-Fache deiner Körperlänge weit springen. Manche Zikaden schaffen das, sie können 1 m weit springen! Sie nutzen gespeicherte mechanische Energie für den Absprung. Mit ihren dicken Muskelpaketen spannt die Zikade zwei elastische Spangen in ihrer Brust. Die Spangen sind mit den Hinterbeinen verbunden. Zwei „Stifte" halten sie sprungbereit. Bei Gefahr löst die Zikade diese Stifte. Dann schnellen die Hinterbeine los und schleudern die Zikade außer Gefahr.

Erweitern und Vertiefen

Lageenergie speichern – mit Wasser

Speicherkraftwerke • Das Wasser hinter der Staumauer speichert wegen seiner hohen Lage viel Energie. → 5 Wenn es durch die Rohre zum Kraftwerk nach unten strömt, wandelt sich seine Lageenergie in Bewegungsenergie um. → 6 Das strömende Wasser treibt Turbinen an. An die Turbinen sind Generatoren angeschlossen. Sie wandeln mechanische Energie in elektrische Energie um.

Pumpspeicherkraftwerke • Bei starkem Wind oder strahlendem Sonnenschein erzeugen Wind- und Solarenergieanlagen oft viel mehr elektrische Energie, als gerade benötigt wird. Die überschüssige Energie kann im Pumpspeicherkraftwerk genutzt werden, um Wasser in das obere Becken zu pumpen. → 7 Dort ist dann viel Lageenergie gespeichert. Wenn später einmal besonders viel elektrische Energie benötigt wird, lässt man das Wasser wieder nach unten strömen. Dabei treibt es Turbinen und Generatoren an.

5 Speicherkraftwerk

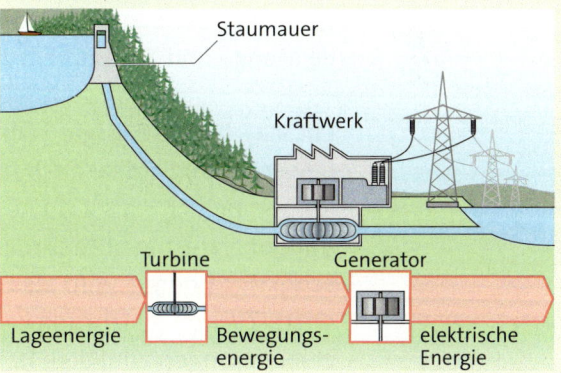

6 Speicherkraftwerk: Prinzip und Energiekette

Aufgaben

1 ▸ Beschreibe die Aufgaben von Turbinen und Generatoren in Speicherkraftwerken.

2 ▸ Begründe, warum Speicherkraftwerke eine möglichst hohe Staumauer haben.

3 ▸ „Pumpspeicherkraftwerke sind Unsinn! Erst wird das Wasser mühsam hochgepumpt, um es später wieder runterlaufen zu lassen." Nimm Stellung dazu.

7 Pumpspeicherkraftwerk

Energie in Zahlen

1 Joule ist sehr wenig Energie. In 1 m Höhe haben 100 g Schokolade eine Lageenergie von rund 1 J. → 3 Die chemische Energie der Schokolade beträgt dagegen 2,3 Millionen Joule! Energie wird daher oft in Megajoule (MJ) oder in Kilojoule (kJ) angegeben: → 4
1 MJ = 1 000 000 J; 1 kJ = 1000 J.
Elektrische Energie gibt man oft in Kilowattstunden (kWh) an: 1 kWh = 3,6 MJ.

Täglicher Energiebedarf • Dein Körper braucht täglich 4000–6000 kJ für seine „Heizung" und die inneren Organe. Jede Bewegung benötigt weitere Energie. In der Wachstumsphase brauchst du daher täglich 9000–11 000 kJ Energie.

Nahrung gibt Energie zum Leben. Um gesund zu bleiben, sollte es die passende Menge und Zusammensetzung sein.

Ein Maß für die Energie • Ohne Energie bewegt sich nichts – auch nicht dein Körper. Täglich musst du neue Energie mit der Nahrung aufnehmen. Überschüssige Energie wird als Fett gespeichert. Zu wenig Nahrung kann Mangelerscheinungen zur Folge haben. Der Brennwert gibt an, wie viel Energie ein Nahrungsmittel enthält. → 2

Energiewerte auf Nahrungsmitteln werden in Joule (J) oder Kilojoule (kJ) angegeben.

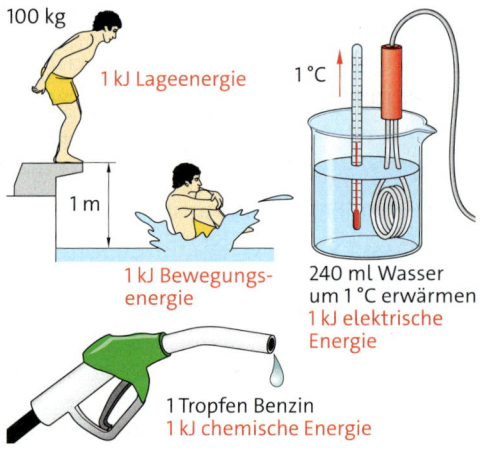

4 Beispiele für 1 Kilojoule (1 kJ)

2 3 Chemische Energie und Lageenergie in 100 g Schokolade

Aufgabe

1 Ben nimmt täglich 12 000 kJ Energie mit seiner Nahrung auf.
a Berechne, wie viele Tafeln Schokolade so viel Energie haben.
b Gib Ben einen Ernährungstipp. Begründe ihn.

der Brennwert
das Joule (J)

Material A

Tägliche Energieaufnahme

Materialliste: Smartphone, Ernährungs-App, Küchenwaage

1 Wie viel Energie nimmst du zu dir?
a ▣ Wiege alles, was du an einem Tag isst und trinkst. Notiere die Werte. → 5
b ▣ Ermittle mit einer Ernährungs-App für alle Tabelleneinträge die Energie in Kilojoule (kJ).
c ▣ Berechne deine gesamte Energieaufnahme an einem Tag.

Nahrungs-mittel	Masse	Energie
Ei	60 g	388 kJ
Apfelsaft	250 g	?
...	...	...
Summe		?

5 Beispieltabelle

Material B

Kilokalorien (kcal)

1 ▣ Die Energie von Nahrungsmitteln wird oft in Kilokalorien (kcal) statt in Joule (J) angegeben. → 2 Gib eine Umrechnungsregel an:
1 kcal = ◇ J.

Material C

Energie und Sport

Als 13- bis 15-Jähriger Junge benötigst du etwa 11000 kJ Energie täglich, als gleichaltriges Mädchen 9000 kJ.

1 ▣ Leon ist 15 Jahre alt. Am Morgen frühstückt er zwei Käsebrötchen. In der Schule isst er 2 Schokoriegel, zum Mittag 1 Teller Nudeln mit Soße, am Nachmittag 1 Stück Käsekuchen und am Abend 2 Bratwürste mit Pommes frites. Dazwischen nascht er noch eine halbe Tafel Schokolade und trinkt 3 kleine Cola.
a Berechne, wie viel Energie Leon an diesem Tag aufnimmt. → 6
b Leon möchte die überschüssige Energie des Tages durch Sport wieder loswerden. Mache ihm drei Vorschläge. → 7

2 ▣ Tarek hat eine Tafel Schokolade gegessen. Er sagt: „Ich radle 5 km zur Schule. Da verbrauche ich die Energie wieder."
Beurteile Tareks Aussage.

Nahrungsmittel	Energie
Vollmilch (0,5 l)	1300 kJ
Cola (0,33 l)	1200 kJ
Apfelsaft (0,2 l)	400 kJ
Hamburger	1100 kJ
Schokolade (Tafel)	2300 kJ
Schokoriegel	1000 kJ
Pommes frites (200 g)	1800 kJ
Döner Kebab	3200 kJ
Nudeln mit Soße	2000 kJ
Käsekuchen (Stück)	1600 kJ
Käsebrötchen	1500 kJ
Bratwurst	900 kJ
Müsli (Portion)	1000 kJ
Banane (170 g)	400 kJ
Paprika (200 g)	200 kJ
Schlagsahne (50 g)	600 kJ

6 Energie in Nahrungsmitteln

Tätigkeit	Energie
Bergsteigen	4800 kJ
Skilanglauf	3800 kJ
Fußballspielen	3000 kJ
Jogging	2500 kJ
Schwimmen	1800 kJ
Tanzen	1800 kJ
Radfahren (Flachland)	1200 kJ
Gymnastik	1200 kJ
Spazierengehen	400 kJ
Stehen	100 kJ
Sitzen	100 kJ

7 Energiebedarf, jeweils für eine Stunde Bewegung

Thermische Energie – Temperatur

Welches Wasser enthält mehr thermische Energie: das Wasser in der Badewanne oder das Wasser in der Tasse?

Thermische Energie • Um das Wasser für die Badewanne und die Teetasse zu erwärmen, wurde ihm jeweils Energie zugeführt. Die zugeführte Energie ist nun als thermische Energie („Wärme") im Wasser gespeichert.

Temperatur • Die Temperatur gibt an, wie warm ein Gegenstand ist. Das Wasser in der Badewanne hat eine Temperatur von 35 °C – genau wie das Wasser in der Tasse. → 1

Thermische Energie – Temperatur • Für das Erwärmen auf 35 °C musste dem vielen Wasser in der Badewanne viel mehr Energie zugeführt werden als dem wenigen Wasser in der Tasse. In der Badewanne ist also viel mehr thermische Energie gespeichert als in der Tasse – trotz gleicher Temperatur! Selbst wenn das wenige Wasser in der Tasse eine Temperatur von 80 °C hätte, wäre in ihm weniger thermische Energie gespeichert als in der großen Menge an Badewasser.

Wenn du selbst Wasser in die Badewanne laufen lässt, dann gilt:
- Je mehr Wasser in die Wanne läuft, desto mehr thermische Energie ist darin gespeichert (bei gleicher Temperatur). → 2
- Je höher die Wassertemperatur ist, desto mehr thermische Energie ist im Wasser gespeichert (bei gleicher Wassermenge). → 3

In einem Gegenstand ist umso mehr thermische Energie gespeichert, je höher seine Temperatur und je größer seine Masse ist.

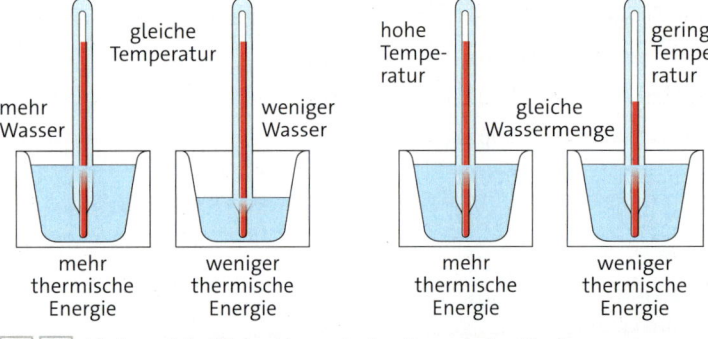

2 3 Unterschiedliche thermische Energie im Badewasser

Aufgabe

1 ▶ Nenne und begründe jeweils den Gegenstand, in dem mehr thermische Energie gespeichert ist:
a ein Liter Wasser mit 60 °C oder ein Liter Wasser mit 80 °C
b das Wasser im Becken eines Schwimmbads oder ein Glas Wasser bei jeweils 25 °C

die thermische Energie
die Temperatur

Material A

Verschiedene Stoffe werden erwärmt

1 ▣ Unterschiedlich viel Wasser wurde erwärmt. → 1

a 0,25 kg Teewasser wurden von 10 °C auf 80 °C erwärmt. Berechne die Energie zum Erwärmen. → 4

b Vergleiche mit der Energie, die 180 kg Badewasser beim Erwärmen von 10 °C auf 35 °C zugeführt wurde.

2 ▣ Beim Erwärmen werden einem Kilogramm Blei und einem Kilogramm Wasser jeweils 4,2 kJ Energie zugeführt. Berechne, um wie viel Grad Celsius die Temperatur der Körper steigt. → 4

3 ▣ Wenn du im Sommer mittags an den Strand gehst, ist der Sand oft sehr heiß – und das Wasser noch angenehm kühl. Sand und Wasser werden aber von der Sonne gleich beschienen. Gib einen Grund für den Temperaturunterschied an. → 4

Blei: 0,13 kJ pro kg
Eisen: 0,45 kJ pro kg
Sand, Stein, Glas: ca. 0,8 kJ pro kg
Luft: 1,0 kJ pro kg
Speiseöl: 2,2 kJ pro kg
Wasser: 4,2 kJ pro kg

4 Energie zum Erwärmen um 1 °C (ohne Änderung des Aggregatzustands)

Material B

Wasser schütteln

Materialliste: Mixbecher aus Kunststoff, Thermometer (auf 0,1 °C genau), Wasser (50 g), Bleischrot (50 g), Taschentücher

Taschentuch
Kunststoffbecher

5

1 Fülle das Wasser in den Becher. Miss die Wassertemperatur. Notiere den Messwert.

a ▣ Nimm den Becher mit den Taschentüchern in die Hand. → 5 Schüttle ihn 1 Minute lang kräftig. Miss und notiere wieder die Wassertemperatur.

b ▣ Schüttle den Becher und das Wasser dann noch mehrmals 1 Minute lang und miss danach jedes Mal die Temperatur.

c ▣ Beschreibe, wie sich die Wassertemperatur durch das Schütteln verändert.

d ▣ Ergänze: „Je mehr ◇ dem Wasser durch Schütteln zugeführt wird, desto höher steigt die ◇."

2 Fülle den trockenen Becher diesmal mit Bleischrot und wiederhole dann den Versuch (genauso lange schütteln wie zuvor!).

▣ Vergleiche, wie stark die Temperatur beim Schütteln angestiegen ist. Ergänze: „Bei gleicher Energiezufuhr durch Schütteln nimmt die Temperatur von Wasser ◇ zu als die von Blei."

Wo bleibt die Energie?

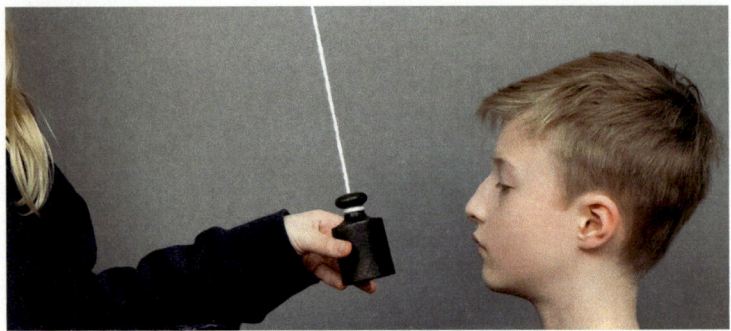

1 Gleich wird das Pendel losgelassen ...

2 Glühende Bremsscheibe

3 Das Auto bremst von 30 $\frac{km}{h}$ auf 10 $\frac{km}{h}$ ab.

Wie weit wird das Pendel beim Zurückschwingen ausschlagen? Ist die Nase des Jungen in Gefahr?

Reibungsverluste bei Bewegungen • Die Bremsscheiben von Autos können beim Bremsen glühend heiß werden. → **2** Ein Teil der Bewegungsenergie wird durch Reibung in thermische Energie der Bremsscheiben umgewandelt und an die Umgebung abgegeben. → **3** Auch beim Pendeln findet Reibung statt: zwischen dem Pendelkörper und der Luft sowie zwischen dem Faden und der Aufhängung. Dadurch wird ständig ein Teil der Bewegungsenergie in thermische Energie umgewandelt. Dieser Teil geht der Bewegung verloren, sodass das Pendel die Starthöhe nicht wieder erreicht.

Energiekonten • Die Energieumwandlungen beim Pendeln lassen sich in einem Kontenmodell darstellen: → **4**
A Am Start liegt die Gesamtenergie des Pendels zu 100 % auf dem Konto der Lageenergie.
B Auf dem Weg nach unten wird die Lageenergie in Bewegungsenergie und thermische Energie umgewandelt. Im tiefsten Punkt liegt die Energie zu etwa 90 % auf dem Konto der Bewegungsenergie und zu 10 % auf dem Konto der thermischen Energie.
C Beim Aufsteigen werden die 90 % Bewegungsenergie in Lageenergie und thermische Energie umgewandelt. Im höchsten Punkt sind 80 % der Gesamtenergie auf dem Konto der Lageenergie. Die 20 % thermische Energie sind für die Bewegung verloren.

Energieerhaltung • Bei allen Bewegungen wird mechanische Energie in unbrauchbare thermische Energie umgewandelt. Auch Elektrogeräte wie Lampen, Computer oder Bohrmaschinen wandeln die zugeführte Energie zum Teil in unerwünschte thermische Energie um. Grundsätzlich gilt:

> Die Gesamtenergie bleibt bei Energieumwandlungen erhalten, kann aber zum Teil unbrauchbar werden.

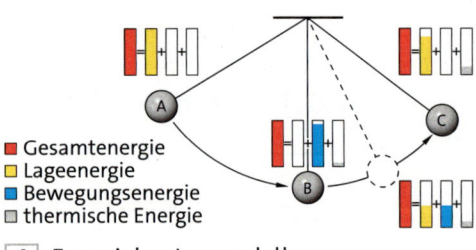

- Gesamtenergie
- Lageenergie
- Bewegungsenergie
- thermische Energie

4 Energiekontenmodell

Aufgabe

1 ✉ Das Pendel erreicht beim Zurückschwingen nicht mehr die Starthöhe. → **1** Erkläre die Beobachtung.

das Energiekonto
die Energieerhaltung

Material A

Flummi

Materialliste: Flummi

1 Lass den Flummi aus verschiedenen Höhen auf einen harten Boden fallen.
a ☒ Notiere, wie viele Sprünge der Flummi jeweils schafft.
b ☒ Am Start hat der Flummi Lageenergie. Vermute, was aus ihr wird. Beschreibe die anschließenden Energieumwandlungen.

Material B

Draht biegen

Materialliste: Draht (10 cm lang, 1 mm dick)

1 Biege den Draht in der Mitte 20-mal schnell hin und her.
a ☒ Beschreibe, was du danach an der Biegestelle fühlst.
b ☒ Erkläre die Beobachtung. Verwende dabei die Begriffe Bewegungsenergie und thermische Energie.

Material D

„Pendeln" in der Halfpipe

6 Ronja rollt in die Halfpipe.

1 ☒ Kann Ronja die Starthöhe wieder erreichen, ohne neuen Schwung zu holen? → 6 Begründe deine Antwort.

2 ☒ Nach einem Durchgang (hin und zurück) erreicht Ronja nur noch 70 % der Lageenergie beim Start.
a Zeichne für den gesamten Durchgang ein Diagramm wie beim Pendel: → 4 Lageenergie, Bewegungsenergie, thermische Energie und Gesamtenergie.
b Ronja „pendelt" ein zweites Mal hin und her, die Lageenergie nimmt wieder genauso stark ab wie beim ersten Durchgang. Berechne, wie viel Prozent der Lageenergie vom Anfang noch erreicht werden.

Material C

Fahrrad bremsen

Materialliste: Fahrrad mit Tacho und Felgen- oder Scheibenbremse am Hinterrad, Thermometer, Fahrradhelm

Achtung • Sturzgefahr! Auf dem Fahrrad Helm tragen!

1 So geht ihr vor:
a Messt vor dem Versuch die Temperatur am Hinterrad, an der Felge oder an der Bremsscheibe. → 5
b Eine Person fährt mit dem Rad auf dem Schulhof mit höchstens 15 $\frac{km}{h}$.
c Die Person betätigt die Hinterradbremse, bis das Fahrrad steht. Das Hinterrad darf dabei nicht blockieren!
d Messt wieder die Temperatur an der Bremse.

2 ☒ Auswertung
a Zeichnet für den Bremsvorgang eine Energiekette.
b Vergleicht die Messwerte. Erklärt das Ergebnis.
c Vermutet, warum die Bremsscheibe Löcher hat.

5 Felgen- und Scheibenbremse

Energie ist kostbar!

1 Lüften ist notwendig – aber nicht zu lange!

Materialien zur Erarbeitung: A–C

Auch im Winter muss ab und zu frische Luft ins Zimmer. Wer clever lüftet, heizt dabei die Umgebung nur ein wenig.

Erschöpfbare Energievorräte • Wir nutzen täglich Energie: zum Heizen, zum Beleuchten, zum Antreiben von Motoren und um Gegenstände herzustellen. Dazu verbrennen wir große Mengen an Erdöl, Erdgas und Kohle. Die Vorräte dieser fossilen Energieträger auf der Erde sind nicht unendlich und sie erneuern sich nicht. Eines Tages werden sie erschöpft sein.

Erneuerbare Energieträger • Auch in bewegter Luft und strömendem Wasser steckt Energie. Ebenso wie die Strahlungsenergie der Sonne steht sie uns immer wieder neu zur Verfügung. In Deutschland nutzen wir zur Bereitstellung der elektrischen Energie, zum Heizen und für den Verkehr eine Mischung aus erneuerbaren und nicht erneuerbaren Energieträgern. → 2

Warum Energie sparen? • Unser „Energiehunger" lässt die Vorräte der Erde an Erdgas, Kohle und Erdöl schwinden. Bei der Gewinnung der Brennstoffe, bei der Bereitstellung elektrischer Energie, beim Antrieb von Fahrzeugen und beim Heizen wird die Umwelt durch Abgase, Abfälle und Abwärme belastet. Beim Verbrennen der Brennstoffe entsteht viel Kohlenstoffdioxid, das die Erderwärmung verstärkt (Treibhauseffekt).

> Jeder Mensch sollte Energie sparsam und verantwortungsvoll gebrauchen, um begrenzte Energievorräte zu schonen und die Umwelt nicht übermäßig zu belasten.

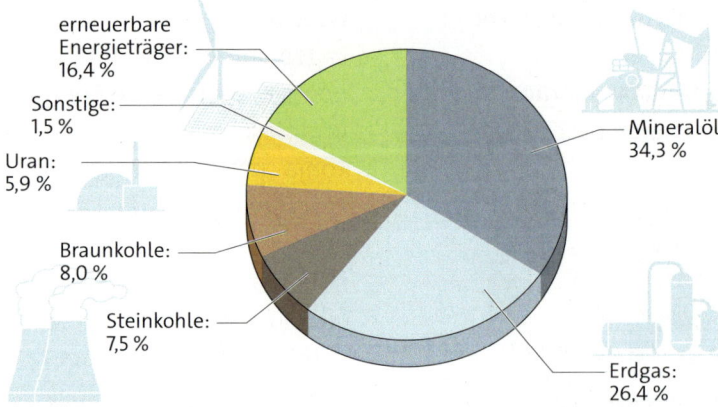

2 Energiemix in Deutschland (Jahr 2020)

Aufgaben

1. Gib zwei erneuerbare und zwei nicht erneuerbare Energieträger an.

2. Nenne Vor- und Nachteile fossiler Energieträger.

3. „Es ist sinnvoll, keine Energie zu verschwenden." Begründe.

der Energiemix
das Energiesparen

Material A

Energiesparen beim Lüften

Materialliste: Thermometer, das auf 0,1 °C genau anzeigt

1 ▶ Wie verändert sich die Lufttemperatur im Zimmer beim Lüften?
a Miss die Lufttemperatur im geschlossenen Zimmer. Notiere deinen Messwert.
b Öffne 5 Minuten lang das Fenster ganz. Miss gleich danach die Temperatur.
c Lüfte das warme Zimmer diesmal 30 Minuten lang mit gekipptem Fenster. Miss danach die Temperatur.
d Vergleiche die Abkühlung.

Material B

Energiesparen beim Kochen

Materialliste: Wasserkocher, 2 l kaltes Wasser, Stoppuhr

1 ▶ Fülle 1 l kaltes Wasser in den kalten Wasserkocher. Schließe den Deckel. Schalte den Wasserkocher ein. Miss die Zeit, bis das Wasser kocht.

2 ▶ Wiederhole den Versuch mit offenem Deckel. Vergleiche die Zeiten.

Material C

Energiesparen im Alltag

1 ▶ Schreibe zu jedem Bild einen Energiespartipp auf.
→ 3 – 9 Ergänze eigene Tipps.

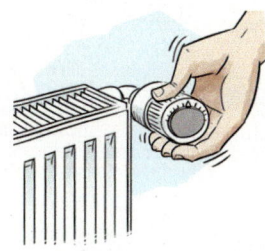

3 Ein Absenken der Raumtemperatur um 1 °C spart im Winter 6 % Energie.

4 Fernseher und Computer wandeln auch im Stand-by-Betrieb elektrische Energie um.

5 Wenn beim Lüften im Winter die Fenster lange geöffnet sind, entweicht viel Energie.

6 Ein Raum ohne Menschen muss nicht beleuchtet werden.

7 Wer zur Schule läuft oder mit dem Rad fährt, schont die Umwelt und lebt gesund.

8 Es kostet Energie, Getränke auf der Warmhalteplatte oder dem Herd warmzuhalten.

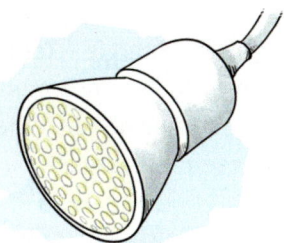

9 LED-Lampen leuchten so hell wie Glühlampen, brauchen aber viel weniger elektrische Energie.

Energie

Zusammenfassung

Energie nutzen • Wir brauchen Energie zum Bewegen, Erwärmen, Beleuchten … Energie kann umgewandelt, transportiert und gespeichert werden.
→ 1 2 Kohle, Erdöl und Erdgas sind fossile Energieträger. Wind, Wasser und Sonnenlicht sind erneuerbare Energieträger.

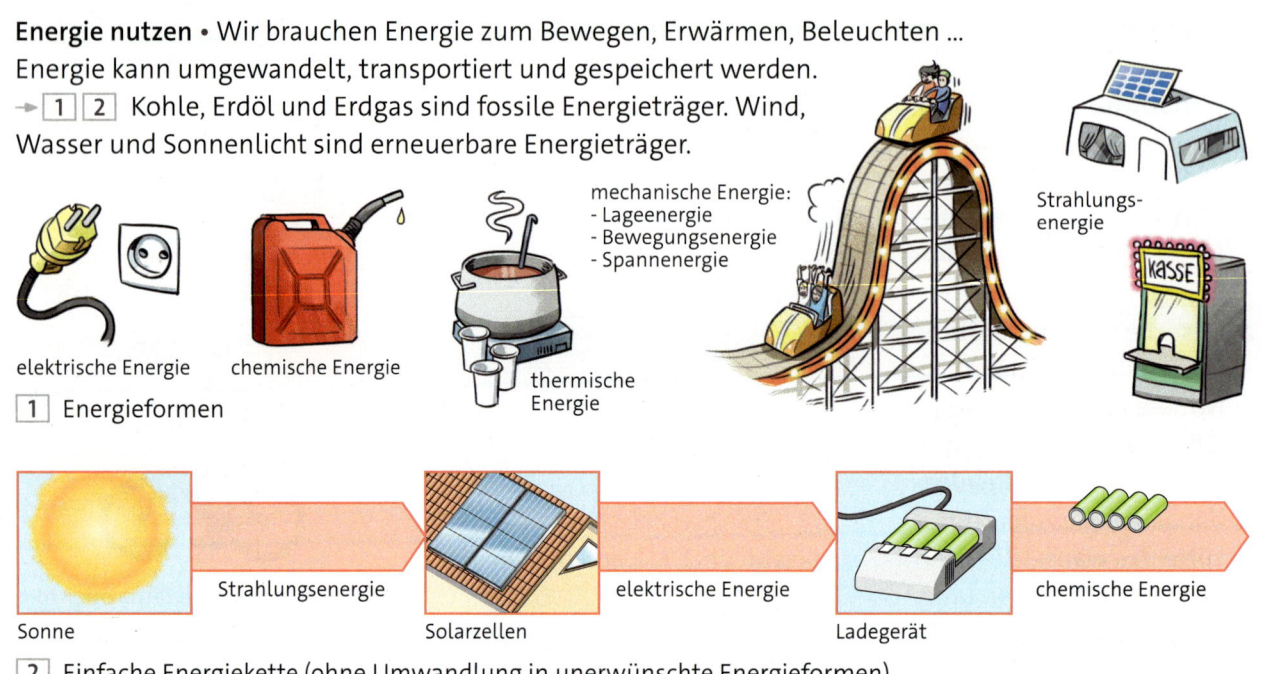

elektrische Energie   chemische Energie   thermische Energie

mechanische Energie:
- Lageenergie
- Bewegungsenergie
- Spannenergie

Strahlungsenergie

1 Energieformen

Sonne → Strahlungsenergie → Solarzellen → elektrische Energie → Ladegerät → chemische Energie

2 Einfache Energiekette (ohne Umwandlung in unerwünschte Energieformen)

Energie in Zahlen • In der Schokolade ist eine Lageenergie von 1 Joule und eine chemische Energie von 23 000 Kilojoule gespeichert. → 3

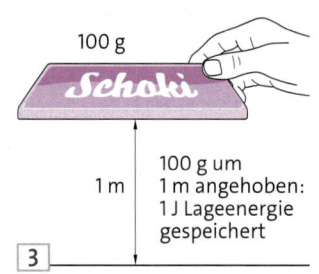

100 g
100 g um 1 m angehoben: 1 J Lageenergie gespeichert
1 m

3

Wo bleibt die Energie? • Die Gesamtenergie bleibt bei allen Vorgängen stets gleich groß.
→ 6 Ein Teil der Energie kann aber bei jedem Vorgang unbrauchbar für uns werden.

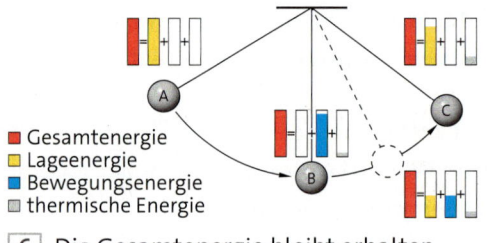

■ Gesamtenergie
■ Lageenergie
■ Bewegungsenergie
□ thermische Energie

6 Die Gesamtenergie bleibt erhalten.

Thermische Energie – Temperatur • In einem Gegenstand ist umso mehr thermische Energie gespeichert, je höher seine Temperatur und je größer seine Masse ist. → 4 5

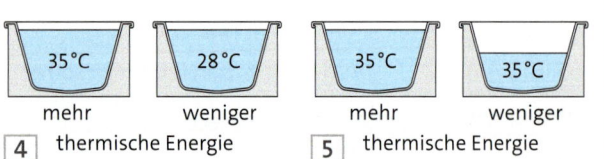

35 °C   28 °C   35 °C   35 °C
mehr   weniger   mehr   weniger
4 thermische Energie   5 thermische Energie

Energie ist kostbar! • Jeder Mensch sollte Energie sparsam und verantwortungsvoll gebrauchen, um begrenzte Energievorräte zu schonen und die Umwelt nicht übermäßig zu belasten.

Teste dich! (Lösungen auf S. 164)

Energie nutzen

1. ✏️ Gib jeweils an, welche Energieformen beteiligt sind. → 7 – 10

2. Diese Gegenstände speichern Energie: Kerze, gespannter Bogen, Apfel, Tank mit Heizöl, Warmwasserspeicher, rollendes Fahrrad, Magma im Vulkan, Kachelofen, zusammengedrückte Stahlfeder, Wasser im Stausee, Batterie, heiße Kochplatte, Achterbahnwagen ganz oben, fahrendes Auto, Wind.
   a ✏️ Übertrage die Tabelle ins Heft. → 11 Ordne die Energiespeicher den Energieformen zu.
   b ✖️ Ergänze jeweils drei weitere Energiespeicher.

Thermische Energie – Temperatur

3. ✖️ Das Wasser im Planschbecken ist nach einem Sonnentag warm und das Wasser im großen Schwimmbecken im Freibad erst nach vielen Tagen. Erkläre den Unterschied.

4. ✖️ Früher wurden Schlafzimmer nicht beheizt. Man nahm einen heißen Stein oder eine Wärmflasche mit ins Bett. Berechne, was beim Abkühlen von 80 °C auf 20 °C mehr thermische Energie abgibt: 3 kg Granit oder 3 kg Wasser.

Energie in Zahlen

5. ✏️ Rechne die Energiewerte in Kilojoule (kJ) um: 230 J – 0,67 MJ – 98 000 J – 56 MJ.

Wo bleibt die Energie?

6. ✖️ Peter fährt mit seinem Mountainbike einen steilen Berg hinunter. Dabei bremst er ständig.

7 8 9 10

Energieform	Energiespeicher
chemische Energie	?
thermische Energie	?
Spannenergie	?
Lageenergie	?
Bewegungsenergie	?

11 Energiespeicher (Beispieltabelle)

Unten am Berg kommt er zum Stehen. Die Lageenergie ist „weg". Erkläre, was aus ihr geworden ist. Nutze den Begriff Energieerhaltung.

7. Das Modellauto startet. → 12
   a ✏️ Gib an, bis zu welchem Punkt es kommt.
   b ✖️ Begründe deine Auswahl.
   c ✖️ „Das Auto kommt bis Punkt 2, weil die Energie erhalten bleibt." Nimm Stellung dazu. Zeichne die Fahrt im Energiekontomodell.

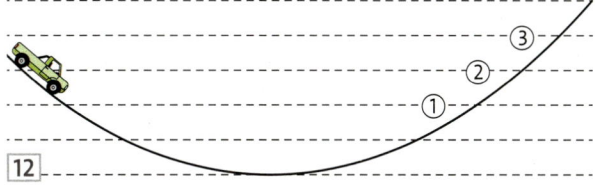

12

Geschwindigkeit und Bewegungen

Hier wird die Geschwindigkeit gemessen. Den Smiley bekommen nur die Fahrerinnen und Fahrer zu sehen, die sich ans Tempolimit halten.

Treffpunkt Bushaltestelle an der Schule: Wann musst du losfahren oder losgehen, wenn du pünktlich in der Schule sein willst?

Lena joggt gleichmäßig schnell. Ihr Hund läuft mal schneller und mal langsamer. Die Bewegungen der beiden unterscheiden sich. Ein Diagramm macht es sichtbar.

Geschwindigkeit

1 Welche Geschwindigkeit kannst du auf dem Board erreichen?

Material zur Erarbeitung: A

Kati ist eine begeisterte Longboarderin. Ihr Freund Tom behauptet: „Ich bin mit meinem Skateboard schneller!"

Gleicher Weg – verschiedene Zeiten •
Kati und Tom begeben sich auf den Schulhof und markieren eine Rennstrecke. Dann stoppen sie die Zeit, die jeder für den Weg benötigt.

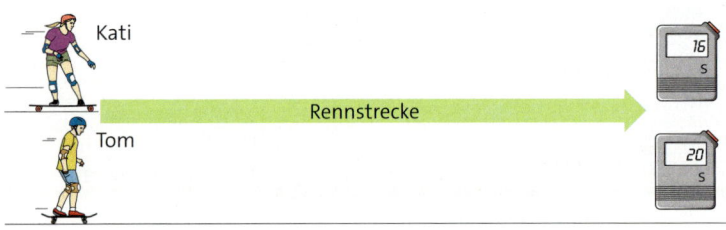

2 Kati braucht weniger Zeit für denselben Weg.

3 Kati legt in derselben Zeit einen längeren Weg zurück.

Tom sagt zu Kati: „Ich habe 20 Sekunden gebraucht. Weil du für denselben Weg nur 16 Sekunden gebraucht hast, warst du schneller." → 2

> Je weniger Zeit man für denselben Weg benötigt, desto schneller ist man.

Gleiche Zeit – verschiedene Wege •
Tom und Kati wollen es genau wissen. Sie messen mit dem Maßband jeweils den Weg, den sie in 5 Sekunden fahren. Kati sagt zu Tom: „Ich war schneller, weil ich in 5 Sekunden 25 Meter zurückgelegt habe. Du hast in derselben Zeit nur 20 Meter geschafft." → 3

> Je länger der Weg ist, den man in derselben Zeit zurücklegt, desto schneller ist man.
> Die Geschwindigkeit gibt den Weg an, der in einer bestimmten Zeit zurückgelegt wird.

Geschwindigkeit und Bewegungen

die Geschwindigkeit

Geschwindigkeit berechnen • Leon geht auch in Katis Klasse. Er behauptet: „Ich schaffe mit meinem Skateboard die 60 Meter auf dem Sportplatz in 15 Sekunden." Hat Kati eine größere oder eine kleinere Geschwindigkeit als Leon?
Kati meint: „Lass uns berechnen, wie viele Meter jeder von uns in einer Sekunde schafft."

- Kati: In 5 s fuhr sie 25 m.
  In 1 s fuhr sie also 25 m : 5 = 5 m.
- Leon: In 15 s fuhr er 60 m.
  In 1 s fuhr er also 60 m : 15 = 4 m.

Kati hat eine größere Geschwindigkeit als Leon, weil sie mehr Meter in einer Sekunde zurückgelegt hat.

$$\text{Geschwindigkeit} = \frac{\text{Weg}}{\text{Zeit}}$$
$$v = \frac{s}{t} \quad \boxed{4}$$

Die Geschwindigkeit gibt man in Metern pro Sekunde ($\frac{m}{s}$) oder in Kilometern pro Stunde ($\frac{km}{h}$) an.

Kati legt in einer Zeit von 5 s einen Weg von 25 m zurück. Berechne Katis Geschwindigkeit.

Gegeben: Zeit t = 5 s
           Weg s = 25 m

Berechnung: $v = \frac{s}{t}$

$v = \frac{25\,m}{5\,s} = 5\,\frac{m}{s}$

Katis Geschwindigkeit beträgt 5 Meter pro Sekunde.

[4] Beispiel: Geschwindigkeit berechnen

Kilometer pro Stunde • Kati weiß, dass man vor der Schule nicht schneller als 30 Kilometer pro Stunde ($\frac{km}{h}$) fahren darf. → [5] Sie schafft mit dem Longboard 5 $\frac{m}{s}$. Wäre sie damit schneller, als die Polizei erlaubt?
Wer mit der Geschwindigkeit 1 $\frac{m}{s}$ unterwegs ist, legt in 1 min 60 m und in 1 h 3600 m zurück. → [6]

Weg s	Zeit t
·60 ↘ 1 m	·60 ↘ 1 s
·60 ↘ 60 m	·60 ↘ 60 s = 1 min
3600 m = 3,6 km	3600 s = 60 min = 1 h

[6] Umrechnung: Meter pro Sekunde in Kilometer pro Stunde

$$1\,\frac{m}{s} = 3,6\,\frac{km}{h}$$

Mit einem einfachen Trick wandelt Kati den Zahlenwert der Geschwindigkeit in $\frac{m}{s}$ in den Zahlenwert der Geschwindigkeit in $\frac{km}{h}$ um. → [7]

[5] Geschwindigkeit 30 $\frac{km}{h}$

·3,6
$5\,\frac{m}{s} = 18\,\frac{km}{h}$

[7] Kati fährt nicht zu schnell.

Aufgaben

1 ✏ Ergänze die folgenden Aussagen in deinem Heft:
a Je weiter ein Auto in 1 h kommt, desto ◇ ist seine Geschwindigkeit.
b Je weniger Zeit ein Auto für 10 km benötigt, desto ◇ ist seine Geschwindigkeit.

2 ✗ Max fährt 48 m in 8 s, Sara in 6 s.
a Gib an, wer schneller ist – ohne zu rechnen. Begründe deine Antwort.
b Berechne die Geschwindigkeiten in $\frac{m}{s}$ und $\frac{km}{h}$.

Geschwindigkeit

Methode

Kein Zahlenwert ohne Einheit

[1] Entfernung messen – ohne Maßband

Physikalische Größen • Beim Weitsprung misst du die Strecke vom Balken bis zum Landepunkt und beim 100-m-Lauf die Zeit. Strecke (Weg), Zeit und andere messbare Eigenschaften nennt man physikalische Größen. Zu jeder physikalischen Größe gehört ein Formelzeichen (das wir schräg gestellt schreiben). Beispiele: s steht für Strecken, t für Zeiten.

Maßzahl und Einheit • Nico soll die Strecke zwischen zwei Sitzgruppen messen – ohne Maßband oder Lineal. ▶ [1] Er nimmt einen Badmintonschläger und bestimmt, wie oft dieser zwischen die beiden Sitzgruppen passt. Sein Ergebnis: Die Strecke zwischen den Sitzgruppen ist 12,5-mal so groß wie der Badmintonschläger. Die Zahl 12,5 bezeichnen wir als Maßzahl. Die Strecke vom Anfang bis zum Ende des Badmintonschlägers ist bei Nicos Messung die Einheit. ▶ [2]

Beim Messen vergleichen wir, wie oft die Einheit in der zu messenden Größe enthalten ist. Jeder Messwert wird als Produkt von Maßzahl und Einheit angegeben.

Verbindliche Einheiten • Damit die Messwerte an unterschiedlichen Orten vergleichbar sind, braucht man überall dieselben Einheiten. Nicht alle Badmintonschläger sind aber gleich groß. Stattdessen benutzen wir ein Maßband mit den Einheiten Meter und Zentimeter.

Aufgaben

1. ◪ Timo hat $s = 120$ cm gemessen. Gib die physikalische Größe an, die er gemessen hat. Nenne die Maßzahl und die Einheit.

2. ◪ Gib drei weitere physikalische Größen mit Einheiten und Messgeräten an, die du aus der Mathematik oder deinem Alltag kennst.

3. ◪ Das Geld in deinem Sparschwein kannst du zählen und mit einer Einheit benennen. Kann man also Geld als physikalische Größe bezeichnen? Begründe deine Antwort.

physikalische Größe	Maßzahl	Einheit
Strecke	= 12,5 mal	1 Badmintonschläger
s	= 12,5	BS
Formelzeichen		Symbol für die Einheit

[2] So gibst du einen Messwert an.

Methode

Genau messen – sinnvolle Messwerte angeben

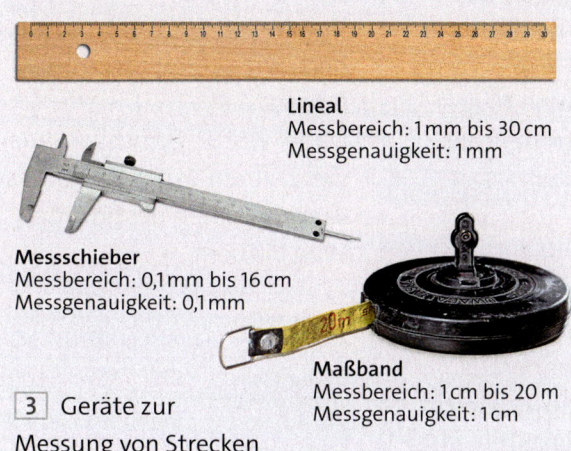

Lineal
Messbereich: 1 mm bis 30 cm
Messgenauigkeit: 1 mm

Messschieber
Messbereich: 0,1 mm bis 16 cm
Messgenauigkeit: 0,1 mm

Maßband
Messbereich: 1 cm bis 20 m
Messgenauigkeit: 1 cm

3 Geräte zur Messung von Strecken

Es gibt viele Geräte zur Messung von Strecken. → 3 Nicht alle sind gleich gut geeignet, um beispielsweise die Strecke zwischen den Pfosten eines Fußballtors zu messen.

So gehst du vor:

1. Messgerät mit dem richtigen Messbereich auswählen Der Messbereich eines Messgeräts wird durch den kleinsten und den größten ablesbaren Wert begrenzt.
Beispiel: Beim Maßband ist 1 cm der kleinste ablesbare Wert, 20 m der größte. Der Messbereich geht von 1 cm bis 20 m.
Das Fußballtor ist breiter als 30 cm. Es kann deshalb nicht mit dem Messschieber oder dem Lineal gemessen werden. Das Maßband hat für diese Messung den richtigen Messbereich.

2. Messgenauigkeit bestimmen Die Messgenauigkeit eines Messgeräts wird durch die kleinste Einteilung der Skala bestimmt.
Beispiel: Mit dem Maßband lässt sich messen, ob die Strecke zwischen den Pfosten 732 cm oder 733 cm beträgt – genauer geht es nicht. Die Messgenauigkeit des Maßbands beträgt also 1 cm.

3. Messfehler bestimmen Wenn mehrere Personen das Fußballtor ausmessen, gibt es oft verschiedene Messwerte. Jede Messung ist mit einem Fehler verbunden. Messfehler können beim Ablesen, durch ungenaue Messgeräte oder durch die Messmethode entstehen.
Beispiel: Die Strecke zwischen den Pfosten beträgt 732 cm. Bei mehreren Messungen wirst du sehen, dass es auch 730 cm oder 734 cm sein können. Der Messfehler liegt bei ±2 cm.

4. Sinnvolle Messwerte angeben Messwerte sollen in Einheiten angegeben werden, die das gewählte Messgerät auch anzeigen kann.
Beispiel: Für den Abstand der Pfosten wurden mit dem Maßband 7,32 m ermittelt. Das lässt sich umrechnen: 7,32 m = 732 cm = 7320 mm. Die Angabe in Millimetern ist aber nicht sinnvoll, weil das Maßband mit seiner Messgenauigkeit von 1 cm dafür zu ungenau ist. Ein Wert von 7321 mm könnte beispielsweise mit dem Maßband gar nicht gemessen werden.

Aufgabe

1 Wähle für die Messwerte jeweils ein passendes Messgerät. Gib auch die Messgenauigkeit an:
$s = 17{,}5$ cm; $s = 2{,}6$ mm; $s = 15{,}0$ m.

---

die physikalische Größe
das Formelzeichen
die Maßzahl
die Einheit
die Messgenauigkeit
der Messfehler

Geschwindigkeit

Material A

Wie schnell bist du?

Materialliste: Stoppuhr, Maßband, Smartphone-App, Tacho, Schrittzähler ...

1 ☒ Wie kannst du deine Geschwindigkeit als Fußgänger und als Radfahrer ermitteln?
Finde verschiedene Möglichkeiten und notiere sie.

Material B

Wie schnell ist ...?

Materialliste: Stoppuhren, Maßband, Modellautos mit Antrieb, Fußball

1 Legt eine 10 m lange „Rennstrecke" fest.
a ☒ Schätzt, wie lange die Modellautos für die Strecke benötigen. Notiert die Zeiten in Sekunden (s).
b ☒ Messt, wie lange die Modellautos benötigen.
Tipp: Oft drückt man die Stoppuhr nicht genau zur rechten Zeit. Messt die Zeit daher mit mehreren Stoppuhren und bildet dann den Mittelwert. → 2 Auf diese Weise mitteln sich die Messfehler oft wieder heraus.
c ☒ Berechnet und vergleicht die Geschwindigkeiten eurer Modellautos.

2 Wie schnell ist ein scharf geschossener Fußball?
☒ Plant einen Versuch, um seine Geschwindigkeit zu bestimmen. Führt den Versuch nach Absprache mit eurer Lehrerin oder eurem Lehrer durch.

*Drei Personen haben für Jans Modellauto die Zeit gestoppt: 1,5 s; 1,3 s; 1,7 s.
Berechne den Mittelwert.*

Rechnung:
$t_{mittel} = (1{,}5\,s + 1{,}3\,s + 1{,}7\,s) : 3$
$t_{mittel} = 4{,}5\,s : 3 = 1{,}5\,s$

Der Mittelwert beträgt 1,5 s.

1 Funkgesteuertes Modellauto

2 Beispielrechnung: Mittelwert

Material C

Geschwindigkeitskontrolle

Vor der Schule wurde kontrolliert, wie schnell die Autos fahren.
Dabei wurde gemessen, wie viel Zeit ein vorbeifahrendes Auto für einen bestimmten Weg braucht. → 3

Auto	A	B	C
Weg s	50 m	50 m	100 m
Zeit t	3 s	4 s	13 s
Geschwindigkeit v	$?\,\frac{m}{s}$	$?\,\frac{m}{s}$	$?\,\frac{m}{s}$
	$?\,\frac{km}{h}$	$?\,\frac{km}{h}$	$?\,\frac{km}{h}$

3 Autos mit verschiedenen Geschwindigkeiten?

1 Welches Fahrzeug war schneller: das Auto A oder das Auto B?
a ☒ Beantworte die Frage, ohne zu rechnen.
b ☒ Begründe deine Antwort.

2 Wer war schneller: das Auto B oder das Auto C?
a ☒ Beantworte die Frage, ohne die Geschwindigkeiten zu berechnen.
b ☒ Begründe deine Antwort.

3 ☒ Übertrage die Tabelle ins Heft. → 3
Berechne für jedes Auto die Geschwindigkeit.

Erweitern und Vertiefen

Das Internationale Einheitensystem

SI-Einheitensystem • In den meisten Ländern gilt ein einheitliches Einheitensystem. Das SI-Einheitensystem beruht auf 7 Grundgrößen, deren Einheiten festgelegt wurden. → 4 Alle anderen Größen werden aus den Grundgrößen abgeleitet. So erhält man z. B. die Geschwindigkeit, wenn man den Quotienten aus den Grundgrößen Länge (Weg) und Zeit bildet.

Weitere Einheiten • In einigen Ländern gelten neben dem SI-Einheitensystem weitere Einheiten. In Großbritannien und den USA gibt man zum Beispiel Längen meist nicht in Millimetern, Metern oder Kilometern an, sondern in inch, yard oder mile. → 5 „Tempo 30" bedeutet in Großbritannien nicht 30 Kilometer pro Stunde, sondern 30 Meilen pro Stunde. Das entspricht ungefähr 48 $\frac{km}{h}$! → 6

Grundgröße	Formelzeichen (Ursprung)	Einheit (Abkürzung)
Länge, Weg, Strecke	l, s (lat. spatium)	1 Meter (1 m)
Masse	m (engl. mass)	1 Kilogramm (1 kg)
Zeit	t (engl. time)	1 Sekunde (1 s)
Stromstärke	I (lat. inductus)	1 Ampere (1 A)
Temperatur	T (engl. temperature)	1 Kelvin (1 K)
Stoffmenge	n (lat. numerus)	1 Mol (1 mol)
Lichtstärke	I_v (engl. luminous intensity)	1 Candela (1 cd)

4 Grundgrößen und Einheiten des SI-Systems

Die Verwendung mehrerer Einheitensysteme kann Probleme bringen: Im Jahr 1999 ging die Marssonde MCO (Mars Climate Orbiter) verloren. Um nicht in der Reibungshitze der Marsatmosphäre zu verglühen, durfte sich die Sonde nicht mehr als 150 km der Marsoberfläche nähern. Diese Entfernung war von der NASA im SI-Einheitensystem berechnet worden. Die Navigationssoftware der Sonde nutzte aber andere Einheiten, ohne die Werte umzurechnen. Dadurch ergab sich eine Annäherung von 57 km an den Mars – die Sonde verglühte.

Einheit	Umrechnung
1 inch	2,54 cm
1 foot	30,48 cm

Einheit	Umrechnung
1 yard	0,91 m
1 mile	1609 m

5 Längenmaße in Großbritannien und den USA

6 Zu Besuch in Großbritannien

Aufgabe

1 In Großbritannien gelten Höchstgeschwindigkeiten von 60 mph (Meilen pro Stunde) auf Landstraßen und 70 mph auf der Autobahn. Rechne die Werte jeweils in Kilometer pro Stunde um.

Mit Geschwindigkeiten rechnen

1 Wegweiser an einem Wanderweg in den Bergen

4 Stunden bis zum Gipfel des Rachel: Wie viele Kilometer muss man laufen?

Wege berechnen • Der Wegweiser zeigt viele Wanderwege an. → 1 Im Mittel legen Wandernde hier in 1 Stunde 3 Kilometer zurück. In 4 Stunden wandern sie 4-mal so weit, also 12 Kilometer. → 2 Der Weg zum Gipfel ist demnach 12 Kilometer lang.

Wege berechnen – mit der Gleichung für die Geschwindigkeit • Die Gleichung $v = \frac{s}{t}$ lässt sich nach dem Weg auflösen. Du erhältst dadurch eine sogenannte Bewegungsgleichung: → 3

> Weg = Geschwindigkeit · Zeit
> $s = v \cdot t$

Für die Umstellung kannst du auch ein Hilfsdreieck benutzen. → 4 Darauf deckst du den gesuchten Weg s ab. Die umgestellte Gleichung wird nun angezeigt. Dann setzt du die Werte für Geschwindigkeit und Zeit in die umgestellte Gleichung ein. → 5

Berechne den Weg, den ein Wanderer bis zum Gipfel zurücklegt.

Gegeben: $v = 3 \frac{km}{h}$
$t = 4 h$

Zeit t	Weg s
1 h	3 km
4 h	12 km

(·4)

In 4 Stunden legt der Wanderer 12 km zurück.

2 Weg berechnen

$v = \frac{s}{t} \quad |\cdot t$
$v \cdot t = s \quad |\text{umstellen}$
$s = v \cdot t$

3 Auflösen der Gleichung für die Geschwindigkeit nach s

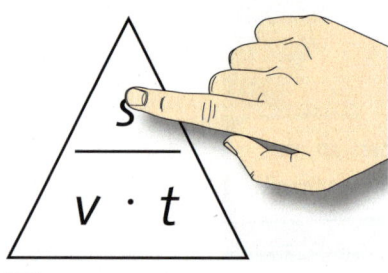

4 Auflösen mit dem Hilfsdreieck:
$s = v \cdot t$

Berechne den Weg, den ein Wanderer bis zum Gipfel zurücklegt.

Gegeben: $v = 3 \frac{km}{h}$
$t = 4 h$

Rechnung: $s = v \cdot t$
$s = 3 \frac{km}{h} \cdot 4 h$
$s = 12 \, km$

In 4 Stunden legt der Wanderer 12 km zurück.

5 Weg berechnen mithilfe der nach s aufgelösten Gleichung

die Bewegungsgleichung
das Hilfsdreieck

Zeiten berechnen • Eine Joggerin läuft 10 $\frac{km}{h}$ schnell. Wie lange braucht sie bis zum Gipfel? Für 1 km braucht sie 6 min. → 6 Für 12 km braucht sie 12-mal so lange, also 72 min = 1 h 12 min.

Zeiten berechnen – mit der Gleichung für die Geschwindigkeit • Die Gleichung $v = \frac{s}{t}$ lässt sich auch nach der Zeit auflösen. Du erhältst diesmal: → 7

$$\text{Zeit} = \frac{\text{Weg}}{\text{Geschwindigkeit}}$$
$$t = \frac{s}{v}$$

Diese Gleichung zeigt auch das Hilfsdreieck. → 8 Nach dem Einsetzen der Werte für die Geschwindigkeit und die Zeit erhältst du das Ergebnis. → 9
Umrechnung von 1,2 h in min:
1,2 h = 1,2 · 60 min = 72 min
72 min = 1 h 12 min

Aufgaben

1 Auf der Wanderung zum Gipfel des Rachel kann man einen reizvollen Abstecher von 1,5 h machen. Um wie viele Kilometer wird die Tour dadurch länger?
▶ Berechne den zusätzlichen Weg. Gehe von $v = 3 \frac{km}{h}$ aus.

2 Ein langsamer Wanderer ist mit 2,5 $\frac{km}{h}$ unterwegs.
▶ Berechne für den langsameren Wanderer die Zeit bis zum Gipfel des Rachel.

3 Maike fährt mit dem Fahrrad in die Schule, die 4,5 km entfernt ist. Mit dem Fahrrad hat sie eine Geschwindigkeit von 18 $\frac{km}{h}$.
▶ Berechne, wie viele Minuten Maike unterwegs ist.

Berechne die Zeit, die die Joggerin bis zum Gipfel braucht.

Gegeben: $v = 10 \frac{km}{h}$
$s = 12 \, km$

Weg s	Zeit t
10 km	60 min
1 km	6 min
12 km	72 min

:10 ·12 (left) :10 ·12 (right)

Die Joggerin braucht 1 Stunde und 12 min bis zum Gipfel.

6 Zeit berechnen

$v = \frac{s}{t}$ | · t
$v \cdot t = s$ | : v
$t = \frac{s}{v}$

7 Auflösen der Gleichung für die Geschwindigkeit nach t

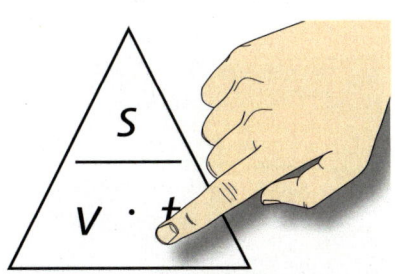

8 Auflösen mit dem Hilfsdreieck: $t = \frac{s}{v}$

Berechne die Zeit, die die Joggerin bis zum Gipfel braucht.

Gegeben: $v = 10 \frac{km}{h}$; $s = 12 \, km$

Rechnung: $t = \frac{s}{v}$

$t = \frac{12 \, km}{10 \frac{km}{h}} = \frac{12 \, km \cdot h}{10 \, km}$

$t = 1{,}2 \, h = 72 \, min$

Die Joggerin braucht 1 Stunde und 12 min bis zum Gipfel.

9 Zeit berechnen mithilfe der nach t aufgelösten Gleichung

Mit Geschwindigkeiten rechnen

Material A

Rechnen mit Geschwindigkeiten

Berechne die Aufgaben mithilfe der Angaben in Tabellen und Fotos. → 1 – 8
Tipp: Achte jeweils auf die Einheiten.

1. Wie weit geht ein Fußgänger in 1 h?

2. Wie weit fährt ein Radler in 8 h mit dem Fahrrad?

3. Wer ist schneller: ein Auto auf der Landstraße oder ein Gepard?

4. Wie viele Minuten benötigt eine Schnecke für 1 m?

5. Wie lange benötigt der Schall für 1 km?

6. Licht ist von der Sonne zur Erde 500 s lang unterwegs.
   a) Wie viele Minuten braucht das Licht von der Sonne zu uns?
   b) Vergleiche damit, wie lange das Licht vom Mond zur Erde benötigt (Entfernung: rund 400 000 km).

7. Rechne um, wie viele Kilometer der Mond in einer Stunde zurücklegt.

Geschwindigkeiten in der Natur	
mäßiger Wind (Windstärke 4)	$7 \frac{m}{s}$
Rennpferd	$25 \frac{m}{s}$
Falke	$28 \frac{m}{s}$
Orkan (Windstärke 12)	$60 \frac{m}{s}$
Schall in Luft	$340 \frac{m}{s}$
Erde um die Sonne	$30 \frac{km}{h}$
Licht	$300\,000 \frac{km}{s}$

1

Geschwindigkeiten im Alltag	
Fußgänger	$5 \frac{km}{h}$
Radfahrer	$15 \frac{km}{h}$
Mofa	$25 \frac{km}{h}$
Auto (im Ort)	$50 \frac{km}{h}$
Auto (Landstraße)	$100 \frac{km}{h}$
Regionalexpress	$160 \frac{km}{h}$
Düsenverkehrsflugzeug	$950 \frac{km}{h}$

2

3 Schnecke: $5 \frac{mm}{s}$

4 Gepard: $34 \frac{m}{s}$

5 Fußball: bis zu $130 \frac{km}{h}$

6 Mond umkreist Erde: $1 \frac{km}{s}$

7 Rennwagen: bis zu $360 \frac{km}{h}$

8 ICE: bis zu $350 \frac{km}{h}$

Geschwindigkeit und Bewegungen

Material B

Der Schulweg

Materialliste: beliebige Karten-App, Handy

1 Wie kommst du zur Schule? Wie lange dauert es?
a ☒ Schätze die Zeiten: zu Fuß, mit dem Rad, mit dem Bus …
b ☒ Gib die Adresse der Schule ins Suchfeld der App ein. Lass die App eine Route berechnen. Setze deine Adresse als Startpunkt ein. Wähle aus, wie du zur Schule kommst.
c ☒ Vergleiche die berechneten Zeiten mit den Zeiten, die du geschätzt hast. Vergleiche auch den vorgeschlagenen Weg mit deinem tatsächlichen Schulweg. Erkläre jeweils die Abweichungen.

2 Suche weitere nahe Ziele.
a ☒ Lass die App jeweils die Wege und Zeiten berechnen.
b ☒ Vermute, wie die App die Zeiten berechnet.

3 ☒ Wenn die App auf deinen Standort zugreifen darf, liefert sie bessere Ergebnisse. Informiere dich über Nachteile der Standortfreigabe.

Material C

Zeiten berechnen

1 ☒ Mirko überlegt, ob er baden oder klettern möchte. → 9 Wohin braucht er weniger Zeit? Berechne es.
Tipp: Im Durchschnitt läuft Mirko $4\frac{km}{h}$ schnell und er radelt mit $18\frac{km}{h}$.

9 Mirko hat die Wahl.

Material D

Wege berechnen

1 Von A-Dorf nach B-Stadt kommt man über die Landstraße oder über die Autobahn. → 10 Von der Zeit her nimmt sich das nichts: Man braucht auf beiden Wegen 40 min.

a ☒ Gib an, welcher Weg länger ist.
b ☒ Berechne, wie lang beide Wege sind.
Tipp: Auf der Landstraße beträgt die durchschnittliche Geschwindigkeit $60\frac{km}{h}$, auf der Autobahn sind es $100\frac{km}{h}$.

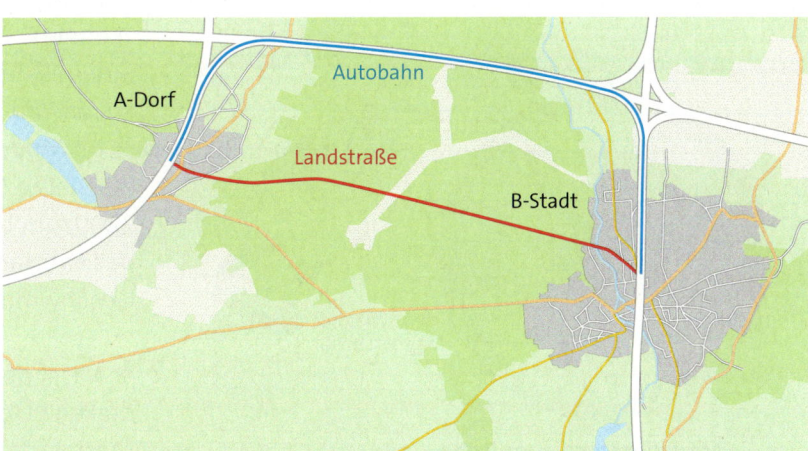

10 Verschiedene Wege berechnen

Mit Geschwindigkeiten rechnen

Erweitern und Vertiefen

Fahrradtacho

1 Tacho am Fahrrad

2 Magnet und Magnetsensor

Wie schnell fahre ich? • Der Tachometer (kurz: Tacho) zeigt in jedem Moment die Geschwindigkeit an. → 1 Er ist ein kleiner Computer. So wird die Geschwindigkeit ermittelt:
An einer Speiche des Vorderrads ist ein kleiner Magnet befestigt. → 2 An der Vordergabel sitzt ein Magnetsensor in der passenden Höhe. Bei jeder Drehung des Vorderrads kommt der Magnet einmal am Magnetsensor vorbei. Dann fließt kurzzeitig ein elektrischer Strom. Er bewirkt, dass ein elektrisches Signal an den Tacho gesendet wird.

Das Fahrrad legt zwischen zwei Signalen einen Weg zurück, der dem Umfang des Reifens entspricht. Der Tacho „kennt" diesen Umfang und misst die Zeit zwischen zwei Signalen. Aus dem Umfang und der gemessenen Zeit berechnet der Tacho die Geschwindigkeit.

Aufgaben

1 Ein Modellversuch zeigt, wie der Tacho funktioniert. → 3

a ◾ Der Tacho muss den Reifenumfang „kennen". Du kannst den Reifenumfang an einem Fahrrad einfach ermitteln. Beschreibe, wie du vorgehst.

b ◾ Im Modellversuch leuchtet die Lampe 20-mal in 10 s auf. Der Reifenumfang soll 2200 mm betragen. Berechne den Weg, den das Fahrrad zurückgelegt hätte, und die Geschwindigkeit in $\frac{km}{h}$.

2 ◾ Misst dein Tacho die richtige Geschwindigkeit? Überlege dir einen Versuch, um die Messung zu überprüfen.

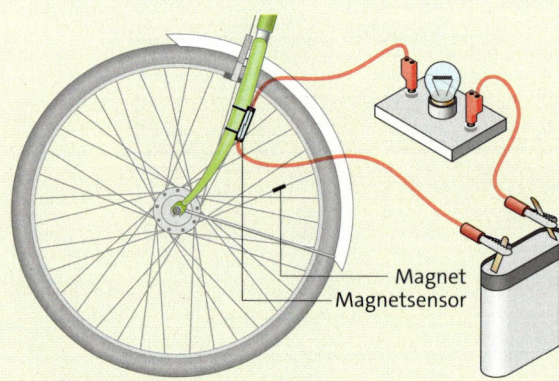

3 Modellversuch zum Tacho

Geschwindigkeit und Bewegungen

Erweitern und Vertiefen

„Blitzer" am Straßenrand

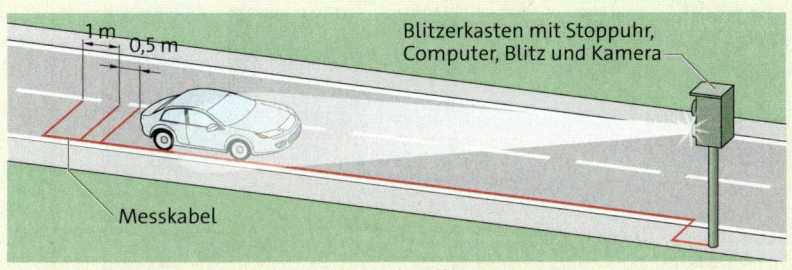

4 Blitzerkasten

5 Aufbau der Messung

Drei Kabel in der Straße • Solche Kästen siehst du an Ortseinfahrten und Kreuzungen. → 4 Damit fotografiert die Polizei Raser. Zum Blitzerkasten gehören drei Kabel in der Straße. → 5 Wenn ein Auto über das erste Kabel fährt, wird die Stoppuhr im Blitzerkasten gestartet. Sie misst, wie lange das Auto bis zum zweiten und dritten Kabel braucht. Daraus berechnet der Computer die Geschwindigkeit zwischen den Kabeln. Wenn sie höher ist als erlaubt, fotografiert die Kamera das Auto. Der Blitz sorgt für Helligkeit.

Lasersäule • In der Säule ist ein Laser. → 6 Er sendet rasch hintereinander Blitze aus, die für das Auge ungefährlich sind. Die Blitze werden von einem vorbeifahrenden Auto zurückgeworfen, ein Messgerät in der Säule fängt sie wieder auf. Ein Computer berechnet aus der Laufzeit der Laserblitze den Ort des Autos zu verschiedenen Zeiten. Dann berechnet er den Weg des Autos zwischen zwei Laserblitzen, teilt ihn durch die Zeitdifferenz und erhält so die Geschwindigkeit des Autos. Raser werden fotografiert. Das infrarote Blitzlicht ist für Menschen nicht sichtbar.

Aufgaben

1 ▨ Gib an, wie viele Messkabel quer zur Fahrtrichtung verlegt sind und wie groß der Abstand zwischen ihnen ist. → 5

2 ▨ Der „Blitzer" misst die Zeiten zwischen den ersten beiden Kabeln für fünf Autos: 0,045 s; 0,050 s; 0,060 s; 0,040 s; 0,070 s. → 5 Berechne die Geschwindigkeit der Autos. Wer fährt schneller als 70 $\frac{km}{h}$?

3 ▨ Ein Auto ist 50 m von der Lasersäule entfernt. → 6 Berechne die Zeit vom Aussenden des Laserblitzes bis zum Auffangen. Tipp: Der Blitz hat Lichtgeschwindigkeit.

6 Lasersäule

Verschiedene Bewegungen

[1] Gleiches Ziel – verschiedene Bewegungen

Seilbahn und Mountainbiker fahren ins Tal. Ihre Bewegungen sind verschieden.

Gleichförmige Bewegung • Die Seilbahn fährt mit einer gleichbleibenden Geschwindigkeit: Ihre Bewegung ist gleichförmig.

| Bei einer gleichförmigen Bewegung bleibt die Geschwindigkeit gleich.

Ungleichförmige Bewegung • Die Mountainbiker fahren mal schnell und mal langsam: Ihre Bewegung ist ungleichförmig.

| Bei einer ungleichförmigen Bewegung ändert sich die Geschwindigkeit eines Körpers.
| Wenn die Geschwindigkeit des Körpers zunimmt, sprechen wir von einer beschleunigten Bewegung.
| Wenn die Geschwindigkeit des Körpers abnimmt, sprechen wir von einer verzögerten Bewegung.

Momentangeschwindigkeit und Durchschnittsgeschwindigkeit • Der Tacho zeigt an, wie schnell der Mountainbiker gerade fährt: Er misst die momentane Geschwindigkeit.
Bei der Talfahrt sind die Mountainbiker an vielen Stellen sehr schnell unterwegs. Dort zeigt der Tacho eine hohe Momentangeschwindigkeit an. An holprigen Stellen oder kleinen Anstiegen fahren die Mountainbiker langsamer. Der Tacho zeigt eine niedrige Momentangeschwindigkeit an. → [2]
Nach der Radtour berechnet der Tacho die durchschnittliche Geschwindigkeit für die gesamte Strecke:

$$v_d = \frac{s_{gesamt}}{t_{gesamt}}. \rightarrow [2]$$

Da die Seilbahn mit gleichbleibender Geschwindigkeit fährt, ist ihre Momentangeschwindigkeit immer gleich der Durchschnittsgeschwindigkeit.

| Der Tacho zeigt die Momentangeschwindigkeit an.

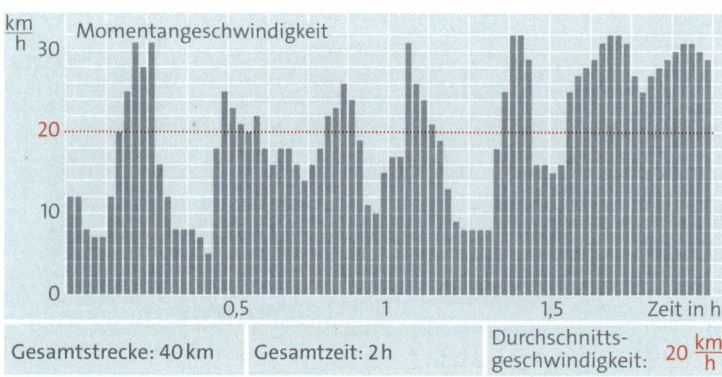

[2] Aufzeichnung einer Radtour in einer App

die **gleichförmige** Bewegung
die **ungleichförmige** Bewegung
die **beschleunigte** Bewegung
die **verzögerte** Bewegung
die **Momentangeschwindigkeit**
die **Durchschnittsgeschwindigkeit**

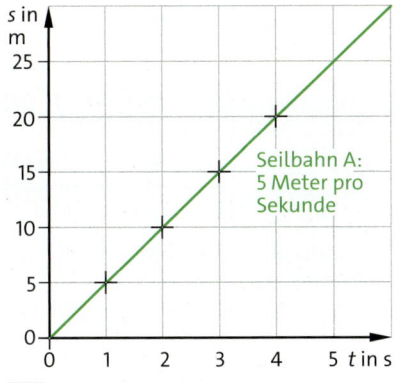

3 Gleichförmige Bewegung

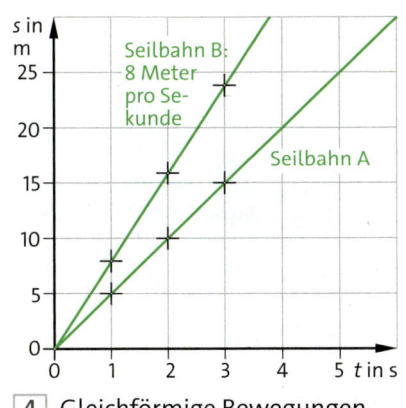

4 Gleichförmige Bewegungen

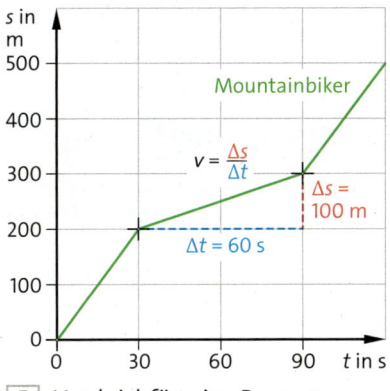

5 Ungleichförmige Bewegung

Gleichförmige Bewegungen im Diagramm • Die Seilbahn A fährt in einer Sekunde 5 m weit, in zwei Sekunden 10 m, in drei Sekunden 15 m … Es gilt:
• doppelte Zeit → doppelter Weg
• dreifache Zeit → dreifacher Weg
Der Weg ist direkt proportional zur Zeit. Wege und Zeiten liegen im Diagramm auf einer Geraden durch den Ursprung. → **3**

Seilbahn B fährt mit 8 m pro Sekunde. Sie ist schneller als Seilbahn A. Ihre Gerade im Diagramm ist steiler. → **4**

Ungleichförmige Bewegungen im Diagramm • Die Fahrt der Mountainbiker ergibt im Diagramm eine „geknickte" Linie. → **5** Im mittleren Abschnitt fahren die Mountainbiker 100 m in 60 s, ihre Geschwindigkeit beträgt dort:
$v = \frac{\Delta s}{\Delta t}$
$v = \frac{100\,m}{60\,s} = 1{,}67\,\frac{m}{s} = 6\,\frac{km}{h}$

Mit dem Delta-Zeichen Δ vor einer Größe bezeichnet man den Unterschied oder die Veränderung dieser Größe. Schreibt man nur s, meint man einen bestimmten Punkt auf einer Strecke, zum Beispiel die Ziellinie bei einem 400-m-Lauf. Δs meint dagegen die Entfernung vom Start bis zum Ziel. → **6**

> Bei einer gleichförmigen Bewegung liegen im Diagramm die Messwerte für Wege und Zeiten auf einer Ursprungsgeraden.
> Bei ungleichförmigen Bewegungen ergeben sich im Diagramm zum Beispiel „geknickte" Linien.

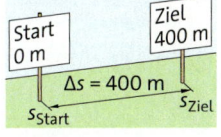

6 $\Delta s = s_{Ziel} - s_{Start}$

Aufgaben

1 Nenne je drei gleichförmige und ungleichförmige Bewegungen.

2 Viele Fahrradtachos zeigen auch die Maximalgeschwindigkeit einer Radtour an. Handelt es sich hierbei um eine Momentangeschwindigkeit oder um die Durchschnittsgeschwindigkeit? Begründe deine Antwort.

3 Seilbahn C fährt mit $4\,\frac{m}{s}$. Übertrage Diagramm 3 in dein Heft. Zeichne die Gerade für Seilbahn C ein.

Verschiedene Bewegungen

Material A

Gleichförmig oder ungleichförmig?

1. ⬚ Ordne nach gleichförmigen und ungleichförmigen Bewegungen. → 1 – 8
   Begründe jeweils.

Material B

Bewegung im Diagramm

1. Das Diagramm zeigt die Fahrten von drei Autos. → 9
   a ⬚ Gib an, welche Autos sich gleichförmig bewegen. Begründe jeweils.
   b ⬚ Die Autos mit den gleichförmigen Bewegungen fahren unterschiedlich schnell. Gib an, welches dieser Autos schneller fährt. Begründe deine Antwort.
   c ⬚ Gib die richtige Beschreibung an und begründe:
   • Auto 2 fährt erst schneller und dann langsamer.
   • Auto 2 fährt erst langsamer und dann schneller.
   d ⬚ Bestimme die Geschwindigkeit von Auto 2 in beiden Abschnitten.

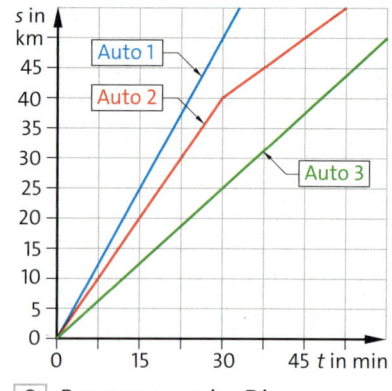

9 Bewegungen im Diagramm

Geschwindigkeit und Bewegungen

Material C

Lena und Toni

Lena joggt zu einem See. Ihr Tempo bleibt immer gleich. Ihr Hund Toni läuft mit. Mal bleibt er zurück, mal ist er recht weit voraus. Das Diagramm zeigt ihre Bewegungen. → 10

1 Beantworte die folgenden Fragen mithilfe des Diagramms:
  a ⊠ Welche Linie gehört zu Lenas Lauf?
  b ⊠ Wann erreicht Lena den See?
  c ⊠ Wann macht Toni Pause?

2 ⊠ Notiere weitere Fragen und Antworten.

3 ⊠ Beschreibe Tonis Bewegung genauer. Berechne seine höchste Geschwindigkeit. Tipp: Ein ähnliches Beispiel ist unten beschrieben. → 11

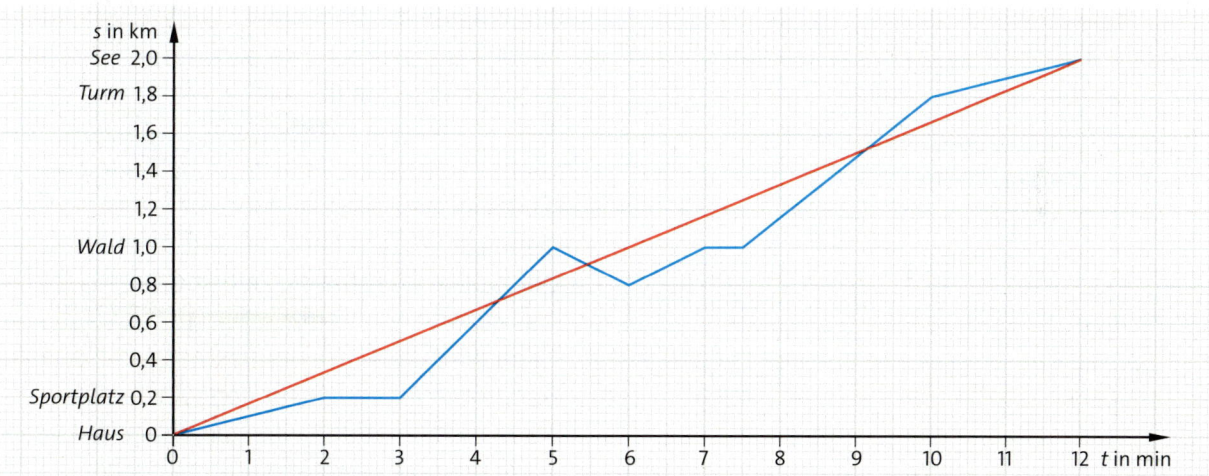

10 Lena joggt mit ihrem Hund Toni.

1 In den ersten 15 min legt Laura 5 km zurück:
  $v = \frac{5000\,m}{15 \cdot 60\,s} = 5{,}56\,\frac{m}{s} = 20\,\frac{km}{h}$.
2 In den folgenden 10 min geht es bergauf. Laura kommt in dieser Zeit nur 2 km weiter:
  $v = \frac{2000\,m}{10 \cdot 60\,s} = 3{,}33\,\frac{m}{s} = 12\,\frac{km}{h}$.
3 Bei Kilometer 7 macht Laura 5 min lang Pause.
4 Dann fährt sie 5 min weiter.
5 Laura hat ihre Trinkflasche vergessen! Sie fährt 5 min mit gleicher Geschwindigkeit zurück. Im Diagramm geht die Kurve nach unten.
6 Nun geht es wieder vom Rastplatz los.

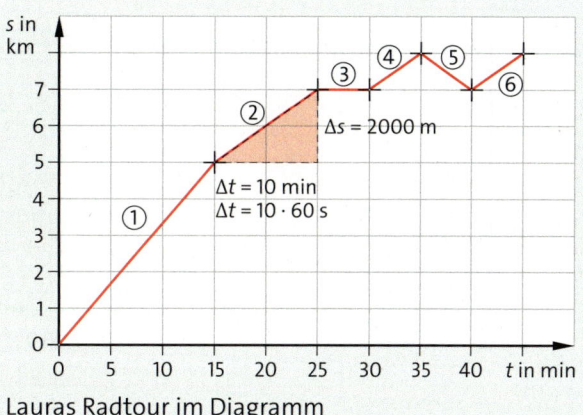

Lauras Radtour im Diagramm

11 So fängt Lauras Radtour an – genauer beschrieben.

Verschiedene Bewegungen

Methode

Messwerte im Diagramm darstellen

Die folgenden vier Schritte zeigen dir, wie du zum Beispiel die Fahrt eines Modellautos im Diagramm darstellst: → 1 2

t in s	0	1,0	2,0	3,0	4,0	5,0	6,0
s in m	0	1,5	3,1	4,8	6,3	8,1	9,6

1 Messwerte

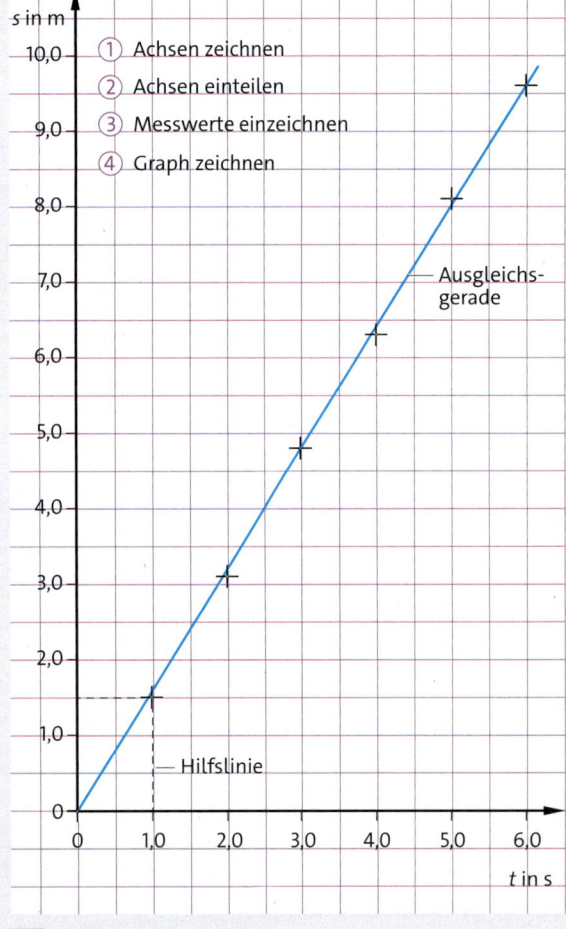

2 Diagramm erstellen

1. Achsen zeichnen Lege das Diagramm auf einer leeren DIN-A4-Seite mit Kästchen an. Zeichne die Achsen. Schreibe die Größen und ihre Einheiten daran. Beispiel:
- Die vorgegebene Größe ist die Zeit. Sie gehört an die waagerechte Achse (x-Achse). Beschriftung: t in s
- Der Weg ist die abhängige Größe. Er gehört an die senkrechte Achse (y-Achse). Beschriftung: s in m

2. Achsen einteilen Teile die Achsen gleichmäßig ein. Lege jeweils den größten Wert möglichst weit ans Ende der Achse. Beispiel:
- Der größte Wert für die Zeit ist 6,0 s. Als Maßstab wählen wir: 1 cm entspricht 1 s. Dann wird die Achse mindestens 6 cm lang.
- Der größte Messwert für den Weg ist 9,6 m. Als Maßstab wählen wir: 1 cm entspricht 1 m. Dann wird die Achse etwa 10 cm hoch.

3. Wertepaare einzeichnen Zeichne die Wertepaare mit spitzem Bleistift als Kreuze ein. Beispiel: Zeichne eine dünne Linie von 1,0 s senkrecht nach oben und eine dünne Linie von 1,5 m waagerecht nach rechts. So erhältst du den Punkt für das Wertepaar (1,0 s | 1,5 m). Mit etwas Übung kannst du auf die Hilfslinien verzichten. Benutze ein Lineal oder ein Geodreieck, das du im Diagramm anlegst.

4. Graph zeichnen Wenn die Kreuze ungefähr auf einer Geraden liegen, zeichnest du eine „Ausgleichsgerade". Die Kreuze sollten möglichst nahe an dieser Strecke liegen.

46 | Geschwindigkeit und Bewegungen

Material D

Auto nicht maßstäblich

0 s	1,0 s	2,0 s	3,0 s	4,0 s	5,0 s
0 m	15 m	31 m	46 m	63 m	80 m

3

Autofahrt

1 Die Fahrt wurde erfasst. → 3

a ▣ Übertrage die Wertepaare für die Messung aus dem Bild in eine Tabelle. → 4

t in s	0	1,0	?
s in m	0	15	?
v in $\frac{m}{s}$	0	?	?

4 Beispieltabelle

b ▣ Zeichne ein Diagramm mit Ausgleichsgerade. Sieh dir dazu die linke Seite an.

c ▣ Berechne zu jedem Wertepaar die Geschwindigkeit. Ergänze sie in der Tabelle.

Material E

Wie schnell ist der Wagen?

Ein Experimentierwagen ist dreimal mit verschiedenen Geschwindigkeiten gefahren. Dabei hat er jeweils einen Papierstreifen hinter sich hergezogen. → 5 Der fest montierte Zeitmarkengeber hat jeweils zehn Punkte pro Sekunde auf die Papierstreifen gesetzt. Zur Auswertung wurde der Startpunkt als P0 markiert und jeder zehnte Punkt: P1, P2 …. Die Wege von P0 zu P1, von P0 zu P2 usw. wurden gemessen. Die Wertetabelle zeigt die Wege und Zeiten. → 6

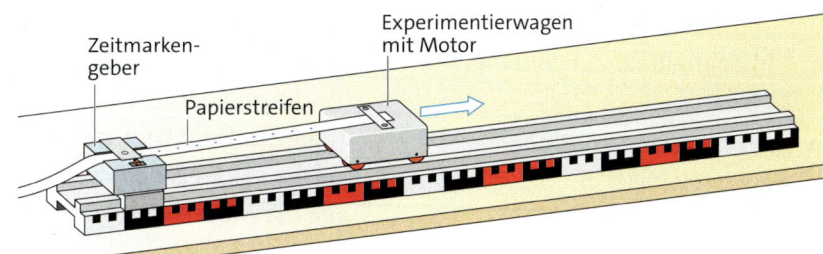

5 Versuchsaufbau

Punkte		P0	P1	P2	P3	P4	P5	P6	P7	P8
Zeit t in s		0,0	1,0	2,0	3,0	4,0	5,0	6,0	7,0	8,0
Wege s in cm	Versuch 1	0,0	7,9	16,1	24,1	32,1	39,9	48,0	56,1	64,0
	Versuch 2	0,0	10,1	19,8	29,9	40,1	49,9	59,9	70,1	80,0
	Versuch 3	0,0	12,0	23,9	35,8	48,1	70,0	71,9	83,8	96,0

6 Wertetabelle für drei Versuche

1 Diagramm zeichnen und auswerten

a ▣ Lege ein Diagramm so groß an, dass du für jeden Versuch einen Graphen einzeichnen kannst. → 6

b ▣ Zeichne die verschiedenen Graphen ein.

c ▣ Vergleiche die Graphen miteinander.

Gib an, welcher Graph die größte Geschwindigkeit darstellt.

d ▣ Berechne jeweils die Durchschnittsgeschwindigkeit für jeden Versuch in $\frac{m}{s}$.

47

Verschiedene Bewegungen

Methode

Messwerte im Diagramm darstellen – mit dem Computer

Zeit t in min	Zeit t in s	Weg s in m
0	0	0
3	180	1 100
6	360	2 140
9	540	3 160
12	720	4 180
15	900	5 180
18	1080	6 140
21	1260	7 080
24	1440	8 020
27	1620	8 960
30	1800	10 000

[1] Fahrradtour auf dem Uferradweg

Finnja, Ahmet, Tom und Sara haben eine Fahrradtour gemacht. Wege und Zeiten haben sie mit dem Handy aufgezeichnet. → [1] Nun sollen sie ihre Fahrt in einem Diagramm am Computer darstellen. Hier lernst du, wie das geht – an einem von vielen Tabellenkalkulationsprogrammen. Bei neueren Versionen und anderen Programmen sind die Schritte ähnlich.

1. Tabelle anlegen Beim Starten des Programms öffnet sich eine Tabelle. Die Spalten in der Tabelle haben Buchstaben, die Zeilen haben Zahlen. So findest du die Zelle B3 in der Spalte B, Zeile 3. → [2] In jede Zelle kannst du Buchstaben, Zahlen oder Formeln eintragen. Durch Anklicken wählst du eine Zelle aus.

2. Messwerte eintragen Erstelle den Tabellenkopf: → [3]
- In die Spalte A kommen die vorgegebene Größe und die Einheit für die waagerechte Achse.
- In die Spalte B kommen die abhängige Größe und die Einheit für die senkrechte Achse.

Trage die Messwerte ohne Einheiten in den Zellen darunter ein.

3. Messwerte einzeichnen Wähle den Tabellenkopf und alle Zellen mit Messwerten aus. → [4] Führe folgende Schritte aus: Einfügen → Diagramm → Diagrammtyp Punkt (XY) (nur Datenpunkte, keine Linien) → OK.
Danach kannst du das Diagramm benennen, die Achsen beschriften und das Gitternetz anpassen. → [5]

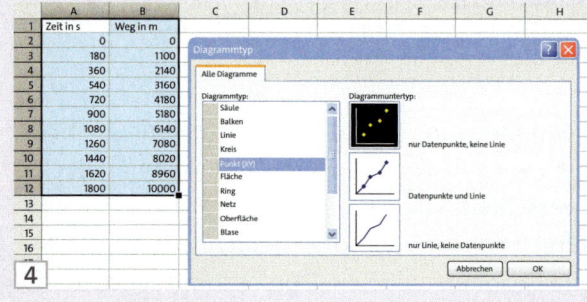

48 | Geschwindigkeit und Bewegungen

4. Kurve zeichnen Wenn die Punkte im Diagramm ungefähr auf einer Geraden liegen, kannst du vom Programm eine Ausgleichsgerade zeichnen lassen:
- Klicke im Diagramm mit der rechten Maustaste auf einen Messpunkt. Es öffnet sich ein Menü. Wähle „Trendlinie hinzufügen". → 6
- Wähle im Fenster „Trendlinie" den Typ „Linear".
- Die Gerade soll im Punkt (0|0) starten. Setze bei den Optionen bei „Schnittpunkt" einen Haken und füge in das Feld daneben den Wert 0,0 ein. → 7

Wenn die Punkte im Diagramm nicht ungefähr auf einer Geraden liegen sollten, gehst du zurück zu Schritt 3 und wählst als Diagrammtyp: Punkt (XY) (Punkte mit Linien und Datenpunkten).

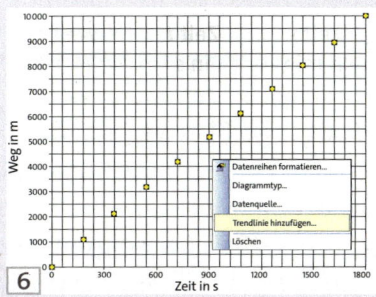

Geschwindigkeit berechnen • Wie schnell sind die vier Radler auf den einzelnen Kilometern gefahren? Für die Berechnung verwenden wir die Gleichung $v = \frac{s}{t}$:
- Ergänze zunächst den Tabellenkopf in der Zelle C1. → 8
- Schreibe in die Zelle C3 die Rechenvorschrift: =B3/A3.
  Das Gleichheitszeichen = sagt dem Programm, dass es um eine Berechnung geht.
  Der Schrägstrich / sagt dem Programm, dass geteilt wird.
  B3 sagt dem Programm, wo es den Wert für den Weg s findet: in der Zelle B3.
  A3 sagt dem Programm, wo es den Wert für die Zeit t findet: in der Zelle A3.
- Nun „greifst" du die rechte untere Ecke der Zelle C3 mit der Maus. Ziehe die Maus mit gedrückter linker Taste nach unten. In jeder markierten Zelle wird dann die Geschwindigkeit berechnet. → 9 Dabei wird aus B3/A3 automatisch B4/A4 und dann B5/A5 und so weiter.
- Runde die Rechenergebnisse in diesem Beispiel auf 2 Nachkommastellen (Dezimalstellen):
  Zellen auswählen → Rechtsklick → Zellen formatieren → Kategorie Zahl → Dezimalstellen 2.

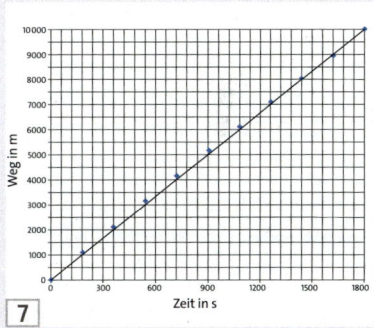

Verschiedene Bewegungen

Material F

Verkehrsgutachten zur Geschwindigkeitsbegrenzung (Lernaufgabe)

Auf dem Schulweg von Sven kommt es oft zu gefährlichen Situationen, weil die Autofahrer den Fußgängerüberweg erst rund 20 m vorher sehen können. → 1 Die Bürgerinitiative „Sicherer Schulweg" möchte deshalb erreichen, dass die zulässige Geschwindigkeit an dieser Stelle von 50 $\frac{km}{h}$ auf 30 $\frac{km}{h}$ verringert wird. Du sollst dazu ein Gutachten erstellen!

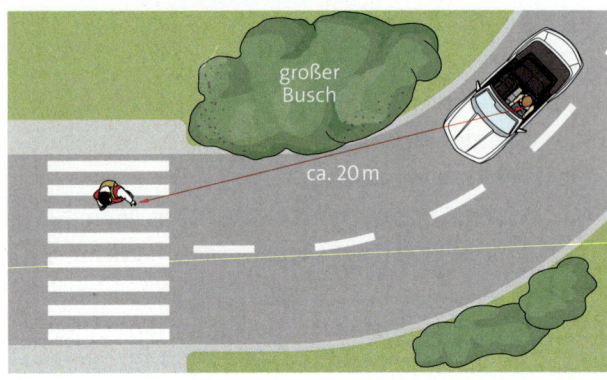

1 Unfallschwerpunkt!

Anhalteweg s_A

Herr Kaufmann fährt mit 30 $\frac{km}{h}$. Plötzlich läuft 15 m vor ihm ein Kind auf die Straße. Nach einer „Schrecksekunde" reagiert er, bremst und kommt rechtzeitig zum Stehen.
Was geschieht in der Zeit vom Wahrnehmen des Kinds bis zum Stillstand des Autos?

- Der Anhalteweg s_A ist der Weg, den das Auto insgesamt zurücklegt, bis es stillsteht. Er setzt sich aus dem Reaktionsweg s_R und dem Bremsweg s_B zusammen:
- In der Reaktionszeit t_R des Fahrers fährt das Auto ungebremst weiter. Wenn man Reaktionszeit und Geschwindigkeit kennt, kann man den Reaktionsweg berechnen. → 3
- Der Bremsweg beginnt erst, wenn das Fahrzeug tatsächlich gebremst wird. Er hängt von

der Geschwindigkeit, dem Straßenzustand und dem Reifenprofil ab. → 4 Die Bremsen eines Autos wirken stärker als die eines Mofas – deshalb ist der Bremsweg beim Auto kürzer als beim Mofa. → 5

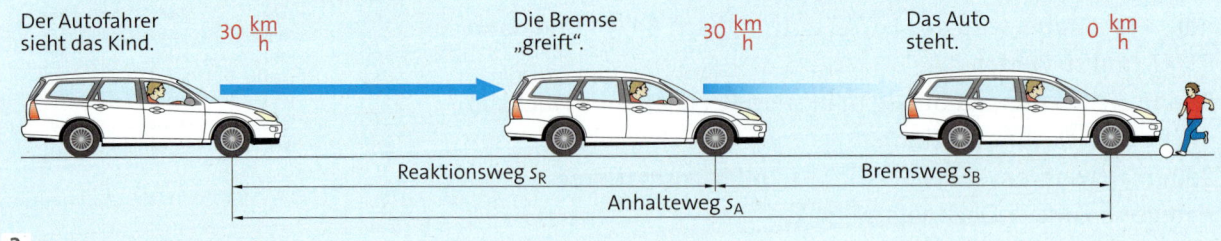

2

1 ◨ Erkläre, was man unter dem Anhalteweg versteht. → 2

2 ◨ Berechne den Reaktionsweg s_R bei einer Geschwindigkeit von 30 $\frac{km}{h}$ und 50 $\frac{km}{h}$. → 3 Gehe jeweils davon aus, dass die Reaktionszeit t_R = 1,0 s beträgt.

3 ◨ Lies in der Tabelle unten links ab, wie groß der Bremsweg s_B auf trockenem Asphalt bei 30 $\frac{km}{h}$ und bei 50 $\frac{km}{h}$ ist. → 4

4 ◨ Berechne den Anhalteweg s_A bei 30 $\frac{km}{h}$ und bei 50 $\frac{km}{h}$. Stelle den Unterschied anhand einer Skizze anschaulich dar.

5 ◨ Beurteile, ob man bei einer Geschwindigkeit von 30 $\frac{km}{h}$ auch auf nasser Straße noch rechtzeitig zum Stehen kommt. → 4

6 ◨ Erstelle ein ausführliches Gutachten über die Notwendigkeit einer Geschwindigkeitsbegrenzung.

Reaktionsweg s_R berechnen

Frau Kaufmann fährt auf der Landstraße mit 80 $\frac{km}{h}$. Da springt ein Reh über die Straße. Frau Kaufmann braucht nur 0,75 s, um zu reagieren. Berechne ihren Reaktionsweg s_R.

Gegeben: t_R = 0,75 s; v = 80 $\frac{km}{h}$ = 22,2 $\frac{m}{s}$
Gesucht: s_R
Gleichung: $s_R = v \cdot t_R$

Einsetzen, Kürzen, Rechnen:
s_R = 22,22 $\frac{m}{s}$ · 0,75 s = 16,7 m

Frau Kaufmanns Reaktionsweg beträgt rund 17 m.

3

Bremsweg s_B (Auto) in Abhängigkeit von der Geschwindigkeit			
v in $\frac{km}{h}$	trockener Asphalt	nasser Asphalt	vereister Asphalt
20	bis 2,2 m	bis 3,1 m	bis 11 m
25	bis 3,5 m	bis 4,8 m	bis 16 m
30	bis 5,0 m	bis 7,0 m	bis 23 m
40	bis 9,0 m	bis 12 m	bis 41 m
50	bis 14 m	bis 19 m	bis 93 m
60	bis 19 m	bis 28 m	–
100	bis 55 m	bis 77 m	–

4

Bremsweg s_B (Mofa)	
v in $\frac{km}{h}$	trockener Asphalt
20	bis 3,8 m
25	bis 6,0 m
30	bis 8,7 m
40	bis 15 m

5

Geschwindigkeit und Bewegungen

Zusammenfassung

Geschwindigkeit • Die Geschwindigkeit gibt an, wie schnell sich ein Gegenstand bewegt.

$$\text{Geschwindigkeit} = \frac{\text{Weg}}{\text{Zeit}}$$

$$v = \frac{s}{t}$$

Wir geben die Geschwindigkeit in Metern pro Sekunde $\left(\frac{m}{s}\right)$ oder in Kilometern pro Stunde $\left(\frac{km}{h}\right)$ an.

Umrechnung: $1 \frac{m}{s} = 3{,}6 \frac{km}{h}$ (·3,6 / :3,6)

Mit Geschwindigkeiten rechnen • Mithilfe der Gleichung für die Geschwindigkeit kann man die benötigte Zeit oder den zurückgelegten Weg berechnen. → 1 2

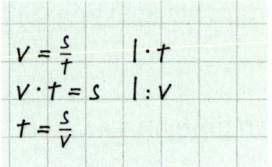
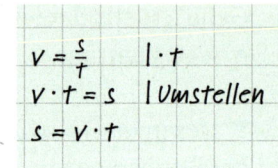

1 Auflösen der Gleichung nach t

2 Auflösen der Gleichung nach s

Gleichförmige Bewegungen • Bei gleichförmigen Bewegungen bleibt die Geschwindigkeit gleich groß. → 3 Weg und Zeit sind direkt proportional zueinander:
• doppelte Zeit → doppelter Weg
• dreifache Zeit → dreifacher Weg
Im Diagramm der gleichförmigen Bewegung liegen die Messwerte für Weg und Zeit auf einer Geraden durch den Nullpunkt. → 4

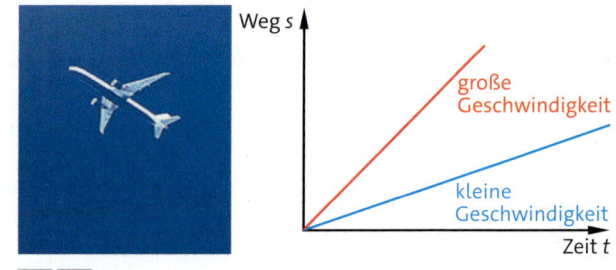

3 4 Gleichförmige Bewegungen

Ungleichförmige Bewegungen • Bei ungleichförmigen Bewegungen ändert sich die Geschwindigkeit. → 5
Im Diagramm liegen die Messwerte für Weg und Zeit nicht auf einer Geraden. → 6
Bei beschleunigten Bewegungen nimmt die Geschwindigkeit zu, bei verzögerten Bewegungen nimmt die Geschwindigkeit ab.

Momentangeschwindigkeit und Durchschnittsgeschwindigkeit • Der Tacho zeigt die Momentangeschwindigkeit an. Bei ungleichförmigen Bewegungen kann sie sich von Moment zu Moment ändern. Für die Gesamtstrecke kann man die

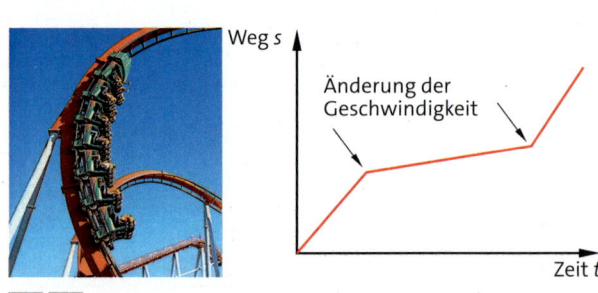

5 6 Ungleichförmige Bewegung

Durchschnittsgeschwindigkeit v_d berechnen:

$$v_d = \frac{s_{gesamt}}{t_{gesamt}}.$$

Bei gleichförmigen Bewegungen ist die gleichbleibende Momentangeschwindigkeit gleich der Durchschnittsgeschwindigkeit.

Teste dich! (Lösungen ab Seite 164)

Geschwindigkeit – Mit Geschwindigkeiten rechnen

1 🔲 Max sagt: „Ich bin mit meinem Fahrrad schon einmal 45 Stundenkilometer gefahren." Beschreibe, was er damit meint. Gib die Geschwindigkeit physikalisch richtig an.

2 Frau Meier erzählt: „Das war ein Verkehr auf der Autobahn. Ich habe für die 270 Kilometer heute 3 Stunden gebraucht!"
a 🔲 Berechne ihre durchschnittliche Geschwindigkeit in $\frac{km}{h}$.
b 🔲 An normalen Tagen fährt sie die Strecke im Schnitt mit 120 $\frac{km}{h}$. Berechne, wie lange sie dann für die Fahrt braucht.
c 🔲 Berechne, wie weit Frau Meier in 3,5 h bei einer Geschwindigkeit von 120 $\frac{km}{h}$ kommt.

3 Marina fährt mit dem Fahrrad 18 $\frac{km}{h}$ schnell. Felix sagt: „Da bin ich ja zu Fuß noch schneller! Ich bin 75 m in 12,5 s gelaufen."
🔲 Rechne nach, ob Felix recht hat.
Tipp: Berechne zuerst seine Geschwindigkeit in $\frac{m}{s}$. Rechne dann in $\frac{km}{h}$ um.

4 🔲 Anita, Björn, Elena und Nuran müssen um 07:40 Uhr in der Schule sein. Berechne, wann sie starten müssen, um pünktlich anzukommen. Wer muss am frühesten aufbrechen?
- Anita geht 1,5 km zu Fuß: $v = 4{,}0 \frac{km}{h}$.
- Björn fährt die 8,0 km bis zur Schule mit dem Fahrrad: $v = 14 \frac{km}{h}$.
- Elena kommt mit dem Mofa: $v = 24 \frac{km}{h}$. Ihr Weg ist 11 km lang.
- Nuran wird von ihrer Mutter mit dem Auto mitgenommen, weil sie 22 km von der Schule entfernt wohnt: $v = 40 \frac{km}{h}$.

Verschiedene Bewegungen

5 🔲 Ordne in gleichförmige und in ungleichförmige Bewegungen: Auto in der Stadt, Radfahrer auf dem Schulweg, Minutenzeiger der Uhr, Flugzeug in Reiseflughöhe, Sprung vom 5-m-Turm, Tanker in ruhiger See, Läufer beim Start.

6 Bewegungen zweier Autos → 7
a 🔲 Nenne das insgesamt schnellere Auto.
b 🔲 Berechne die Durchschnittsgeschwindigkeit in $\frac{m}{s}$ und $\frac{km}{h}$ für beide Autos.
c 🔲 Stelle die Bewegungen im Diagramm dar.
d 🔲 Gib an, welches Auto (nahezu) gleichförmig fuhr. Begründe deine Auswahl.

Weg s in m	0	50	100	150	200	
Zeit t in s	0	4	8	13	30	Auto A
	0	5	9	15	20	Auto B

7 Fahrten zweier Autos

7 Bewegung eines Radfahrers → 8
a 🔲 Ist die Bewegung gleichförmig oder ungleichförmig? Begründe deine Antwort.
b 🔲 Gib an, wann der Radfahrer gestoppt hat.
c 🔲 Woran erkennst du im Diagramm, wann der Radfahrer schnell gefahren ist und wann langsam? Beschreibe es an Beispielen.
d 🔲 Bestimme die Geschwindigkeit des Radfahrers zwischen Minute 3 und Minute 10.

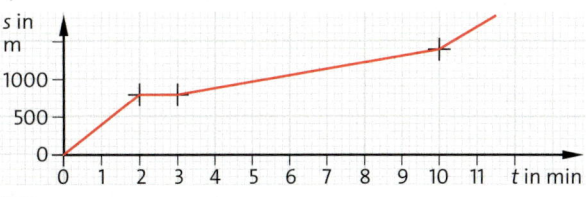

8 Fahrt mit dem Fahrrad

Kräfte und ihre Wirkungen

Beim Judo gewinnt die größere Kraft nicht immer – wenn man die kleinere Kraft geschickt einsetzt. Was ist das überhaupt: die Kraft?

Eine Kraft wirkt auf den Bungeespringer und das Seil. Der Springer fällt nach unten. Was geschieht mit dem Seil?

Mit großer Kraft wird Wasser durch die Düsen gepresst. Wie kann man auf einer Wassersäule stehen?

Was Kräfte bewirken

1 Beschleunigt von der Kraft eines Pferds

Volle Kraft voraus! Was können Kräfte alles bewirken?

Kräfte – physikalisch gesehen • Im Alltag sprechen wir von kräftigen Farben und Worten, von der „Sehkraft" oder von der „Waschkraft".
In der Physik verstehen wir etwas anderes unter Kraft. → 2

> Physikalische Kräfte erkennt man an ihren Wirkungen. Auf einen Gegenstand wirkt eine Kraft, wenn er:
> • schneller oder langsamer wird (beschleunigt oder verzögert wird).
> • umgelenkt wird.
> • verformt wird.

Für eine physikalische Kraft braucht man immer zwei Gegenstände: Ein Gegenstand übt die Kraft auf den anderen aus.

2 Kräfte erkennt man an ihren Wirkungen.

Aufgabe

1 In den folgenden Beispielen ist von Kräften die Rede:
  • Im Alter lässt die Sehkraft nach.
  • Ein Autofahrer gibt Gas und überholt einen Bus.
  • Ein Apfel fällt vom Baum.
  • Tom schlägt einen Nagel in die Wand – und verbiegt ihn dabei.
  • Lanin hat starke Waschkraft.
a ⬛ Nenne die Beispiele, in denen physikalische Kräfte eine Rolle spielen.
b ⬛ Begründe jeweils deine Entscheidung. Schreibe dazu jeweils die Wirkung der Kraft auf.

die Kraft
die Kraftwirkung

Material A

Kräfte im Sport

1 ⬛ Im Sport werden überall physikalische Kräfte ausgeübt. → ③ – ⑩

a Gib für jedes Beispiel die Wirkung(en) der Kraft an.
b Nenne jeweils die beiden Gegenstände, die aufeinander einwirken.

3

4

5

6

7

8

9

10

Material B

Kräfte auf eine Kugel

Materialliste: Teppich, starker Magnet, Klötze, schmale Rinne (U-Profil), Stahlkugel

1 ⬛ Stelle die Rinne etwas schräg auf dem Boden auf.
a Lass die Kugel in der Rinne hinunterrollen. Markiere, wie weit sie gerollt ist.
b Verändere den Aufbau so, dass die Kugel weiterrollt. Notiere, was du veränderst.
c Vergleiche, wie weit die Kugel auf glattem Boden und auf dem Teppich rollt.
d Beschreibe die Bewegung der Kugel in der Rinne und auf dem Boden genau.

2 Ändere mit dem Magneten die Geschwindigkeit und die Richtung der rollenden Stahlkugel auf dem Boden. → ⑪ Probiere verschiedene Möglichkeiten aus.
⬛ Beschreibe jeweils genau, wie sich die Bewegung der Kugel ändert.

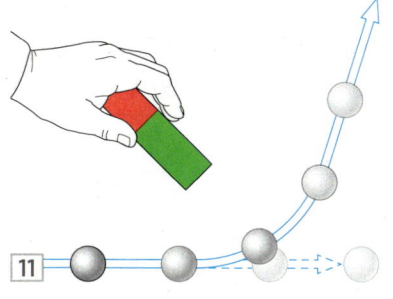
11

57

Kräfte messen

[1] Wie stark bist du?

Material zur Erarbeitung: A

Mit dem elastischen Band trainierst du deine Muskeln. Du kannst damit auch messen, wie stark du bist.

Kräfte messen • Je weiter du das Band dehnst, desto größer ist deine Kraft. Nach dem gleichen Prinzip funktionieren viele Kraftmesser. → [2] In ihnen wird anstelle des Bands eine Schraubenfeder aus Metall gedehnt. Bei nicht zu großen Kräften gilt: → [3]
- 2-fache Kraft → 2-fache Verlängerung
- 3-fache Kraft → 3-fache Verlängerung

Die Kraft F (engl. force) ist eine physikalische Größe. Man misst sie in der Einheit Newton (1 N). Beispiel: $F = 3$ N. 1 N = 1000 mN; 1 kN = 1000 N.

> Wir messen Kräfte mithilfe der Dehnung einer Schraubenfeder. Je größer die Kraft ist, desto größer ist die Verlängerung der Schraubenfeder. Die Verlängerung ist direkt proportional zur Kraft (Hookesches Gesetz).

Kräfte zeichnen • Ein Pfeil zeigt, wie die Kraft auf einen Körper wirkt:
- Der Kraftpfeil beginnt an dem Punkt, an dem der Ball getroffen wird. Dort greift die Kraft an. → [4]
- Je härter der Ball getroffen wird, desto größer ist die Kraft auf den Ball. Umso länger ist auch der Kraftpfeil.
- Die Pfeilspitze zeigt, in welche Richtung die Kraft auf den Ball wirkt.

> Ein Kraftpfeil zeigt Größe, Richtung und Angriffspunkt der Kraft.

[4] So zeichnen wir eine Kraft.

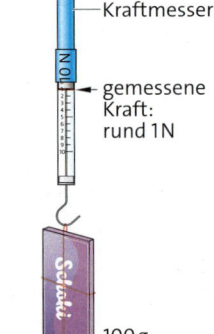

[2] Kraftmessung

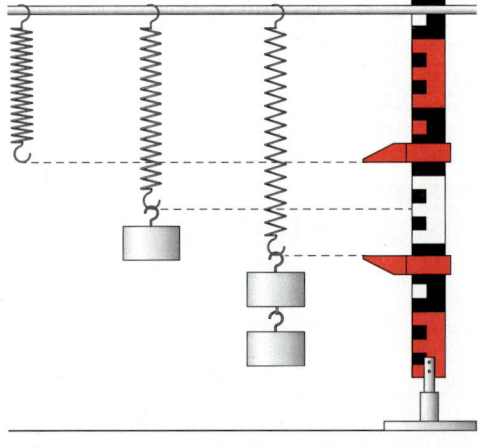

[3] Dehnung einer Schraubenfeder

Aufgabe

1. ▶ Beschreibe die Veränderung einer Schraubenfeder, wenn die angehängte Masse 5-mal (3-mal, halb) so groß ist.

Kräfte und ihre Wirkungen

die **Schraubenfeder**
das **Newton (N)**
das **Hookesche Gesetz**
der **Kraftmesser**
der **Kraftpfeil**

Methode

Kräfte messen mit dem Kraftmesser

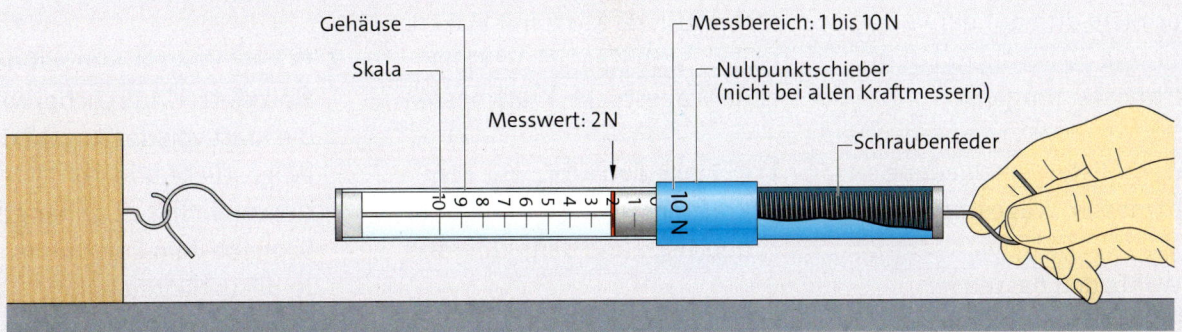

5 Aufbau eines Kraftmessers

So misst du richtig mit dem Kraftmesser: → 5

1. Kraftmesser auswählen Es gibt Kraftmesser für größere und für kleinere Kräfte. → 6 Auf jedem Kraftmesser ist sein Messbereich angegeben. Eine zu große Kraft kann die Schraubenfeder des Kraftmessers beschädigen. Mache eine Probemessung mit dem Kraftmesser für den größten Messbereich. Wenn die Schraubenfeder nur wenig gedehnt wird, probiere den nächstkleineren. Wenn dann die Feder weit ausgedehnt wird, ist der richtige Kraftmesser gefunden.

2. Auf null stellen Halte den Kraftmesser auf Augenhöhe und schiebe den Nullpunktschieber auf die Markierung „0".

3. Messen Hänge ein Wägestück an oder ziehe mit dem Kraftmesser einen Gegenstand.

4. Richtig ablesen Begib dich auf Augenhöhe zur Skala. Lies an der Skala den angezeigten Wert ab. → 7

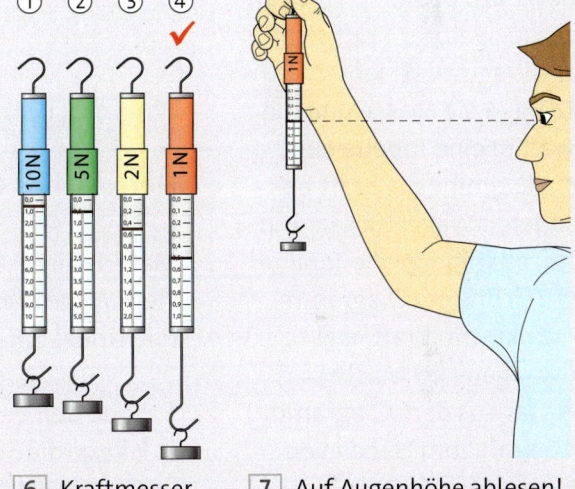

6 Kraftmesser auswählen

7 Auf Augenhöhe ablesen!

Aufgaben

1 ◼ Kraftmesser
a Nenne die Teile des Kraftmessers.
b Beschreibe, wie du ihn richtig benutzt.

2 ◼ Miss die Kraft, die zum Heben von 70 g (1200 g) nötig ist.

Kräfte messen

Material A

Kraft beim Heben messen

Informiere dich auf der Vorseite, wie du richtig mit dem Kraftmesser umgehst.

Materialliste: verschiedene Kraftmesser, Wägestücke

1 Wähle den passenden Kraftmesser und hänge ein Wägestück daran.
a Hebe den Kraftmesser langsam nach oben. → 1 Lies ab, bei welcher Kraft sich das Wägestück hebt.
b Trage die Masse und die Kraft in eine Tabelle ein.
c Bestimme die Kraft bei anderen Wägestücken und vervollständige die Tabelle.
d Zeichne ein Diagramm:
 • senkrecht: Kraft in N
 • waagerecht: Masse in g
e Lies aus dem Diagramm die Kraft zum Heben von 120 g (260 g; 700 g) ab.

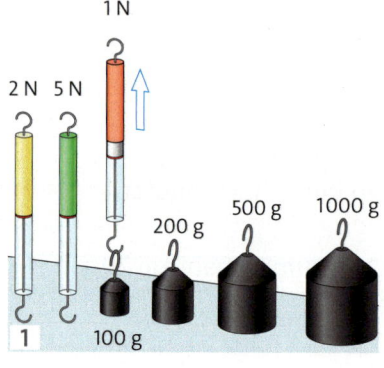

Material B

Kraft beim Ziehen messen

Materialliste: Klotz mit Haken, grobes Schleifpapier, verschiedene Wägestücke, Kraftmesser

1 Ziehe den Klotz mit dem Kraftmesser: → 2 erst über den Tisch und dann über das Schleifpapier. Vergleiche die Messwerte.

2 Lege Wägestücke auf den Holzklotz. Untersuche, wie die Kraft von der Anzahl der Wägestücke und der Geschwindigkeit abhängt. Schreibe dein Ergebnis in Je-desto-Sätzen auf.

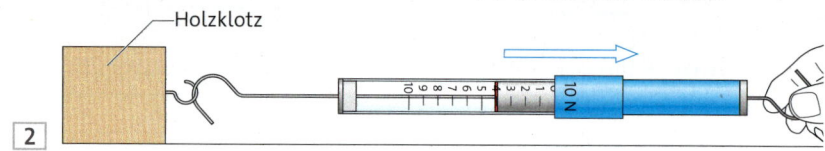

Material C

Hookesches Gesetz

Materialliste: Schraubenfeder, viele Wägestücke, Stativmaterial, Lineal

1 Baue den Versuch auf. → 3
a Hänge die Schraubenfeder an den Haken. Stelle den Schieber am Lineal auf die Unterkante der Feder ein.
b Hänge Wägestücke an. Miss jeweils die Verlängerung der Feder. Notiere die Massen und die Verlängerungen in einer Tabelle.
c Zeichne ein Diagramm:
 • senkrecht: Verlängerung der Feder in cm
 • waagerecht: Masse in g
d Begründe, warum eine Schraubenfeder zur Kraftmessung gut geeignet ist.

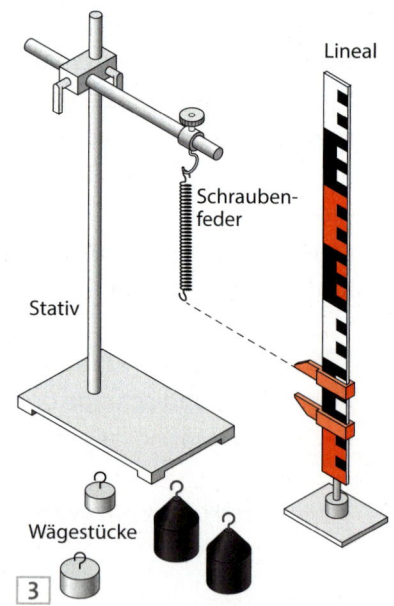

Material D

Zerreißprobe

1. ☒ Mit der Zerreißprobe lassen sich zum Beispiel Stäbe aus Stahl prüfen. → 4
   a Gib den Bereich im Diagramm an, in dem die Verlängerung direkt proportional zur Kraft ist. Begründe deine Zuordnung.
   b Beschreibe, wie sich der Stahlstab in den anderen Bereichen verändert.

Ein Stab aus Stahl wird in die Zerreißmaschine eingespannt. Dann werden die Einspannköpfe auseinandergezogen. Die Kraft wird langsam erhöht, bis der Stab reißt. Dabei wird der Zusammenhang zwischen Kraft und Verlängerung aufgezeichnet.

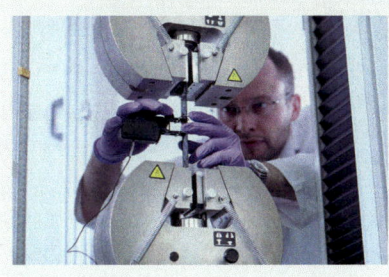
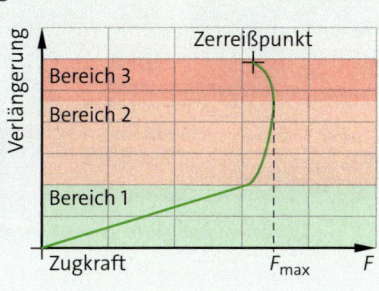

4

Material E

Kraftpfeile

1. Sechs Kinder ziehen an einem Sprungtuch. → 5
   a ☒ Welche Kräfte haben den gleichen Betrag? Begründe deine Antwort.
   b ☒ Gib an, welche Kräfte die gleiche Richtung haben.

2. ☒ Welcher Kraftpfeil ist richtig gezeichnet? → 6 7 Begründe deine Antwort.

3. ☒ Ermittle, wie groß die Kräfte sind. → 8 Zeichne im gleichen Maßstab Kräfte

mit folgenden Beträgen in dein Heft:
1,6 N; 5 N; 10 N; 20,8 N.

5 Sechs Kräfte an einem Sprungtuch

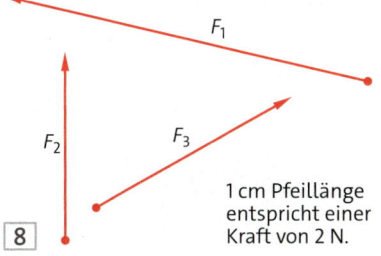

6   7   8

1 cm Pfeillänge entspricht einer Kraft von 2 N.

Auf dem Mond ist alles leichter

1 Alan L. Bean auf dem Mond (Apollo 12, 1969)

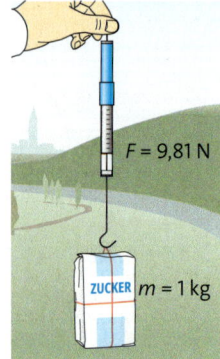

2 Auf der Erde

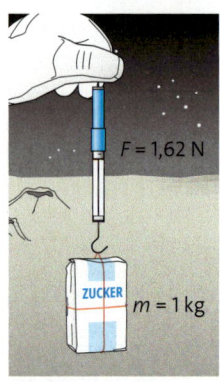

3 Auf dem Mond

Der Astronaut trägt 163 kg Ausrüstung! Auf der Erde könnte er sie nicht heben.

Masse • Ein Kilogramm ist überall gleich viel. Eine Tüte Zucker enthält auf der Erde genauso viel Zucker wie auf dem Mond. Die Masse der Tüte Zucker ist deshalb überall gleich groß.

Gewichtskraft • Die Erde zieht die Tüte Zucker und alle anderen Gegenstände an. Diese Anziehungskraft bezeichnen wir als Gewichtskraft. Wir müssen sie „überwinden", um einen Gegenstand anzuheben. Für die Tüte Zucker von 1 kg ist dafür auf der Erde eine Kraft von 9,81 N nötig. → 2
Auf dem Mond können wir 1 kg mit einer Kraft von 1,62 N anheben. → 3
Der Mond hat nämlich eine kleinere Masse als die Erde. Er übt deshalb auch eine kleinere Gewichtskraft auf Gegenstände aus. Daher kann der Astronaut auf dem Mond die Ausrüstung anheben und tragen, die auf der Erde zu schwer ist.

Ortsfaktor • Die Gewichtskraft auf einen Gegenstand hängt also vom Ort ab. Der Ortsfaktor g ist ein Maß für diesen Zusammenhang. Er unterscheidet sich von einem Himmelskörper zum anderen. Für die Erde verwenden wir als Mittelwert: $g = 9{,}81\,\frac{N}{kg}$.
Zur Berechnung der Gewichtskraft F_G auf die Tüte Zucker multipliziert man die Masse m des Gegenstands mit dem Ortsfaktor g (hier: der Erde):
$F_G = m \cdot g$
$F_G = 1\,\text{kg} \cdot 9{,}81\,\frac{N}{kg} = 9{,}81\,\text{N}$

> Die Masse eines Gegenstands ist an allen Orten gleich groß.
> Die Gewichtskraft auf einen Gegenstand hängt vom Ort ab. Mithilfe des Ortsfaktors g kann man sie berechnen: $F_G = m \cdot g$.

Newtons Erkenntnis • Der englische Naturforscher Isaac Newton (1643 bis 1727) beobachtete, dass die Erde Körper anzieht – sowohl einen fallenden Apfel als auch den Mond. Und er erkannte, dass umgekehrt auch der Apfel und der Mond jeweils die Erde anziehen.

> Jeder Gegenstand zieht jeden anderen Gegenstand an.

Die Anziehung ist umso größer, je größer die Masse der Gegenstände ist.

Aufgabe

1 Gib den Ortsfaktor für die Erde und den Mond an.

die Masse
die Gewichtskraft
der Ortsfaktor

Material A

Ortsfaktoren im Sonnensystem

1 Recherchiere, wie groß die Ortsfaktoren auf den verschiedenen Himmelskörpern sind. → 4

Himmelskörper	g in $\frac{N}{kg}$
Sonne	?
Merkur	?
Venus	?
Erde	9,81
Mond	1,62
Mars	?
Jupiter	?
Saturn	?
Uranus	?
Neptun	?

4 Verschiedene Ortsfaktoren

2 Ordne die Himmelskörper nach ihren Ortsfaktoren.

3 Berechne die Gewichtskräfte, die auf dich auf dem Mond und auf dem Mars wirken würden. Vergleiche mit der Gewichtskraft auf der Erde.

4 Woran liegt es, dass die Ortsfaktoren auf den Himmelskörpern verschieden groß sind? Stelle eine Vermutung an.

Material B

Schwere Ausrüstung – leichter gemacht

1 Auf der Erde übte der Astronaut Alan L. Bean seinen Einsatz nicht mit der echten Ausrüstung, sondern mit einer Attrappe. Sie war genauso schwer anzuheben wie die richtige Ausrüstung auf dem Mond. → 1

a Wog die Attrappe weniger oder mehr als die echte Ausrüstung? Begründe deine Antwort.

b Berechne die Masse der Attrappe. Könntest du die Attrappe anheben?

Material C

Isaac Newton

1 Lies den Text. → 5 Erkläre, warum ein Satellit nicht auf die Erde fällt.

2 „Der Mond zieht auch die Erde an."
Stimmt diese Aussage? Begründe deine Antwort.

Der Naturforscher Isaac Newton saß an einem klaren Herbstabend in seinem Garten und beobachtete den Mond. Plötzlich plumpste ein reifer Apfel neben ihm ins Gras. Er fragte sich: „Warum fällt der Apfel auf die Erde, der Mond aber nicht?" Newton erkannte: Der Mond bewegt sich sehr schnell. Eine Kraft verhindert aber, dass der Mond sich weiter entfernt. Er wird „gezwungen", die Erde zu umrunden. Es ist die gleiche Kraft, die den Apfel herunterfallen lässt – die Anziehungskraft der Erde. Newton erkannte, dass alle Gegenstände sich gegenseitig anziehen – also auch der Apfel die Erde. Diese Kraft ist jedoch winzig, weil der Apfel eine viel kleinere Masse als die Erde hat.

5 Apfel, Mond und Erde

Auf dem Mond ist alles leichter

Methode

Videos für den Physikunterricht aufnehmen

Videos im Physikunterricht • In diesem Physikbuch findest du schriftliche Anleitungen zu Versuchen mit Fotos und Grafiken. Aufgaben fordern zum Beispiel, einen Vorgang in der Natur zu beschreiben, einen physikalischen Zusammenhang zu erklären oder ein Versuchsergebnis zu protokollieren. In der Regel sollst du diese Aufgaben schriftlich oder mündlich lösen. Wie wäre es, stattdessen ein Video zu drehen?

Wofür werden die Videos eingesetzt? • Je nach dem Einsatzzweck werden Videos unterschiedlich gestaltet. In Versuchsvideos wird eine Versuchsdurchführung wie bei einem Kochrezept angeleitet. In Erklärvideos nutzt man aus, dass sich Zusammenhänge besonders gut mithilfe von bewegten Bildern erklären lassen.

Tipps • Die folgenden Punkte solltet ihr beachten, ganz egal, was für ein Video ihr dreht:
- Recherchiert zu eurem Thema und macht euch Notizen. Diskutiert und entscheidet, was wichtig ist und im Video gezeigt werden soll. Schreibt die Fachbegriffe auf, die im Video richtig verwendet werden sollen. Wenn ihr einen Versuch zeigen wollt, probiert ihn vorher aus. Welche Handlungen müssen gezeigt werden, damit man anhand des Videos den Versuch genau nachmachen kann?
- Überlegt, ob ihr eine App benutzen wollt. Manche Apps vereinfachen das Anfertigen

1 Aufzeichnung eines Erklärvideos

Szene	Zeitdauer	Bildidee	Sprechtext	Kommentare
1	ca. 10 s	Tischplatte	Hallo und herzlich willkommen! Heute möchten wir euch erklären, wie ein Federkraftmesser funktioniert.	– Federkraftmesser (10 N) aus der Sammlung besorgen – Sprecherin: Hanna – graue Decke auf den Tisch legen (Piet)
2	ca. 20 s	Zum Federkraftmesser werden nacheinander mit der Hand Schilder und Pfeile aus Pappe mit den Bezeichnungen der Einzelteile geschoben.	Der Federkraftmesser besteht aus verschiedenen Teilen: – Skala – Messbereich – Nullpunktschieber	– Pappschilder und Pfeile (rot) basteln (Piet) – Timur schiebt mit der Hand die Teile. – Der Ton muss genau zum Bild passen!

2 Beispieldrehbuch für ein Erklärvideo zum Federkraftmesser (Ausschnitt)

eines Videos. Sie nehmen deine Stimme auf und erlauben auch einfache Animationen. Du kannst aber auch einfach eine andere Person filmen, die etwas an der Tafel erklärt oder ein Experiment vormacht. → 1
- Der erste Eindruck entscheidet, ob ein Video angesehen wird. Wie wollt ihr in euer Video einsteigen und wie wollt ihr es beenden?
- Videos sollen eine Verbindung zwischen Bild und Ton herstellen. Damit sie gut verständlich sind, muss der Einsatz von Bild und Ton genau geplant werden. Dafür erstellt ihr am besten ein Drehbuch mit mindestens zwei Spalten. → 2 Eine Spalte beschreibt eure Bildidee. Oft ist eine Skizze sinnvoll. Die andere Spalte enthält Informationen zum Sprechtext. Ihr könnt weitere Spalten anfügen, zum Beispiel mit Kommentaren oder mit der Zeitdauer.
- Überlegt euch für jeden Abschnitt eine geeignete Kameraeinstellung. Manchmal ist es nötig, Details in einer Nahaufnahme oder auch den ganzen Versuchsaufbau zu zeigen.
- Listet die Gegenstände auf, die für das Video gebraucht werden. Sie müssen beim Drehtermin zur Verfügung stehen.
- Entscheidet, ob ihr im Hoch- oder im Querformat drehen wollt.
- Überlegt, wie ihr die Bildqualität verbessern könnt. Vielleicht hilft es, einen weißen Hintergrund zu verwenden? Ein Ringlicht hilft, das Video besser auszuleuchten. → 1
- Manche Bewegungen kann man schwer erkennen, weil sie sehr langsam oder sehr schnell sind. Dann ist es sinnvoll, Zeitraffer oder Zeitlupe einzusetzen.
- Schneidet das Video und entfernt überflüssige Stellen. Überprüft die Laufzeit.
- Ihr wollt euer Video veröffentlichen? Erkundigt euch bei eurer Lehrkraft, unter welchen Umständen das möglich ist.

Aufgaben

1 ☒ Sucht im Internet nach zwei guten und zwei weniger guten physikalischen Videos. Nennt drei Kriterien, nach denen ihr die Qualität der Videos beurteilt.

2 ☒ Auf Seite 60 findet ihr im Material C eine Versuchsanleitung zur Erarbeitung des Hookeschen Gesetzes. Es beschreibt den Zusammenhang zwischen der Gewichtskraft auf einen Gegenstand und der Ausdehnung einer Schraubenfeder. Überlegt euch, wie man die Längenausdehnung der Feder möglichst einfach und genau bestimmen kann. Erstellt ein etwa zweiminütiges Video als Anleitung zu eurem Versuch.

3 ☒ Erklärt den Unterschied zwischen Masse und Gewichtskraft mithilfe eines Videos.
a Informiert euch zunächst über den physikalischen Hintergrund, zum Beispiel auf Seite 62 in diesem Buch. Erklärt euch danach in der Gruppe gegenseitig den Unterschied zwischen Masse und Gewichtskraft. Sind die Erklärungen verständlich?
b Recherchiert zur Legetrick-Technik. Ist sie für diese Aufgabe geeignet?
c Erstellt nun euer Erklärvideo.

Wenn mehrere Kräfte wirken

1 Geht es hoch oder runter?

Materialien zur Erarbeitung: A–B

Vier Propeller sorgen für Auftrieb, die Gewichtskraft zieht die Drohne nach unten. Wann steigt die Drohne auf, wann sinkt sie ab?

Resultierende Kraft und Kräftegleichgewicht • Alle Auftriebskräfte an den Propellern wirken in dieselbe Richtung. → **2** Sie addieren sich zur gesamten Auftriebskraft auf die Drohne. Die Gewichtskraft wirkt entgegengesetzt dazu. Sie ergibt zusammen mit der Auftriebskraft die resultierende Kraft auf die Drohne: → **3** – **5**

• Wenn sich die Propeller sehr schnell drehen, ist die Auftriebskraft sehr groß. → **3** Sie ist größer als die Gewichtskraft. Die resultierende Kraft auf die Drohne ist nach oben gerichtet. Die Drohne steigt auf.
• Wenn die Propeller langsam drehen, ist die Auftriebskraft kleiner als die Gewichtskraft. Die resultierende Kraft auf die Drohne ist also nach unten gerichtet. → **4** Die Drohne sinkt ab.
• Wenn die Kräfte nach oben und unten gleich groß sind, ist die resultierende Kraft gleich null. → **5** Dann schwebt die Drohne in einer Höhe.

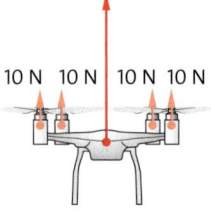

2 Kräfteaddition

3 Drohne steigt.

4 Drohne sinkt.

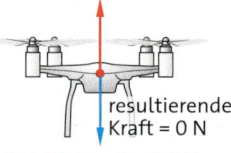

5 Drohne schwebt.

> Wenn mehrere Kräfte auf einen Körper wirken, gilt:
> • Kräfte mit gleicher Richtung addieren sich in ihrer Wirkung.
> • Bei zwei entgegengesetzten Kräften ist die resultierende Kraft so groß wie die Differenz der Kräfte. Die resultierende Kraft hat dieselbe Richtung wie die größere Kraft.
> • Gleich große, entgegengesetzte Kräfte heben sich in ihrer Wirkung auf (Kräftegleichgewicht).

Aufgaben

1 Jeder Propeller der Drohne bewirkt diesmal eine Auftriebskraft von 6 N.
a ◨ Berechne, wie groß die resultierende Kraft auf die Drohne ist (Gewichtskraft: F_G = 20 N).
b ◨ Gib an, ob die Drohne steigt oder sinkt. Begründe deine Angabe.

2 ◨ Gib an, in welchem Fall die Drohne im Kräftegleichgewicht ist. → **3** – **5** Begründe deine Wahl.

Kräfte und ihre Wirkungen

die resultierende Kraft
das Kräftegleichgewicht

Material A

Kräfte in gleicher Richtung

Materialliste: 2 gleiche Kraftmesser, Trinkflasche (gefüllt, aus Kunststoff), Faden

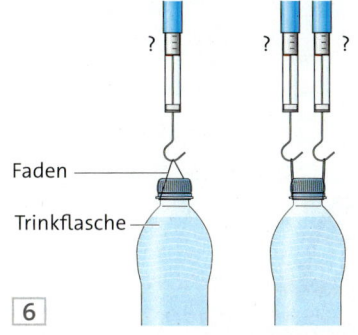

1 Hänge die Trinkflasche erst an einen Kraftmesser, dann an zwei. → 6
a ▶ Miss jeweils die Kräfte. Vergleiche die Ergebnisse.
b ▶ Schreibe eine Regel für das Zusammenwirken von zwei gleich gerichteten Kräften auf.

Material B

Wer gewinnt das Tauziehen?

1 ▶ Zwei Gruppen bestreiten einen Wettbewerb im Tauziehen. → 7
a Gib die Siegergruppe an.
b Ein zusätzliches Kind könnte zur unterlegenen Gruppe stoßen. Berechne, wie viel Kraft es ausüben müsste, damit nun seine Gruppe das Tauziehen gewinnt.

| Max | Moritz | | Lisa | Lena | Anna |
| 350 N | 420 N | | 250 N | 310 N | 470 N |

c Lisa hört plötzlich auf. Gib die Gruppe an, die jetzt gewinnt.

2 ▶ „Durch Tauziehen lässt sich nicht feststellen, wer mehr Kraft in den Armen hat." Begründe die Aussage.

Material C

Kräfte berechnen

1 ▶ Linus schiebt mit aller Kraft. Der Schrank bewegt sich aber erst bei einer Kraft von 600 N. → 8 Berechne, mit welcher Kraft Marie helfen muss.

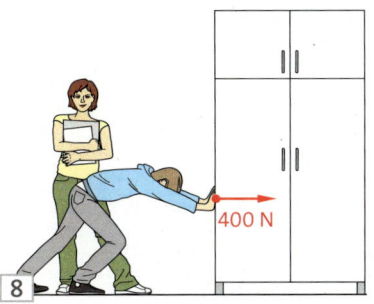

2 ▶ Berechne, wie groß die resultierende Kraft ist. → 9 Gib ihre Richtung an.

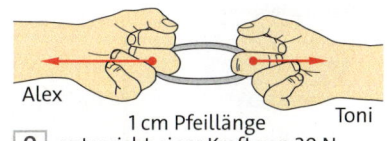

9 1 cm Pfeillänge entspricht einer Kraft von 20 N.

Reibungskraft

[1] Wichtig für sicheres Fahren: das Reifenprofil

Material zur Erarbeitung: A

Warum rutschen Fahrräder beim Anfahren nicht einfach weg?

Raue Oberflächen • Die Oberflächen aller Gegenstände sind nie ganz glatt. Es gibt immer Unebenheiten. → [2] Wenn man zwei Gegenstände gegeneinander bewegt, reiben die Unebenheiten gegeneinander und verhaken sich immer wieder ineinander. → [3] Es treten Reibungskräfte auf, die die Bewegung bremsen. Dabei wird Energie abgegeben. Je rauer die Oberflächen sind, desto größer sind die Reibungskräfte und desto mehr Energie wird abgegeben.
Auch bei Bewegungen in Wasser und Luft spürst du Reibungskräfte. Sie sind aber meist geringer als die Reibungskräfte zwischen festen Gegenständen.

> Wenn ein Gegenstand gegen einen anderen verschoben wird, treten Reibungskräfte auf. Sie wirken der Verschiebung entgegen.

[2] Autoreifen, 330-fach vergrößert

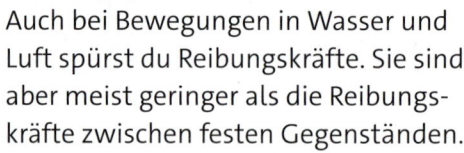

[3] Unebenheiten

Bedeutung • Reibungskräfte verhindern, dass du beim Gehen ausrutschst. Auf Eis kannst du deine Bewegung schwer kontrollieren, weil die Reibungskräfte zwischen dem Eis und deiner Schuhsohle zu gering sind. Es kann zu Unfällen kommen.
Auch Fahrräder und Autos brauchen stets ausreichend große Reibungskräfte zwischen der Straße und den Reifen, damit sie nicht verunglücken. → [4] Ein gutes Reifenprofil hilft, um sicher zu fahren und zu bremsen. Allzu groß dürfen die Reibungskräfte aber auch nicht sein – sonst muss man zu viel Energie für die Bewegung einsetzen.
Gäbe es gar keine Reibungskräfte, so würde eine Bewegung ewig andauern. Ohne Reibung fliegen Weltraumsonden für alle Ewigkeit durch das All.

[4] Achtung: Glatte Straße!

Aufgaben

1. ▶ Beschreibe, wie Reibungskräfte entstehen.

2. ▶ Begründe, warum gute Reifen im Verkehr wichtig sind.

die Reibungskraft

Material A

Sichere Fahrt mit guter Reibung

Beim Verschieben von Gegenständen auf einer Unterlage treten Reibungskräfte auf.

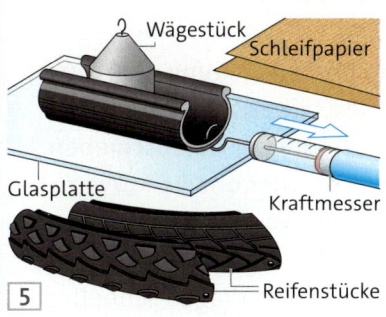

5

Materialliste: Kraftmesser, Wägestück, Glasplatte, einige Stücke Fahrradreifen mit verschiedenen Profilen (mit Loch), Schleifpapier (fein und grob)

1 ▶ Untersuche, wie die Reibungskraft vom Reifenprofil abhängt.
a Stelle das Wägestück auf ein Reifenstück. Ziehe beides über die Glasplatte. → 5 Miss die notwendige Kraft.
b Wiederhole den Versuch mit den anderen Reifenprofilen.
c Notiere die Ergebnisse in einer Tabelle. Vergleiche.

2 Wiederhole die Versuche auf anderen Unterlagen.
a Ziehe die verschiedenen Reifenprofile über feines und grobes Schleifpapier.
b ▶ Notiere die Ergebnisse in einer Tabelle.
c ▣ Stelle alle Messwerte gegenüber. Ermittle die Anordnung mit der größten und der kleinsten Reibungskraft.

Material B

Kugellager im Skateboard

Wenn Kugeln rollen, treten nur geringe Reibungskräfte auf. Man verwendet in der Technik oft Kugellager für Achsen, die leicht laufen sollen – zum Beispiel in Skateboards, Inlineskates oder Rollern.

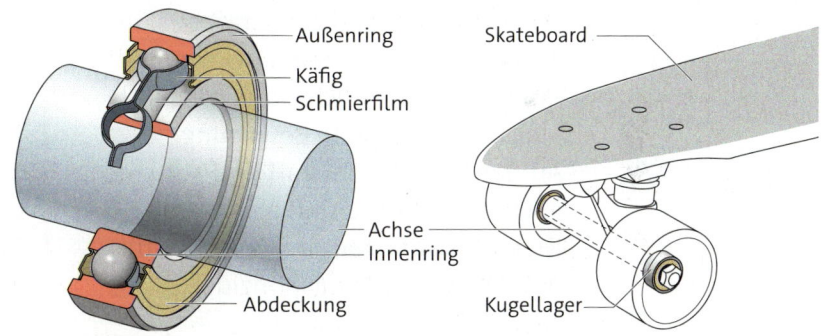

6 Aufbau eines Kugellagers

1 ▶ Kugellager
a Beschreibe den Aufbau des Kugellagers. → 6
b Gib jeweils an, mit welchem Bauteil der Innenring und mit welchem der Außenring verbunden ist.
c Gib die Bauteile an, die geschmiert werden.

2 ▣ Plane einen Versuch, um die Rolleigenschaften verschiedener Skateboards zu vergleichen.

3 ▣ Kugellager kennzeichnet man mit ABEC-Zahlen von 1 bis 11. Je höher die Zahl ist, desto höher ist die Qualität. Aber auch der Preis und die Schmutzanfälligkeit steigen. Informiere dich im Internet. Begründe, welche Qualität von Kugellagern du an deinem Fahrzeug verwenden würdest.

Kraft und Bewegung

1 Ball nach hinten – Tim nach vorn!

Materialien zur Erarbeitung: A–C

Tim hat sich einen seltsamen Antrieb ausgedacht. Wie funktioniert das?

Wechselwirkung • Tim wirft den Ball nach hinten. Er übt eine Kraft aus, die den Ball beschleunigt. Gleichzeitig setzt sich Tim nach vorne in Bewegung. Dazu muss jemand eine Kraft auf Tim ausüben. Dieser Jemand ist: der Ball! Jan zieht Jana zu sich – und setzt sich gleichzeitig selbst in Bewegung. → 2
Auf Jana wirkt eine Kraft und auf Jan auch. Beide Kräfte sind gleich groß. Diese Bewegungen sind Beispiele für das Wechselwirkungsprinzip:

| Eine Kraft gibt es nie alleine. Wenn du eine Kraft auf einen Körper ausübst, übt der Körper eine gleich große Kraft auf dich aus. Die Kräfte sind entgegengesetzt gerichtet.

Anders als beim Kräftegleichgewicht greifen die Kräfte an verschiedenen Körpern an und heben sich nicht auf.

Kraft und Beschleunigung • Du musst eine große Kraft ausüben, um einen vollen Mattenwagen anzuschieben, abzubremsen oder um die Kurve zu lenken. Man sagt: Der schwere Wagen hat eine große Trägheit. Zu zweit beschleunigt ihr den Wagen schneller, weil ihr eine größere Kraft ausübt. Und ein leerer Wagen lässt sich ganz schnell anschieben (Trägheit klein).

| Je größer die Kraft auf einen Körper ist, desto schneller ändert sich seine Geschwindigkeit.
| Je größer die Masse eines Körpers ist, desto größer ist seine Trägheit – bei gleicher Kraft ändert sich seine Geschwindigkeit langsamer.

2 Jan zieht – und wird gezogen.

Aufgaben

1 ⊠ Tim kann den Ball mit großer oder kleiner Kraft werfen. → 1 Welchen Einfluss hat das auf seine Bewegung? Erkläre deine Antwort.

2 ⊠ Große Wohnmobile fahren langsamer an als Pkws mit gleich starken Motoren. Erkläre den Unterschied.

das Wechselwirkungs-
prinzip
die Trägheit

Material A

Abstoßend

Materialliste: 2 Rollbretter (Rollen in Fahrtrichtung)

1 Zwei gleich schwere Personen sitzen sich auf den Rollbrettern gegenüber. → 3

a ⊠ Beide stoßen sich gegenseitig ab. Beschreibt eure Beobachtung.
b ⊠ Diesmal stößt sich nur einer ab, der andere hält die Arme steif. Beschreibt wieder eure Beobachtung.
c ⊠ Erklärt die Ergebnisse.

3

Material B

Anziehend

Materialliste: flaches Gefäß mit Wasser, 2 „Flöße" aus Styropor, Magnet, gleich schwere Schraube, Gummiringe, Knete

1 ⊠ Setze die Flöße ins Wasser. → 4
a Halte das Magnetfloß fest und lass das Schraubenfloß

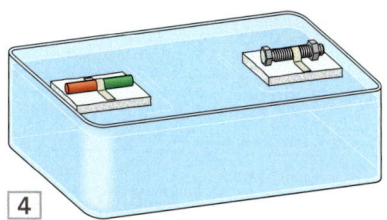

4

aus 5 cm Entfernung los. Beobachte und beschreibe.
b Halte das Schraubenfloß fest und lass das Magnetfloß aus 5 cm Entfernung los. Vergleiche.
c Halte die Flöße fest und lass sie aus 10 cm Abstand los. Beobachte und vergleiche.

2 ⊠ Beschwere ein Floß zusätzlich mit Knete (ohne es zu versenken). Wiederhole den Versuch 1. Beschreibe und erkläre die Unterschiede.

Material C

Beschleunigend

Materialliste: Mattenwagen, viele Turnmatten

1 ⊠ Schieb den Wagen unterschiedlich schnell an. Verändert dazu die Kraft und die Masse.
Schreibt die Ergebnisse so auf: „Je ⟐, desto ⟐."

Material D

Airboat

1 Das Boot wird von einem großen Propeller hinter dem Fahrer angetrieben. → 5 Wie kommt es vorwärts?
⊠ Setze die Erklärung fort: Der Propeller schleudert Luft mit großer Kraft nach hinten heraus. ⟐

5 Airboat in Florida (USA)

Kraft und Bewegung

Erweitern und Vertiefen

Volle Kraft zurück – es geht nach vorn!

Laufen • Der Startblock muss fest verankert sein, denn der Läufer stößt sich mit großer Kraft nach hinten ab. → 1 Der Startblock übt eine ebenso große Kraft nach vorne aus. Sie beschleunigt den Sprinter.

Bei jedem Schritt übst du eine Kraft nach hinten auf die Erde aus. Die Erde übt auf dich eine Kraft nach vorne aus. Sie bringt dich voran.

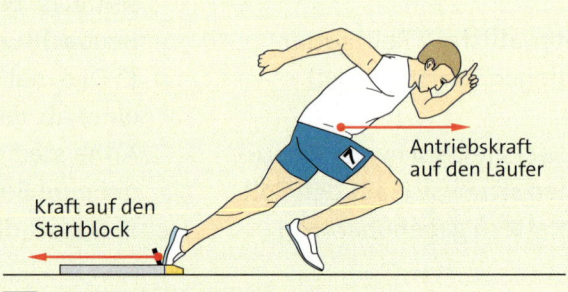

1 Wechselwirkung beim Starten

Radfahren • Du übst über Pedale, Kette, Zahnkränze und Hinterrad eine nach hinten gerichtete Kraft auf die Straße aus. → 2 Die Kraft von der Straße auf das Fahrrad bewirkt, dass du nach vorne fährst.

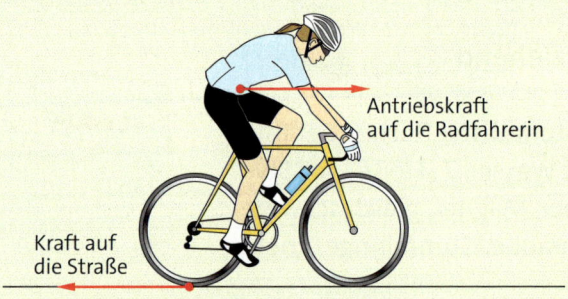

2 Wechselwirkung beim Radfahren

Rudern • Über die Ruder übt man eine Kraft nach hinten auf das Wasser aus. → 3 Die Kraft vom Wasser auf das Boot setzt das Boot nach vorne in Bewegung.

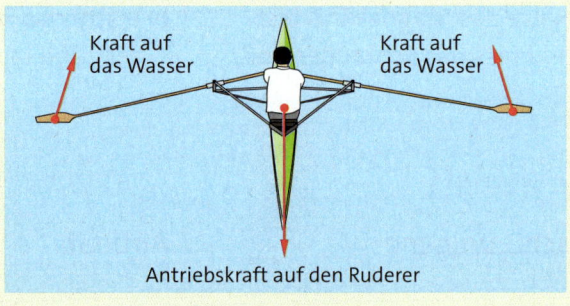

3 Wechselwirkung beim Rudern

Eis und Glätte • „Schneeregen und Glatteis führten gestern in Niedersachsen zum Verkehrschaos." Oft sind es gerade Lkws, die Steigungen nicht schaffen und Staus auslösen. Ein starker Motor allein hilft nicht. Wenn die Räder keine Kraft auf die glatte Straße ausüben können, kommt auch keine Kraft von der Straße zustande, die die Lkws antreibt.

Aufgaben

1 ▶ Erkläre das Starten beim Sprint mit dem Wechselwirkungsprinzip.

2 ▶ Erkläre den Vorteil der Spikes. → 4

4 Sprintschuhe mit Spikes

Material E

Jetbike

1 Jetbikes sind sehr schnelle und wendige Boote. → 5

a ☒ Erkläre, wie der Antrieb funktioniert. → 6
b ☒ Beschreibe, in welche Richtung die Düse schwenkt, wenn das Jetbike nach rechts lenkt. Fertige eine Skizze an. Zeichne Kraft und Wechselwirkungskraft ein.

Der rotierende Propeller (Impeller) stößt das Wasser im Rohr mit hoher Geschwindigkeit durch die Düse hindurch nach hinten aus. Zum Lenken lässt sich die Düse nach rechts oder links schwenken.

5

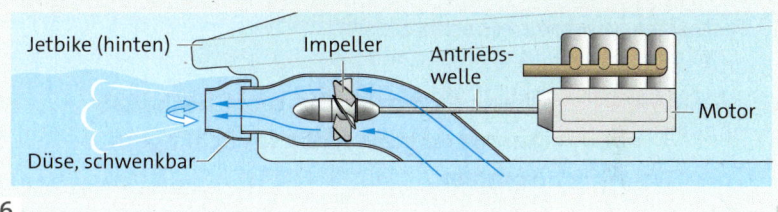
6

Material F

Wettbewerb: Wer baut das schnellste Boot?

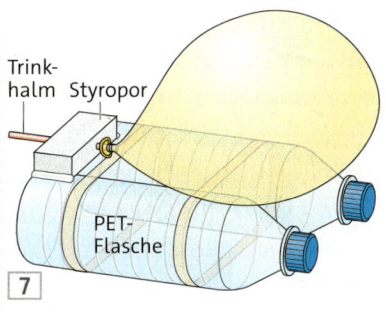
7

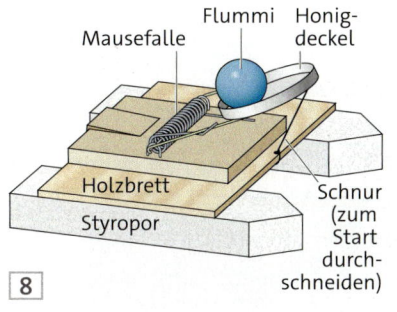
8

1 ☒ Ihr sollt Boote entwickeln, die möglichst gut beschleunigen.

a Legt vorher fest, wie der Wettbewerb entschieden werden soll. Es gibt (nicht nur) zwei Möglichkeiten:

- Der Gewinner legt die Rennstrecke (z. B. 2 m) in der kürzesten Zeit zurück.
- Der Gewinner erreicht die höchste Geschwindigkeit. Überlegt euch ein passendes Messverfahren.

Vielleicht müsst ihr vorher zum Beispiel auch noch festlegen, wie schwer oder groß die Boote sein dürfen.

b Plant eure Boote einzeln oder in Gruppen. Verwendet einfache Materialien: Plastikflaschen, Luftballons, Gummibänder, kleine Elektromotoren ... → 7 8
Skizziert euer geplantes Boot und begründet den Aufbau (zum Beispiel mit dem Wechselwirkungsprinzip).
c Baut eure Boote.
d Führt den Wettbewerb durch.
e Gebt Gründe an, warum der Sieger so schnell war.

Kräfte beim Bremsen und Kurvenfahren

1 Festhalten, sonst wird es schmerzhaft!

Materialien zur Erarbeitung: A–B

Wenn du dich im Bus nicht festhältst, kannst du ganz schön ins Schlingern kommen.

Wenn keine Kräfte wirken • Stefan steht im Bus und hält sich nicht fest:
- Der Bus bremst heftig. → 2 Stefan bewegt sich aber ungebremst geradeaus weiter, weil keine Kraft an ihm angreift. Deshalb fällt er im Bus nach vorne.
- Der Bus fährt ruckartig an. → 3 Stefan wird aber nicht mitbeschleunigt, weil keine Kraft an ihm angreift. Daher fällt er im Bus nach hinten.
- Der Bus fährt plötzlich nach links. → 4 Stefan bewegt sich aber geradeaus weiter. Seine Bewegungsrichtung ändert sich nicht, weil keine Kraft an ihm angreift.

Anders als Stefan hält sich Laura im Bus fest. → 5 Der Bus übt über die Haltestange Kräfte auf sie aus. So macht Laura alle Bewegungsänderungen mit.

> Solange keine Kraft auf einen Gegenstand wirkt, bleibt er in Ruhe oder bewegt sich geradeaus mit unveränderter Geschwindigkeit weiter (Trägheitsgesetz).

Aufgabe

1 ☑ Laura steht im Bus und hält sich fest. Beschreibe, in welchen Situationen das wichtig ist.

das Trägheitsgesetz

Material A

Die eigensinnige Kugel

Materialliste: Brett (weiches Holz, 10 cm × 20 cm), Faden, Haken, Stahlkugel, Hammer

Lege die Kugel auf das Brett. Schlage mit dem Hammer leicht auf die Kugel, sodass eine kleine Mulde im Brett entsteht.

1 Ziehe das Brett mit der Kugel auf verschiedene Weise: → 6
- langsam und gleichmäßig geradeaus
- schnell und ruckartig geradeaus
- erst langsam, dann etwas schneller und dann plötzlich abstoppen
- erst langsam, dann schneller und dann plötzlich um die Kurve

☒ Sage immer erst voraus, wie sich die Kugel bewegt. Ziehe dann und beobachte.

2 ☒ Beschreibe und erkläre die Beobachtungen.

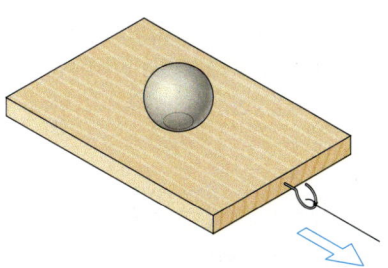

6 Wohin bewegt sich die Kugel?

Material C

Die rollende Flasche

1 Im Zugabteil liegt eine Flasche auf dem Boden. → 8 Immer wenn der Zug anhält oder anfährt, rollt sie weg.
a ☒ Gib jeweils an, in welche Richtung die Flasche rollt.
b ☒ Erkläre, warum sie rollt.

8 Warum rollt die Flasche?

Material B

Der träge Turm

Materialliste: 20 gleiche Münzen (1 Euro oder 50 Cent), dünnes Lineal, glatte Tischplatte

1 Staple die Münzen auf dem Tisch zu einem Turm. → 7
a ☒ Baue den Turm Münze für Münze mit dem Lineal ab – ohne ihn anzufassen! Beschreibe deine Beobachtung.
b ☒ Erkläre deine Beobachtung. Wie verändert sich die Trägheit des Turms?

7 Wie baust du den Turm ab?

Material D

Raumsonde Voyager

1 ☒ Die Sonde fliegt mit über 60 000 $\frac{km}{h}$ durchs leere All – ganz ohne Treibstoff! → 9 Erkläre, wie das möglich ist.

9 Voyager 1

Kräfte und ihre Wirkungen

Zusammenfassung

1 Wie Kräfte wirken

Was Kräfte bewirken • Auf einen Gegenstand wirkt eine Kraft, wenn er schneller oder langsamer wird, wenn er umgelenkt oder verformt wird. → 1

Kräfte messen • Wir messen Kräfte über die Dehnung einer Schraubenfeder. → 2 Die Einheit der Kraft ist 1 Newton (1 N). Wir zeichnen Kräfte als Pfeile.

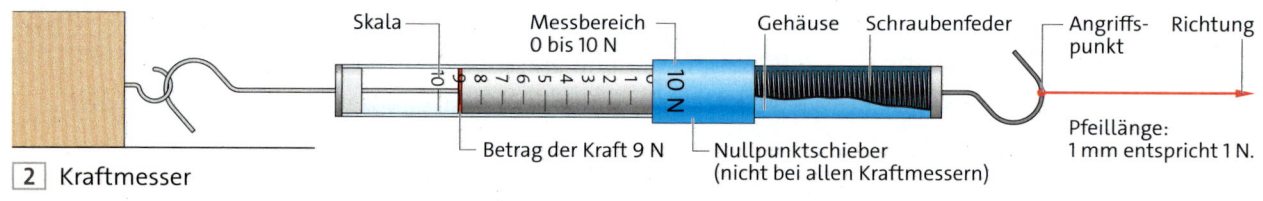

2 Kraftmesser

Auf dem Mond ist alles leichter • Die Masse eines Gegenstands ist überall gleich groß. Die Gewichtskraft auf einen Körper hängt vom Ort ab. → 3 4 Es gilt: $F_G = m \cdot g$ (g: Ortsfaktor).

Reibungskraft • Wenn Gegenstände gegeneinander verschoben werden, treten Reibungskräfte auf. → 5 6 Reibungskräfte haben große Bedeutung im Straßenverkehr.

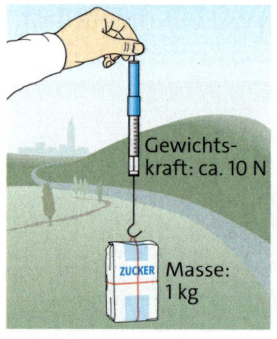

3 Auf der Erde

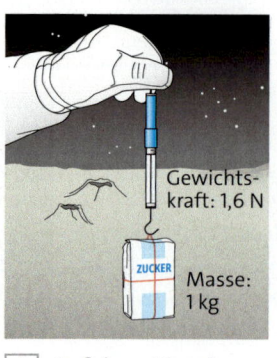

4 Auf dem Mond

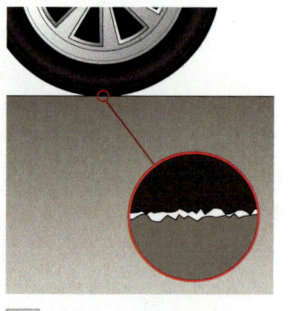

5 Raue Oberflächen verhaken sich.

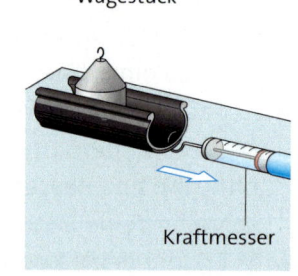

6 Reibungskraft wird gemessen.

Wenn mehrere Kräfte wirken • Kräfte mit gleicher Richtung addieren sich zur resultierenden Kraft. → 7
Bei zwei Kräften mit entgegengesetzter Richtung ist die resultierende Kraft so groß wie die Differenz der Kräfte. → 8 Sie hat dieselbe Richtung wie die größere Kraft.

Gleich große Kräfte mit entgegengesetzten Richtungen heben sich in ihren Wirkungen auf. Der Gegenstand ist im Kräftegleichgewicht. → 9

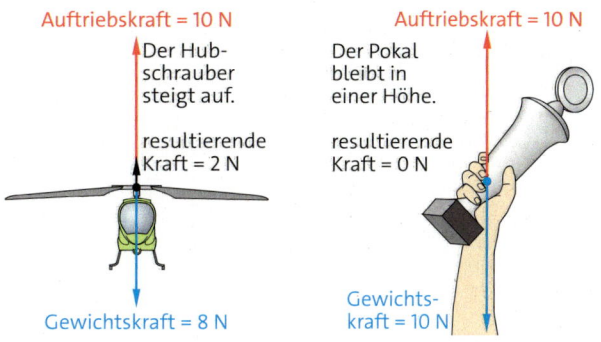

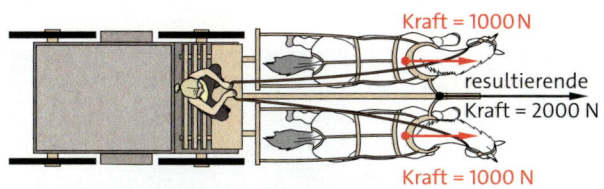

7 Kräfte in gleicher Richtung

8 9 Entgegengesetzt gerichtete Kräfte

Kraft und Bewegung • Eine Kraft gibt es nie allein. Es gilt das Wechselwirkungsprinzip: → 10 Wenn du eine Kraft auf einen Körper ausübst, übt der Körper eine gleich große Kraft auf dich aus. Die beiden Kräfte sind entgegengesetzt gerichtet. Je größer die Kraft auf einen Körper ist, desto schneller ändert sich seine Geschwindigkeit. → 11 Je größer die Masse eines Körpers ist, desto größer ist seine Trägheit – bei gleicher Kraft ändert sich seine Geschwindigkeit langsamer. → 12

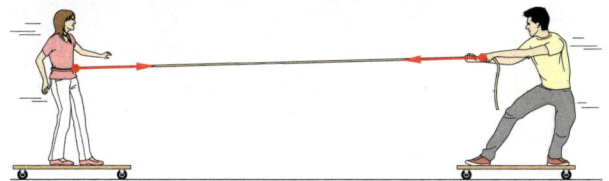

10 Beispiel für das Wechselwirkungsprinzip

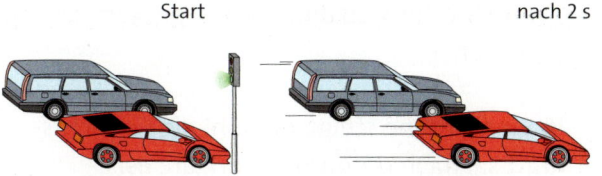

11 Größere Kraft → größere Beschleunigung

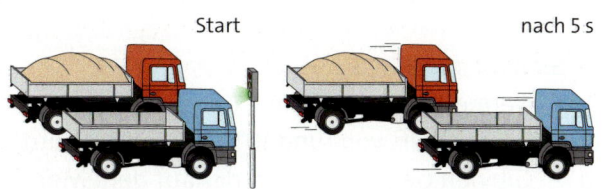

12 Größere Masse → kleinere Beschleunigung

Kräfte beim Bremsen und Kurvenfahren • Solange keine Kraft auf ihn einwirkt, bleibt jeder Gegenstand in Ruhe oder bewegt sich geradeaus mit unveränderter Geschwindigkeit weiter (Trägheitsgesetz). → 13

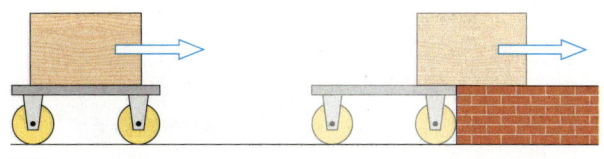

13 Der Klotz wird nicht gestoppt, er rutscht weiter.

Kräfte und ihre Wirkungen

Teste dich! (Lösungen ab Seite 165)

Was Kräfte bewirken

1. ✏️ Gib an, welche Wirkungen eine Kraft haben kann. Beschreibe jeweils ein Beispiel.

Kräfte messen

2. ✏️ Lies die Kräfte richtig ab. → 1

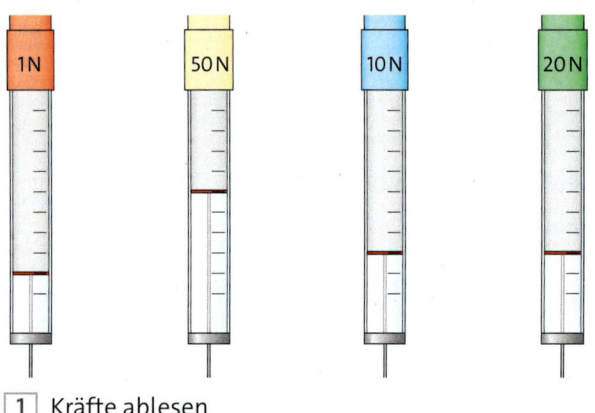

1 Kräfte ablesen

Masse und Gewichtskraft

3. ✏️ Bilde einen Je-desto-Satz mit den Begriffen: Himmelskörper, Gewichtskraft, Masse.

4. Sieh dir das Bild an. → 2
   a ✏️ Nenne den Gegenstand, der auf der Erde mit einer Kraft von rund 10 N angezogen wird.
   b ✏️ Gib den Gegenstand an, der auf dem Mond mit rund 10 N angezogen werden würde.
   c ✏️ Begründe jeweils deine Auswahl.

2 Verschiedene Gegenstände

Wenn mehrere Kräfte wirken

5. Bei diesem Aufzug übt das Gegengewicht eine große Kraft aus. → 3
   a ✏️ Berechne die Kraft, mit der die Seilwinde die Kabine hält.
   b ✏️ Beschreibe, welchen Vorteil das Gegengewicht bringt.

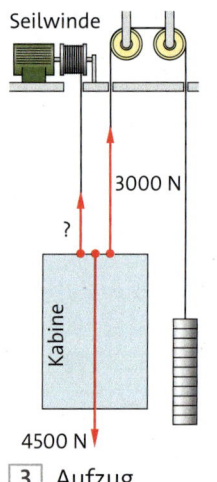

3 Aufzug

4 Hantel in Ruhe

6. ✏️ Die Hantel bewegt sich nicht. → 4 Mate sagt: „Auf die Hantel wirken keine Kräfte." Nimm Stellung zu dieser Aussage. Fertige eine Skizze an.

7. ✏️ Eine Drohne steigt, obwohl die Gewichtskraft sie nach unten zieht. Erkläre es.

Reibungskraft

8. ✏️ Nenne Teile an deinem Fahrrad, bei denen Reibung eine wichtige Rolle spielt.

9. ✏️ Nenne eine Sportart, bei der Reibung unerwünscht ist.

Kraft und Bewegung

10 ▣ Beim Start an der Ampel beschleunigen die Autos schneller als Busse, obwohl die Busse stärkere Motoren haben. Erkläre diese Beobachtung.

11 ▣ Plane einen Versuch zum Wechselwirkungsprinzip. Verwende dazu einen Magneten, eine Eisenschraube und zwei kleine Wagen.

12 ▣ Erkläre, wie die Rakete beschleunigt und vorwärtskommt. → 5

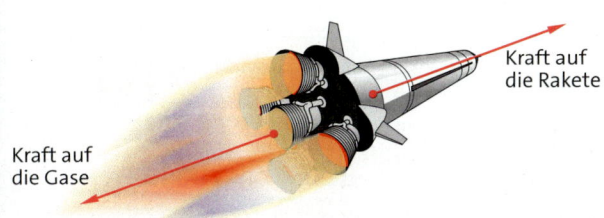

5 Raketenantrieb

13 ▣ Erkläre die Verse physikalisch: → 6
Der Fahrer tritt aufs Gaspedal,
die Straße spürt das allemal!
Sie schiebt das Auto samt Motor
(zum Glück kommt Glatteis selten vor)!

6 Die Straße schiebt das Auto an?

Kräfte beim Bremsen und Kurvenfahren

14 ▣ An einem Wagen ist eine Metallkugel frei beweglich aufgehängt. → 7
Skizziere im Heft, wie die Kugel hängt, wenn
a der Wagen in Längsrichtung angestoßen wird.
b der Wagen gleichförmig geradeaus geschoben wird.
c der rollende Wagen plötzlich auf ein Hindernis prallt.
d der rollende Wagen auf einmal nach links um eine Kurve gelenkt wird.

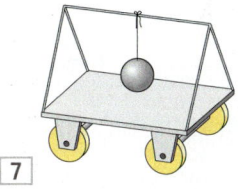

7

15 ▣ Bei einem Crashtest fliegt der Dummy über das Auto. → 8 Erkläre seine Bewegung.

8 Crashtest

Elektrizität nutzen

Weißt du schon, wie ein einfacher Stromkreis aufgebaut wird?
Wie geht man dabei sicher vor, ohne sich zu gefährden?

Weißt du schon, wie die Schaltung aufgebaut ist, mit der man die Klingel an der Haustür oder an der Wohnungstür betätigen kann?

Weißt du schon, was Energie ist und was unsere Elektrogeräte mit ihr machen?

Elektrische Geräte und Schaltungen

1

Die Mikrowelle ist eingeschaltet, doch nichts passiert. Was ist zu tun, damit die Maschine läuft?

Einfache Stromkreise • Für einen einfachen Stromkreis braucht man eine elektrische Energiequelle (Elektrizitätsquelle) und ein elektrisches Gerät wie z. B. eine Lampe oder einen Elektromotor. → 2 Alle elektrischen Geräte haben zwei Kontakte. Kabel verbinden sie mit der elektrischen Energiequelle. Mit einer Batterie und zwei Kabeln kannst du also eine Lampe leuchten oder einen Elektromotor laufen lassen.

Geschlossener Stromkreis • Wenn du einen einfachen Stromkreis aufgebaut hast, dann fahre mit einem Finger vom Minuspol der Batterie am Kabel entlang zur Lampe und am anderen Kabel weiter. → 2 So kommst du wieder zur Batterie zurück. Wir sprechen von einem geschlossenen Stromkreis – auch wenn die Schaltung nicht wie ein Kreis aussieht.

Unterbrochener Stromkreis • Die Lampe leuchtet nicht mehr, wenn auch nur eine Verbindung im Stromkreis unterbrochen ist. Das ist zum Beispiel der Fall, wenn ein Schalter geöffnet wird oder der Glühdraht in der Lampe zerrissen ist. → 3

> Glühlampen, Elektromotoren und andere elektrische Geräte funktionieren nur, wenn sie einen geschlossenen Stromkreis mit der elektrischen Energiequelle bilden. Jeder Anschluss des Geräts muss mit einem Pol der elektrischen Energiequelle verbunden sein.

Schaltpläne • Stromkreise werden einfach und übersichtlich als Schaltpläne gezeichnet. → 4 5 Schaltzeichen stehen dabei für die elektrische Energiequelle, die Kabel sowie die elektrischen Geräte. → 8

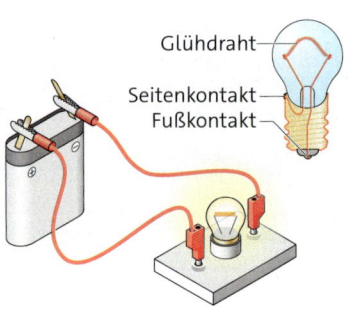

2 Geschlossener Stromkreis

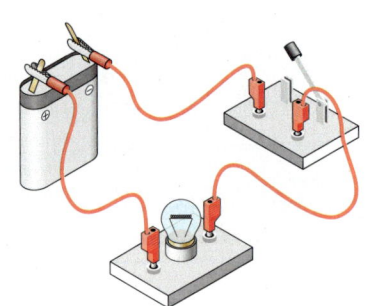

3 Unterbrochener Stromkreis

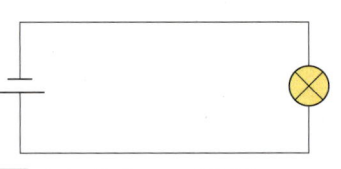

4 Schaltplan zu Bild 2

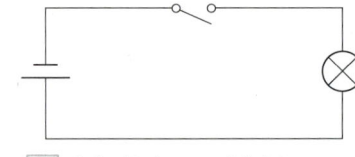

5 Schaltplan zu Bild 3

> der Stromkreis
> der Schaltplan
> das Schaltzeichen
> die Reihenschaltung
> die Parallelschaltung

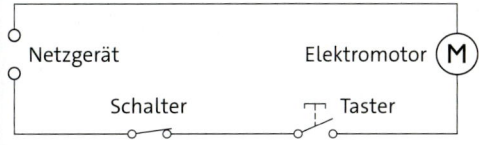

6 Reihenschaltung (unterbrochen)

Reihenschaltung • Die Schaltung für den Elektromotor der Mikrowelle ist komplizierter. → 6 Der Motor läuft nur, wenn der Schalter am Gerät *und* der Taster in der Tür gedrückt werden. Die Tür der Mikrowelle muss also noch geschlossen werden.

Parallelschaltung • Wenn mehrere elektrische Geräte an eine Batterie angeschlossen werden und unabhängig voneinander funktionieren sollen, wählt man eine Parallelschaltung. Jedes Gerät wird einzeln an die Batterie angeschlossen und bildet einen eigenen Stromkreis. → 7

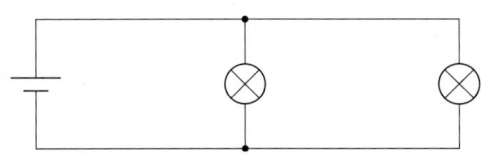

7 Parallelschaltung von Lampen

Aufgaben

1 ✏ Zeichne den Schaltplan für einen Stromkreis aus Batterie, Motor, Schalter und Kabeln.

2 ✏ Zwei Lampen sind gleichzeitig an eine Batterie angeschlossen. Dafür gibt es zwei Möglichkeiten. Zeichne die Schaltpläne.

Bauteil	Zeichnung	Schaltzeichen
Batterie		Minuspol ┤├ Pluspol
Netzgerät (elektrische Energiequelle)		—o o—
Kabel (Leitung)		———
Schalter (geöffnet)		—o╱ o—
Taster (EIN-Taster)		—o╱o—
Glühlampe		⊗
Elektromotor		—Ⓜ—
Klingel		⌒

8 Schaltzeichen

Elektrische Geräte und Schaltungen

Material A

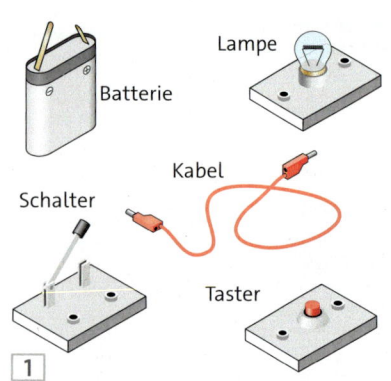

Geschlossener Stromkreis

Materialliste: Batterie (4,5 V), Schalter, Taster, Lampe (6 V; 2,4 W), Kabel, Krokodilklemmen

1 Baue mit der Batterie, der Lampe und den Kabeln jeweils einen geschlossenen Stromkreis auf: → 1

- ohne Schalter
- mit Schalter
- mit Taster

a ⊠ Beschreibe, wie sich die Schaltungen in ihrer Funktion unterscheiden.

b ⊠ Zeichne den Schaltplan für die Schaltung mit Taster und Lampe.

Material B

Schaltungen und Schaltpläne

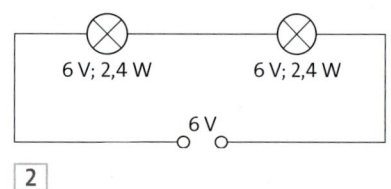

Materialliste: Netzgerät (6 V), 2 Lampen (6 V; 2,4 W), Kabel, Krokodilklemmen

1 ⊠ Baue die Schaltung auf. → 2 Beschreibe, was passiert, wenn du eine Lampe aus der Fassung drehst.

2 ⊠ Finde eine andere Möglichkeit, beide Lampen anzuschließen.

a Zeichne dazu einen Schaltplan.

b Was geschieht, wenn du eine Lampe aus der Fassung drehst? Beschreibe es.

Material C

Mikrowellenschaltung

Die Mikrowelle läuft nur, wenn ihr Schalter auf EIN steht und ihre Tür den Taster drückt.

Materialliste: Netzgerät (6 V), Schalter, Taster, Motor, Kabel

1 ⊠ Wann soll die Mikrowelle laufen? Ergänze die Tabelle im Heft. → 3

Schalter am Gerät	Taster an der Tür	Mikrowelle
aus (offen)	nicht gedrückt	aus
aus (offen)	gedrückt	?
ein (geschlossen)	nicht gedrückt	?
ein (geschlossen)	gedrückt	?

3 Funktionstabelle

2 ⊠ Baue die Schaltung mit den Teilen aus der Materialliste auf. Der Motor steht für die Mikrowelle.

Überprüfe, ob die Schaltung richtig funktioniert. → 3

3 ⊠ Zeichne den Schaltplan.

Elektrizität nutzen

Methode

Elektrische Versuche sicher durchführen

Alle elektrischen Schaltungen in diesem Buch werden mit Netzgeräten für Schülerversuche (oder Batterien) aufgebaut. So sind die Versuche bei korrekter Durchführung ungefährlich.

Achtung • Lebensgefahr! Führe niemals Versuche ohne Netzgerät direkt an der Steckdose durch! Bastle nicht an Elektrogeräten herum!

So baust du eine Schaltung richtig auf:

1. Netzgerät aufstellen Prüfe, ob das Netzgerät ausgeschaltet ist. Außerdem muss der Spannungsregler auf „0 V" stehen. Stecke das Netzkabel des Netzgeräts in die Steckdose an deinem Arbeitsplatz. → 4

2. Schaltung aufbauen Baue die elektrische Schaltung mit den Bauteilen auf. Überprüfe die Verbindungen nach dem Schaltplan. → 5

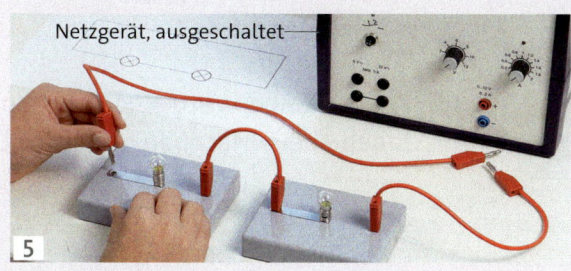

3. Netzgerät anschließen Jetzt kannst du die Schaltung an das Netzgerät anschließen. Dazu steckst du die Experimentierkabel von der Schaltung in die rote Buchse sowie in die blaue (oder schwarze) Buchse. → 6

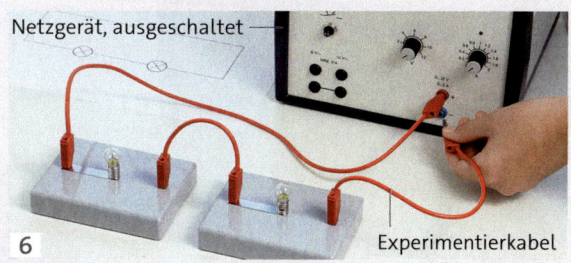

4. Netzgerät einschalten Schalte das Netzgerät zunächst ein und drehe den Spannungsregler auf den vereinbarten Wert. → 7 Jetzt überprüfst du, ob deine Schaltung funktioniert. Wenn es Fehler in der Schaltung gibt, schalte das Netzgerät sofort aus! Dann überprüfe die Schaltung erneut. Oft ist es hilfreich, alles neu aufzubauen.

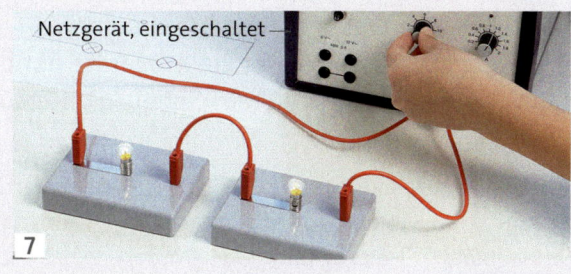

Aufgabe

1 ◩ Beschreibe Schritte, um sicher einen Versuch mit einem Netzgerät durchzuführen.

Wir bauen einen Haartrockner nach

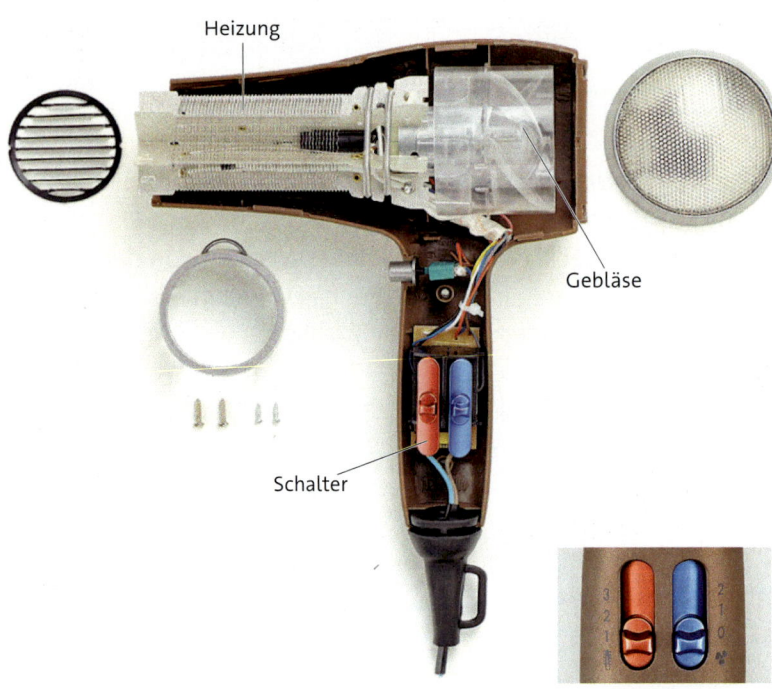

1 Zerlegter Haartrockner

2 Schalter

Viele von euch benutzen einen Haartrockner. Wer hat schon einmal genau untersucht, wie er funktioniert?

Achtung • Das Basteln an Elektrogeräten kann lebensgefährlich sein. Darum dürfen Elektrogeräte nur von Fachleuten aufgeschraubt werden.
Du darfst Elektrogeräte nur bei ungeöffnetem Gehäuse untersuchen.

Untersuchen und Nachbauen • Du kannst die Funktionen eines Geräts genau untersuchen und sie dann nachbauen – auch ohne das Gerät zu öffnen. Beim Haartrockner können folgende Funktionen festgestellt werden:
- Wenn der blaue Schalter betätigt wird, bläst der Haartrockner kalte Luft. → 2
- Wenn zusätzlich der rote Schalter betätigt wird, strömt warme Luft aus dem Gerät.
- Wenn die zweite Stufe am Schalter gewählt wird, bläst die Luft stärker heraus.

Funktionstabelle • Die Funktionen eines untersuchten Geräts kann man in einer Tabelle übersichtlich darstellen. Sie dient dann als Testtabelle für die Modellschaltung. → 3
Um eine Schaltung zu bauen, die so funktioniert wie das untersuchte Gerät, müssen die Bauteile bestimmt werden: Motor als Ventilator, Heizspirale für warme Luft, Schalter …

Was wird gemacht?		Was passiert?	
Schalter Gebläse (blau)	Schalter Heizung (rot)	Gebläse (Motor)	Heizung (Lampe)
aus	aus	aus	aus
aus	ein	aus	?
ein	aus	?	?
ein	ein	?	?

3 Funktionstabelle

Aufgaben

1 Nenne wichtige Bauteile, die zum Nachbau des Haartrockners benötigt werden.

2 Beschreibe, wozu eine Funktionstabelle beim Nachbau nützlich ist.

3 Nenne Unterschiede zwischen einer Modellschaltung und dem realen Gerät.

Material A

Luft blasen

Materialliste: Batterie (4,5 V) oder Netzteil (6 V), Motor (6 V), Propeller, Schalter, Kabel

1 Baue die erste Funktion des Haartrockners mit einem Schalter nach.
a ☒ Teste deine Schaltung und beschreibe deine Beobachtungen.
b ☒ Zeichne einen Schaltplan.

Material B

Luft erwärmen

Materialliste: 50 cm Konstantandraht (0,2 mm dick), Netzgerät (6 V), Krokodilklemmen, mehrere Kabel, feuerfeste Unterlage

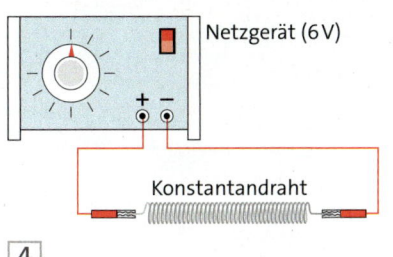

1 ☒ Wickle den Draht eng um eine Stricknadel. Ziehe dann die Nadel heraus: Fertig ist die Heizspirale. Schließe die Heizspirale mit den Krokodilklemmen an das Netzgerät an. → 4 Fühle, ob der Draht warm wird.
Achtung • Heißen Draht nicht berühren!

Material C

Warme oder kalte Luft

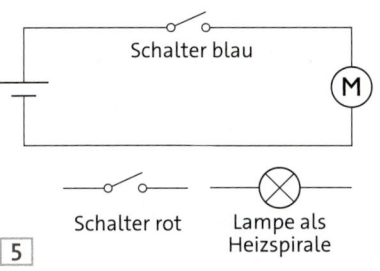

In der Modellschaltung nutzen wir als Heizspirale eine Lampe. In jeder Glühlampe ist eine Spirale, die neben Licht viel thermische Energie erzeugt.

Materialliste: Batterie (4,5 V), 2 Schalter, Motor (6 V), Lampe (6 V; 2,4 W), Kabel

1 ☒ Baue die Schaltung nach dem Schaltplan auf. → 5
a Ergänze die Schaltung so, dass die Lampe nur heizt, wenn der Motor läuft und der zweite Schalter (rot) geschlossen ist.
b Teste die Schaltung. Nutze die Funktionstabelle. → 3

Material D

Viel und wenig Luft

Materialliste: Motor (6 V), 2 Batterien (4,5 V), Umschalter

1 Am Haartrockner kannst du mit einem Stufenschalter regeln, ob viel oder wenig Luft ausströmt.
a ☒ Probiere, den Motor mit einer oder zwei Batterien langsam oder schnell laufen zu lassen.
b ☒ Zeichne einen Schaltplan für die „schnelle" Schaltung.
c ☒ Baue eine Schaltung mit dem Umschalter. → 6
Er schaltet eine oder zwei Batterien an den Motor und ermöglicht damit zwei Motorgeschwindigkeiten.

Was elektrische Geräte tun

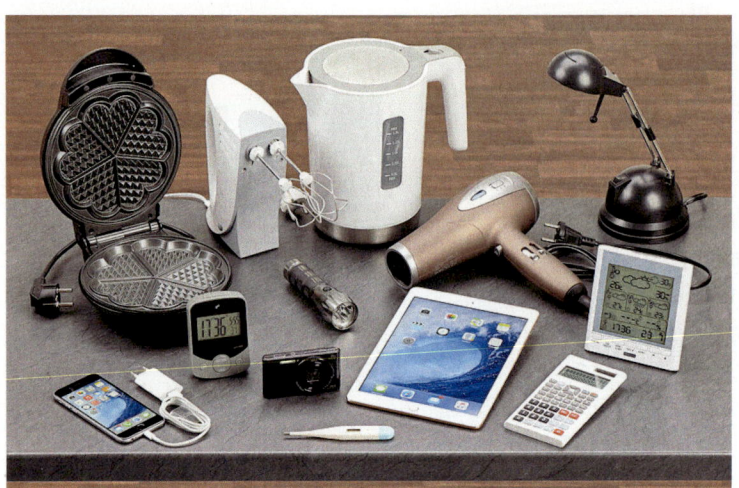

1 Viele Elektrogeräte für vielfältige Aufgaben

zellen wird zu den Elektrogeräten übertragen. Wasserkocher, Mixer, Haartrockner und Lampen sind Energiewandler. Sie wandeln die zugeführte elektrische Energie zum Teil in Energieformen um, die wir nutzen. Meistens finden dabei aber auch unerwünschte Energieumwandlungen statt.

> Elektrogeräte nehmen elektrische Energie auf und wandeln sie in Energieformen um, die wir zum Erwärmen, Beleuchten, Bewegen nutzen.

Elektrogeräte machen uns das Leben leichter. Welche Energieform nehmen sie auf und welche geben sie ab?

Elektrische Energie nutzen • Mit elektrischer Energie können wir Wasser kochen, Kuchenteig rühren, unsere Haare trocknen oder ein Zimmer beleuchten. Dazu benötigen wir immer eine elektrische Energiequelle. → 2 Die Energie aus Batterien, Akkus, Dynamos, Netzgeräten, Steckdosen oder Solar-

Aufgabe

1 Suche zu Hause nach 10 verschiedenen Elektrogeräten.
a Nenne jeweils die erwünschte Energieform, die das Gerät abgibt.
b Sortiere die Geräte nach der erwünschten Energieform in Gruppen.
c Zeichne für drei deiner Beispiele die Energiekette – mit erwünschten und unerwünschten Energieformen.

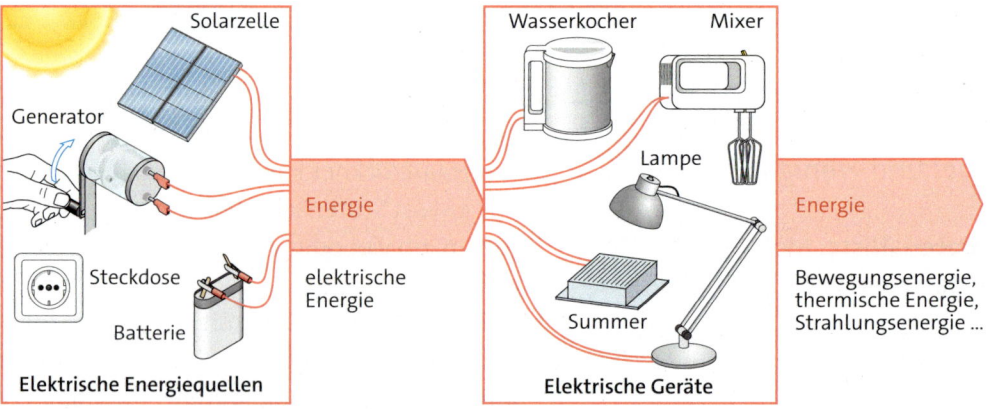

2 Elektrogeräte wandeln elektrische Energie zum Teil in erwünschte Energieformen um.

Material A

Zwei Wirkungen des elektrischen Stroms (Demoversuch)

Materialliste: Netzgerät, Konstantandraht – zur Hälfte gewendelt, 2 Isolierfüße

1 Die Lehrkraft bereitet den Konstantandraht vor, spannt ihn ein und schließt ihn an das Netzgerät an. → 3
Dann wird das Netzgerät eingeschaltet und langsam hochgeregelt.

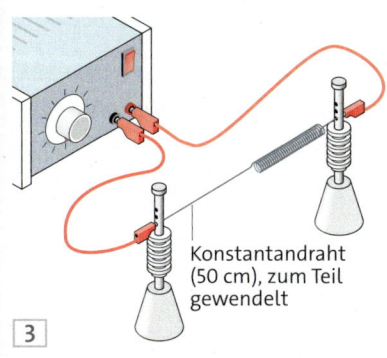

Konstantandraht (50 cm), zum Teil gewendelt

3

a Beschreibe, welche Wirkungen des elektrischen Stroms du am Draht beobachtest. Was fällt dir auf?
b Gib für beide Wirkungen ein Elektrogerät an, das diese Wirkung nutzt.
c Zeichne für diese beiden Geräte jeweils eine Energiekette.

Material B

Verkupfern (Demoversuch)

Materialliste: Netzgerät, Kabel mit Krokodilklemmen, Lämpchen mit Sockel, Kupferdraht, Kupferblech, Messinggegenstand (alte Münze), Becherglas (400 ml), fettlösender Reiniger, 20 %ige Kupfer(II)-chloridlösung (⚠ Achtung: gesundheitsschädlich bei Verschlucken!), Haushaltsessig, Stativ

Achtung • Schutzbrille und Schutzhandschuhe tragen!

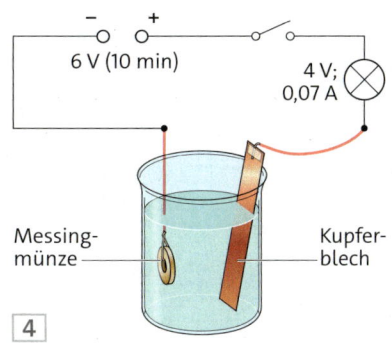

Messingmünze — Kupferblech

6 V (10 min)   4 V; 0,07 A

4

1 Aufbau des Versuchs: → 4
Der Messinggegenstand wird mit dem Reinigungsmittel fettfrei gereinigt. 250 ml Kupfer(II)-chloridlösung und 25 ml Haushaltsessig werden in das Becherglas gegeben.
Das Netzgerät wird eingeschaltet (auf „6 V" stellen).

2 Beschreibe, was passiert.

Material C

Elektromotoren im Einsatz

Kleine Elektroautos könnt ihr mit Materialien aus Baukästen, Holz oder Pappe selbst bauen. Jetzt sind technisches Geschick und Fantasie gefragt. → 5

5 Idee für ein Elektroauto

Materialliste: kleiner Elektromotor, Flachbatterie (4,5 V), Teile für die Fahrzeugproduktion

1 Plant, baut und testet eure Fahrzeuge.

2 Erklärt den Antrieb eurer Autos mit dem Wechselwirkungsprinzip.

3 Veranstaltet ein Wettrennen: Welches Auto ist am schnellsten?

Elektrizität nutzen

Zusammenfassung

Elektrische Geräte und Schaltungen • Ein elektrisches Gerät funktioniert nur, wenn seine beiden Anschlüsse durch je ein Kabel mit den beiden Anschlüssen einer elektrischen Energiequelle (Elektrizitätsquelle) verbunden sind. Der Stromkreis muss geschlossen sein. → 1 Schalter und Taster können einen Stromkreis schließen oder unterbrechen. → 2

Zwei Taster oder Geräte können in Reihe geschaltet werden. → 3 Beide Taster müssen betätigt werden, damit der Stromkreis geschlossen ist. Beispiel: Mikrowellenschaltung
Zwei Taster oder Geräte können auch parallel geschaltet werden. → 4 Zum Schließen des Stromkreises braucht nur einer der Taster betätigt zu werden. Beispiel: Türklingelschaltung.

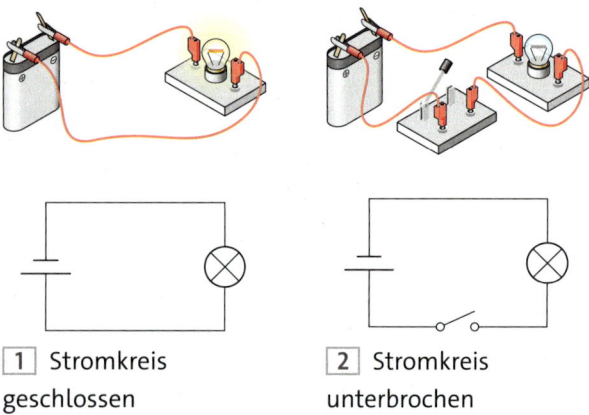

1 Stromkreis geschlossen
2 Stromkreis unterbrochen

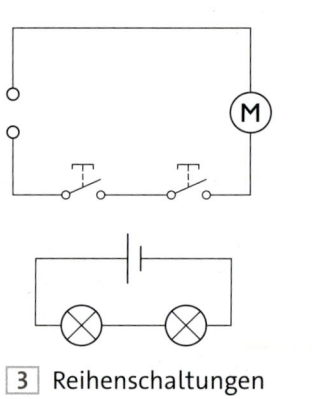

3 Reihenschaltungen

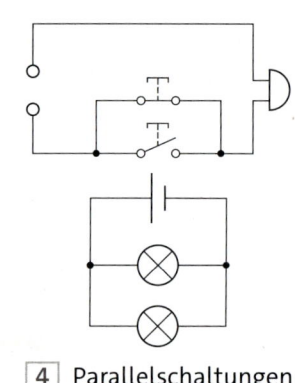

4 Parallelschaltungen

Was elektrische Geräte tun • Elektrische Geräte sind Energiewandler: → 5
- Elektrische Energiequellen führen ihnen elektrische Energie zu.
- Die elektrischen Geräte wandeln die zugeführte Energie in erwünschte Energieformen um (und auch in unerwünschte Energieformen) und geben sie ab. → 6 7

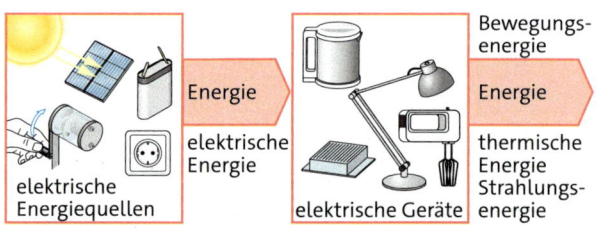

5 Elektrische Geräte sind Energiewandler.

elektrische Energie → thermische Energie

6 Der Toaster wandelt die elektrische Energie in die genutzte thermische Energie um.

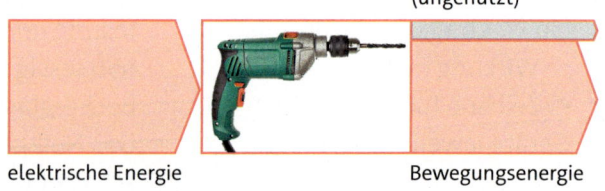

elektrische Energie → Bewegungsenergie

7 Die Bohrmaschine wandelt die elektrische Energie in Bewegungsenergie und thermische Energie um.

Teste dich! (Lösungen ab Seite 166)

Elektrische Geräte und Schaltungen

1 Die Mikrowelle läuft nur, wenn der Geräteschalter auf EIN steht und die Tür geschlossen ist. → 8
a ▸ Nenne Bauteile, mit denen du die Schaltung nachbauen kannst. Für die Maschine wird ein Elektromotor eingebaut.
b ▸ Skizziere den Aufbau des Stromkreises. Baue ihn danach auf.
c ▸ Nenne weitere Geräte, die die gleiche Schaltung verwenden.

8

2 Die Deckenlampe soll an der Tür oder am Bett eingeschaltet werden können. → 9
a ▸ Nenne die Bauteile, mit denen du die Schaltung nachbauen kannst.
b ▸ Zeichne einen Schaltplan für die Schaltung.
c ▸ Baue die Schaltung nach dem Plan auf und teste sie mit einer Funktionstabelle.
d ▸ Erkunde den Nachteil der Schaltung.

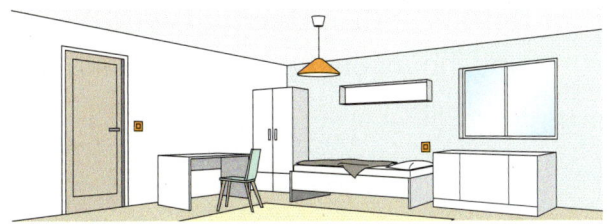
9 Lampe mit zwei Schaltmöglichkeiten

Was elektrische Geräte tun

3 Elektrogeräte wandeln elektrische Energie in andere Energieformen um. → 10 – 13

10

11

12
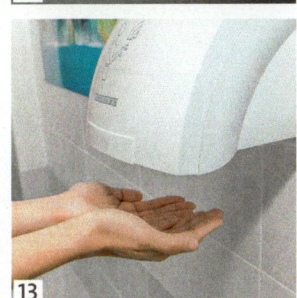
13

a ▸ Gib an, in welche Energieformen die elektrische Energie von den Geräten umgewandelt wird. → 10 – 13
b ▸ Zeichne Energieketten für die Geräte (nur erwünschte Energieformen).
c ▸ Zeichne den Schaltplan für die Glühlampe. → 11

4 Ein Mixer wandelt elektrische Energie in Bewegungsenergie um. Es entsteht dabei eine weitere Energieform, die nicht genutzt wird.
a ▸ Nenne die nicht genutzte Energieform.
b ▸ Zeichne die Energiekette, in der auch die nicht genutzte Energieform auftritt.
c ▸ Nenne drei weitere elektrische Geräte, die nicht genutzte Energieformen abgeben.

Elektrizität verstehen

Bei einem Gewittersturm wird die ungeheure Energie der Elektrizität deutlich.

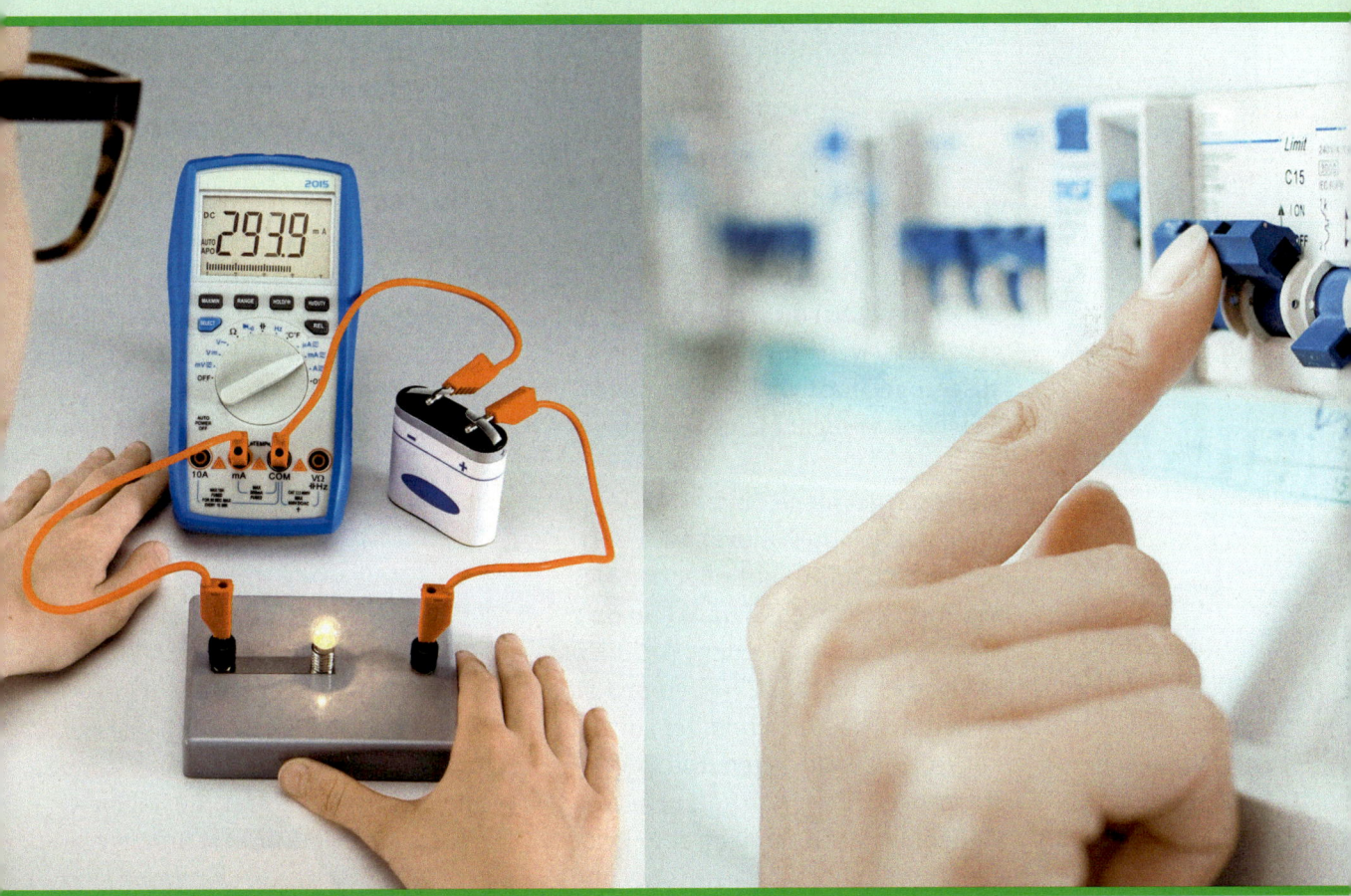

Mit diesem Messgerät kannst du wie ein Profi elektrische Größen messen.

Sicherungen schützen vor Unfällen mit dem elektrischen Strom.

Elektrisch geladen

1 Die Haare „kleben" am Pullover.

Material zur Erarbeitung: A

Sicher hat es bei dir schon manchmal geknistert, wenn du einen Pullover ausgezogen hast. Im Dunkeln siehst du vielleicht sogar kleine Funken.

Elektrisch geladene Gegenstände • Wenn du deinen Pullover auszieht, reibt er sich am T-Shirt oder den Haaren. Das Gleiche passiert, wenn du einen Luftballon an einem Tuch reibst: Es knistert und funkt. Nach dem Reiben ziehen sich das Tuch und der Luftballon an. → 2 Wir sagen: Die Gegenstände sind elektrisch geladen. Wir stellen uns vor, dass nach dem Reiben ein „elektrischer Stoff" auf Tuch und Ballon ist. Wir bezeichnen diesen „Stoff" als elektrische Ladung.
Reibt man einen zweiten Luftballon am Tuch, so stoßen sich danach die beiden Ballons voneinander ab. → 3 Vom Tuch werden die Ballons angezogen. Zur Erklärung nehmen wir an, dass es zwei Arten elektrischer Ladung gibt: negative und positive Ladung.

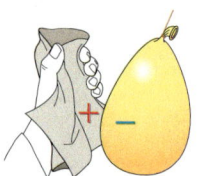

2 Anziehung bei ungleichartiger Ladung

3 Abstoßung bei gleichartiger Ladung

> Gegenstände können positiv (+) oder negativ (−) geladen sein. Zwei ungleichartig geladene Gegenstände ziehen einander an. → 2
> Zwei gleichartig geladene Gegenstände stoßen sich ab. → 3

Elektrische Teilchen • Du kennst vielleicht schon das Teilchenmodell. Danach stellen wir uns vor, dass alle Gegenstände aus verschiedenen kleinsten Teilchen aufgebaut sind. Dieses Modell erweitern wir jetzt, um die Versuche mit elektrisch geladenen Gegenständen genauer erklären zu können: Wir nehmen an, dass alle Gegenstände aus elektrisch positiv und elektrisch negativ geladenen Teilchen bestehen. Nur die negativ geladenen Teilchen können von einem zum anderen Gegenstand übergehen. Wir nennen sie Elektronen.

> Wir stellen uns vor, dass Gegenstände aus positiv und negativ geladenen Teilchen bestehen. Elektronen sind negativ geladene Teilchen.

Aufladen • Ungeladene Gegenstände sind elektrisch neutral. Sie haben jeweils gleich viele positiv und negativ geladene Teilchen. → 4 Wenn sich zwei Gegenstände beim Reiben berühren, können negativ geladene Elektronen vom einen Gegenstand auf den anderen übergehen – zum Beispiel vom Pullover auf den Ballon: → 4
• Der Pullover hat Elektronen abgegeben. Die positiv geladenen Teilchen sind in der Überzahl. Daher ist der Pullover insgesamt positiv geladen.

die **elektrische Ladung**
das **Elektron**
der **Ladungsausgleich**

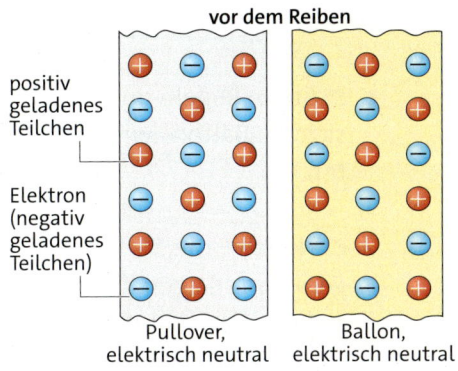
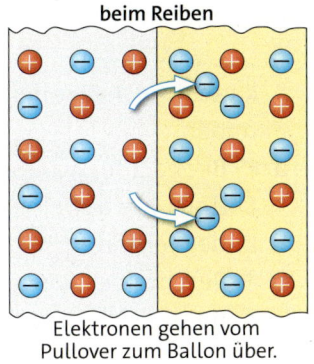
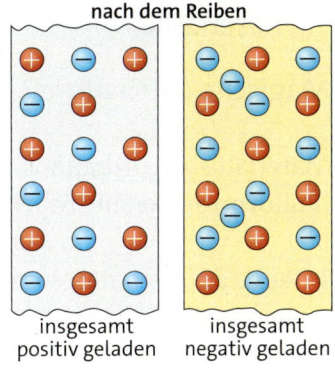

4 Vorstellung vom elektrischen Aufladen

- Der Ballon hat beim Reiben zusätzliche Elektronen aufgenommen. Die negativ geladenen Teilchen sind nun in der Überzahl. Der Ballon ist deshalb insgesamt negativ geladen. Beim Reiben werden keine geladenen Teilchen erzeugt, sondern Elektronen gehen von einem Gegenstand auf einen anderen über.

Ein ungeladener Gegenstand hat gleich viele positiv geladene Teilchen wie negativ geladene.
Der Gegenstand erhält eine Ladung, wenn er Elektronen (negativ geladene Teilchen) aufnimmt oder abgibt.

Ladungausgleich • Die Natur ist bestrebt, die Anzahl von positiv und negativ geladenen Teilchen in einem Gegenstand auszugleichen. Bei diesem Ladungsausgleich fließen Elektronen von einem negativ geladenen Gegenstand auf einen anderen. Dabei kann es knistern und funken. → 5
Elektrische Ladung kannst du mit einer Glimmlampe nachweisen. Sie leuchtet beim Ladungsausgleich auf. → 6

Aufgaben

1. ▢ Zwei Gegenstände ziehen sich an. Gib an, wie sie geladen sind.

2. ▢ Beschreibe, wie Pullover und Ballon geladen sind. → 4

3. ▢ Wenn du deinen Pullover ausziehst, knistert und funkt es. Erkläre es.

4. ▨ „Reiben erzeugt elektrische Ladung." Nimm Stellung zu der Aussage.

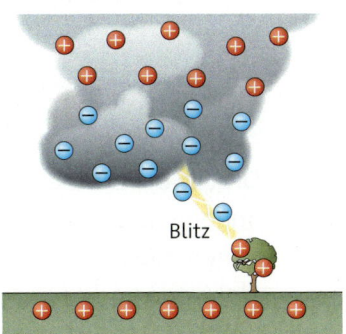

5 Ladungsausgleich zwischen Wolke und Boden

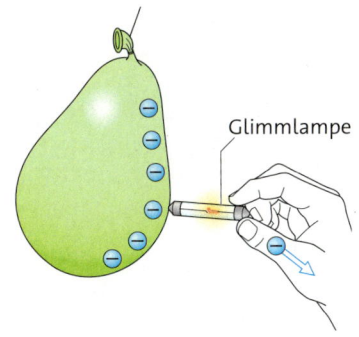

6 Ladungsausgleich zwischen Ballon und Boden

Elektrisch geladen

Material A

Magische Luftballons?

Materialliste: Luftballons, Tuch (Pullover) aus Wolle, Faden

1 Reibe die Luftballons mit dem Tuch (Pullover). Du kannst sie auch aneinanderreiben.

a ▶ Beobachte, wann sich die Ballons wie auf einem der Bilder verhalten. → 1 – 3

b ▶ Beschreibe, was du tust, damit sie sich so verhalten.

c ▶ Stelle Regeln auf, wann sich die Ballons wie verhalten.

2 ▶ Nenne Fälle, in denen sich geriebene Gegenstände anziehen oder abstoßen. → 4

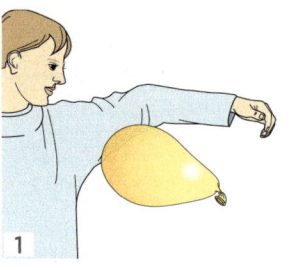
1

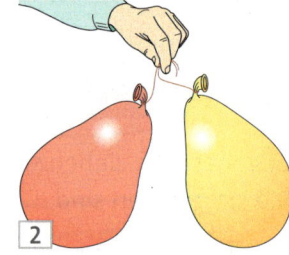
2

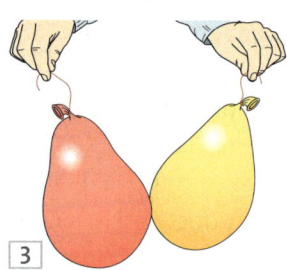
3

4

Material B

Funken ziehen

Materialliste: Luftballon, Wolltuch, Blechboden einer Tortenform, Trinkglas, dunkler Raum

1 ▶ Reibe den ganzen Ballon mit dem Tuch. Lege ihn auf den Blechboden. → 5 Du darfst das Metall nicht mit den Fingern berühren. Nähere einen Finger dem Rand des Blechbodens. Beschreibe deine Beobachtung.

5 Funkenbildung

Material C

Ladungsprüfer

Materialliste: Glimmlampe, Ballon, dunkler Raum

1 Halte die Glimmlampe an einer Anschlusskappe. → 6

Drücke die Lampe mit der anderen Kappe an den geriebenen Ballon. Leuchtet die Elektrode an seiner Seite auf, ist er negativ geladen. Leuchtet die andere Elektrode auf, ist er positiv geladen.

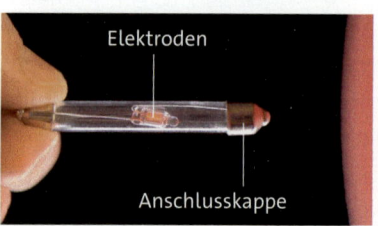
6 Glimmlampe

Elektrizität verstehen

Erweitern und Vertiefen

Das Gewitter

Wolkenturm • Gewitterwolken haben gewaltige Ausmaße. Die Wolkenunterseite schwebt 1–2 km über dem Erdboden. Die Wolke türmt sich von dort bis in eine Höhe von 10 km auf. Die Temperatur beträgt im unteren Bereich ca. 20 °C. Oben sind es oft weniger als −50 °C.

Ladungstrennung • Durch den großen Temperaturunterschied herrscht in der Wolke ein starker Aufwind. Er reißt Regentropfen und Schneekristalle mit nach oben. Gleichzeitig sind schwere Hagelkörner auf dem Weg nach unten. Beim Fallen streifen sie die aufsteigenden Tropfen und Kristalle. Dadurch wird Ladung getrennt wie beim Reiben eines Luftballons.
Am oberen Wolkenrand sammeln sich Eiskristalle, die positiv geladen sind. Im unteren Bereich der Wolke befinden sich negativ geladene Wassertropfen. → 7 So entstehen in der Wolke riesige Ladungsunterschiede.

Blitz und Donner • Wenn die Ladungsunterschiede zu groß werden, dann gleichen sie sich plötzlich durch einen Blitz aus. Blitze sind riesige elektrische Funken. Sie können innerhalb der Wolke verlaufen oder in Richtung Erdboden springen. Auf ihrem Weg erhitzt sich die Luft bis auf 30 000 °C und lässt sie grell aufleuchten. Dabei dehnt sich die Luft explosionsartig aus, es donnert.

Verhalten bei Gewitter • Gefährlich sind für uns die Blitze, die auf die Erde kommen. Man sollte sich bei Gewitter möglichst nicht im Freien aufhalten. Geschützt ist man in gesicherten Gebäuden und im Auto.
Im Freien sollte man nicht der höchste Punkt im Umkreis sein, nicht baden sowie Abstand zu Bäumen und Gebäuden halten.

7 Gewitter

Aufgaben

1 Gewitterwolke
a ▨ Beschreibe den Aufbau der Wolke.
b ▨ Erkläre die Ladungstrennung in der Wolke.

2 ▨ Nenne Verhaltensregeln bei Gewitter.

So wird elektrische Energie transportiert

1 Hier wird die Beleuchtung am Fahrrad getestet.

Material zur Erarbeitung: A

Was gehört alles zur Beleuchtung des Fahrrads?

Elektrische Stromkreise • Wenn am Fahrrad das Licht nicht leuchtet, überprüft man die Lampe, das Kabel und vielleicht auch den Dynamo. Diese drei Teile bilden zusammen einen elektrischen Stromkreis.

> Elektrische Stromkreise enthalten drei Teile: → 2
> - Die elektrische Energiequelle (Dynamo, Batterie …) gibt elektrische Energie ab.
> - Die elektrischen Leitungen transportieren die elektrische Energie.
> - Das elektrische Gerät (Lampe, Elektromotor …) wandelt die transportierte elektrische Energie in die gewünschte Energieform um.

Energiequellen? Energiewandler! • Der Fahrraddynamo gibt nur elektrische Energie ab, wenn sich das Rad dreht. Er wandelt Bewegungsenergie in elektrische Energie um. Auch andere elektrische Energiequellen sind Energiewandler: Batterien wandeln chemische Energie in elektrische um, Solarzellen wandeln Strahlungsenergie um …

Kreisläufe • Energie wird nicht nur beim elektrischen Stromkreis mithilfe von Kreisläufen transportiert:
- Bei der Heizung strömt Wasser im Kreis. → 3 Im Kessel erhält es thermische Energie, am Heizkörper gibt es wieder Energie ab.
- Beim Radfahren läuft die Kette im Kreis. → 4 Am Antriebskranz erhält sie Bewegungsenergie, am hinteren Kranz gibt sie wieder Energie ab.

2 Einfacher Stromkreis

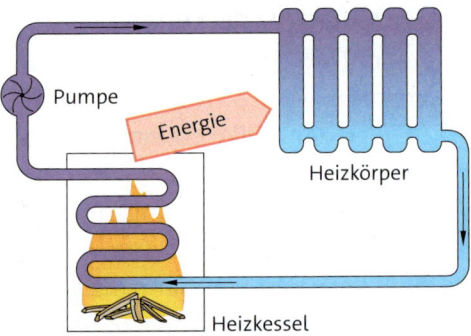

3 Kreislauf „Heizung"

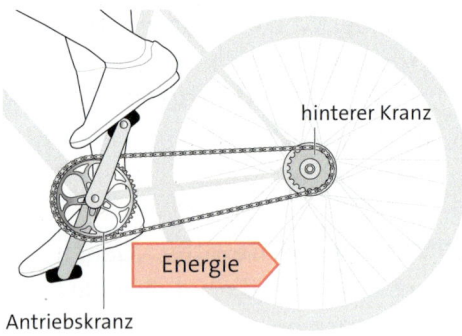

4 Kreislauf „Fahrrad"

die elektrische Energiequelle
der Elektronenstrom

Energie kann von Kreisläufen transportiert werden. Die Energiequelle treibt das Transportmittel (Wasser, Kette, Riemen …) an. Das Transportmittel bewegt sich im Kreis und überträgt Energie.

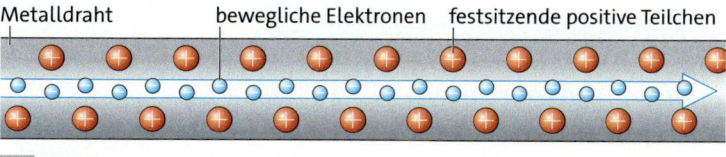

5 Modellvorstellung für den elektrischen Strom im Draht

Elektrischer Strom im Draht • Bei elektrischen Stromkreisen kann man das Transportmittel nicht sehen. Wir stellen uns vor, dass in den Drähten sehr viele Elektronen fließen. → 5 Sie sind negativ geladen und im Draht frei beweglich. Die positiv geladenen Teilchen bewegen sich nicht.
Die Elektronen transportieren die elektrische Energie. Die elektrische Energiequelle treibt die Elektronen an und verschiebt sie im Kreis – so ähnlich wie der Antriebskranz die Kettenglieder beim Fahrrad antreibt. → 4

In elektrischen Stromkreisen strömen Elektronen im Kreis. → 6 Die elektrische Energiequelle treibt den Elektronenstrom an. Er transportiert Energie von der Quelle zum Gerät.

Aufgaben

1 Die Fahrradbeleuchtung ist ein elektrischer Stromkreis.
a ▣ Nenne seine Bestandteile.
b ▣ Nenne die beteiligten Energieformen.
c ▣ Zeichne die Energiekette für die Fahrradbeleuchtung.

2 Stromkreise transportieren elektrische Energie.
a ▣ Nenne die drei Grundbestandteile eines elektrischen Stromkreises.
b ▣ Gib an, was beim Stromkreis im Kreis strömt.
c ▣ „Bei elektrischen Anlagen strömt die elektrische Energie immer im Kreis." Nimm Stellung zu dieser Aussage.

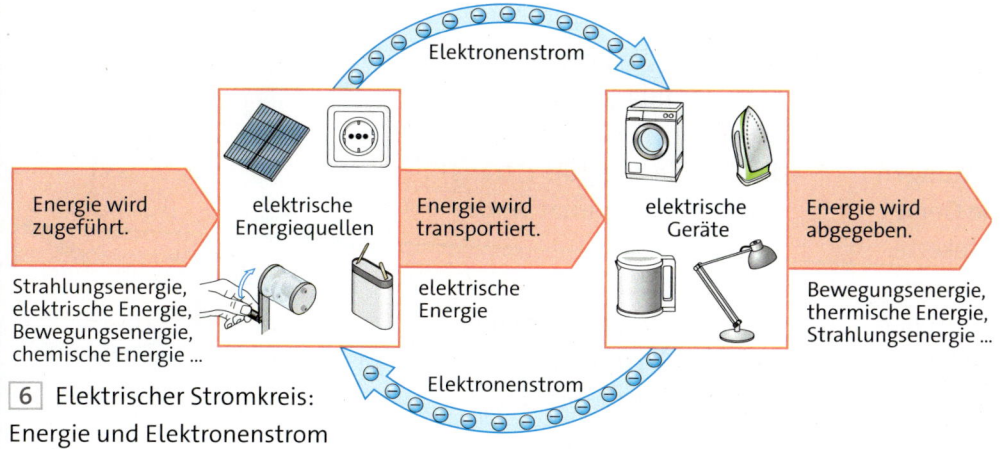

6 Elektrischer Stromkreis: Energie und Elektronenstrom

So wird elektrische Energie transportiert

Material A

Energie transportieren – mit Kreisläufen

Materialliste: 2 Räder, Riemen, Wägestücke (1 kg, 5 kg), Faden, 2 Handgeneratoren, 2 Kabel, Stativmaterial

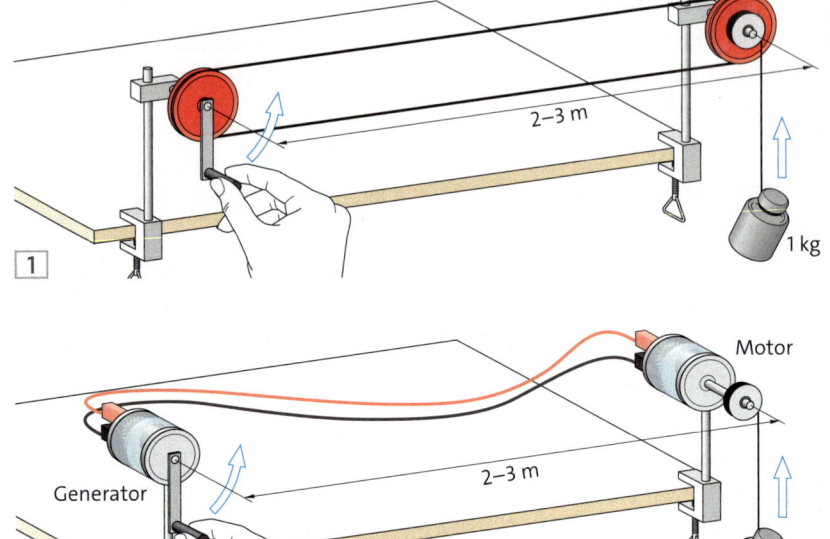

1. Am linken Rad wird Energie zugeführt. → 1 Der Riemen transportiert sie zum rechten Rad. Dort wird die Energie zum Heben eines Wägestücks genutzt.
   ⊠ Hebe die Wägestücke mit dem Riemenkreislauf an. Vergleiche, was du spürst.

2. Tausche die Räder gegen Generatoren aus und den Riemen gegen Kabel. → 2

a ⊠ Hebe die Wägestücke mit dem elektrischen Kreislauf hoch. Vergleiche wieder.

b ⊠ Beschreibe Gemeinsamkeiten und Unterschiede der beiden Anlagen.

Material B

Kreislauf Heizung

1. Schau dir den Heizungskreislauf auf Seite 98 an.
a ⊠ Nenne die thermische Energiequelle, die Leitungen und das „thermische Gerät".
b ⊠ Zeichne die Energiekette.
c ⊠ Vergleiche die Heizungsanlage und den elektrischen Stromkreis. Stelle die Bauteile und Energieformen in einer Tabelle gegenüber.

Material C

Solaranlage

1. ⊠ Zeichne die Energiekette der Solaranlage. → 3 Gib jeweils an, in welcher Form die Energie zugeführt, transportiert und genutzt wird.

2. ⊠ Zeichne den Schaltplan der Solaranlage. Verwende für das Solarmodul das Schaltzeichen einer Solarzelle. → 4

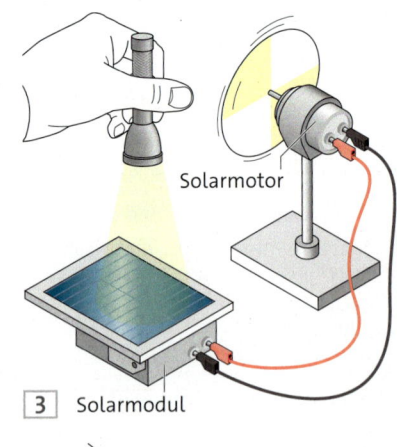

100 | Elektrizität verstehen

Material D

Licht durch Kurbeln

Materialliste: Handgenerator, Lämpchen (6 V; 2,4 W), Lampe (6 V; 30 W), Autoscheinwerfer (12 V; 60 W), Kabel, Fassung

1 Elektrische Energie gibt es nicht umsonst. Das spürst du beim Kurbeln. → 5
  a Bringe erst das Lämpchen zum Leuchten. Schließe dann die Lampe an.
  b ▣ Beschreibe den Unterschied, den du spürst.
  c ▣ Erkläre den Unterschied mithilfe der Energie.

2 Verwende nun die Scheinwerferlampe.
  Achtung • Die Lampe kann heiß werden!
  a ▣ Vergleiche mit Versuch 1.
  b Unterbrich beim Kurbeln die Verbindung zur Lampe.
  ▣ Beschreibe und erkläre die Veränderung.

3 ▣ Benötigen mehrere Lampen mehr Energie, wenn sie unabhängig voneinander funktionieren? Plane einen Versuch dazu.
  a Skizziere den Versuchsaufbau.
  b Beschreibe die Versuchsdurchführung.

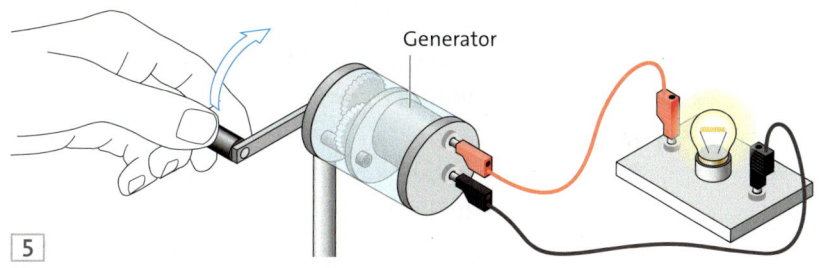

5

Material E

Erwärmen durch Kurbeln

Materialliste: Handgenerator, Krokodilklemmen, Kabel, Chromnickeldraht (20 cm lang, 0,4 mm dick), Kugelschreibermine, Becherglas, 50 ml Wasser, Digitalthermometer, Stoppuhr

1 Wickle den Draht immer wieder um die Kugelschreibermine, sodass eine Wendel entsteht. Benutze sie als Heizspirale. → 6
  a ▣ Miss die Wassertemperatur. Notiere den Wert.
  b ▣ Kurble 5 Minuten lang am Handgenerator. Miss, um wie viel Grad Celsius die Wassertemperatur steigt.

2 Wie lange müsstest du kurbeln, bis das Wasser siedet?
  a ▣ Schätze die benötigte Zeit und berechne sie dann.
  b ▣ Wie viele Menschen müssten kurbeln, um in der gleichen Zeit 1 Liter Wasser zum Kochen zu bringen? Berechne es.

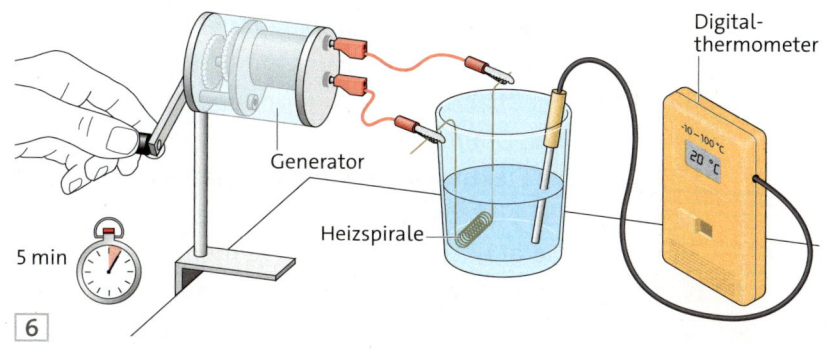

6

Elektrische Stromstärke

[1] Flaschenstrom

Materialien zur Erarbeitung: A–B

Der Arbeiter überprüft die Flaschen. Wie viele sind es pro Minute?

„Stromstärke" • Je schneller das Fließband läuft und je mehr Flaschen nebeneinanderstehen, desto mehr Flaschen fahren pro Minute am Arbeiter vorbei. Die „Stromstärke" ist dann besonders groß.

Elektrische Stromstärke • Im elektrischen Stromkreis ist es ähnlich wie am Fließband. Wir stellen uns vor, dass in den Drähten sehr viele negativ geladene Elektronen im Kreis strömen – von der elektrischen Energiequelle zum Gerät und zurück. → [2] Je mehr Elektronen und somit negative Ladung pro Sekunde an einer bestimmten Stelle des Stromkreises vorbeiströmen, desto größer ist die Stromstärke.

> Die elektrische Stromstärke I gibt an, wie viele negativ geladene Elektronen pro Sekunde an einer Stelle des Stromkreises vorbeiströmen. Die elektrische Stromstärke wird in Ampere (sprich: Ampehr) gemessen. Die Einheit ist 1 Ampere (1 A).

Kleine Stromstärken gibt man oft in Milliampere (mA) an: 1 A = 1000 mA. Beispiel: I = 0,020 A = 20 mA

Stromstärke – davor und danach • Wenn du die Stromstärke vor und nach einem Gerät misst, kommst du zu einem überraschenden Ergebnis. → [3]

> Im einfachen Stromkreis ist die Stromstärke überall gleich groß.

Wir stellen uns vor, dass sich die Elektronen im Stromkreis wie die Glieder einer Fahrradkette bewegen. Dabei gehen keine Elektronen verloren.

Stromstärke und elektrische Energie • Der Scheinwerfer leuchtet heller als das Rücklicht – obwohl beide vom selben Dynamo betrieben werden. → [4] Das liegt an der größeren Stromstärke im Stromkreis des Scheinwerfers. → [5]

> Bei gleicher elektrischer Energiequelle gilt: Je größer die Stromstärke ist, desto mehr elektrische Energie wird pro Sekunde zum elektrischen Gerät transportiert.

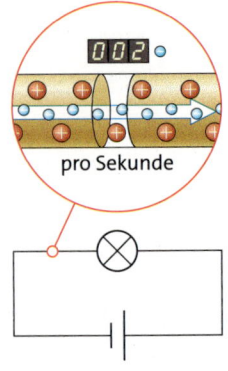

[2] Stromstärke

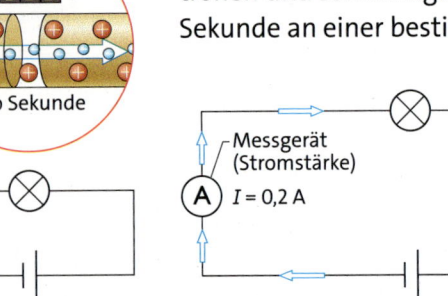

[3] Die Stromstärke ist überall gleich groß.

102 | Elektrizität verstehen

die **Stromstärke**
das **Ampere** (A)
die **Spannung**
der **Widerstand**

Im Alltag kann „elektrischer Strom" verschiedene Dinge bedeuten:
- „Ich habe einen Strom von 2 A gemessen." Hier geht es um den Elektronenstrom und die elektrische Stromstärke.
- „Wir haben 3000 kWh Strom verbraucht." Hier geht es um die genutzte elektrische Energie.

Größen im Stromkreis • Die Stromstärke kennst du jetzt. Die Spannung und der Widerstand kommen bald dazu. Sie sind ebenfalls wichtig, um Stromkreise zu beschreiben: → 6
- Die elektrische Energiequelle treibt den Elektronenstrom an. Die Spannung gibt an, wie kräftig die Quelle den Elektronenstrom antreibt.
- Das elektrische Gerät bremst den Elektronenstrom. Der Widerstand gibt an, wie kräftig das Gerät den Elektronenstrom bremst.

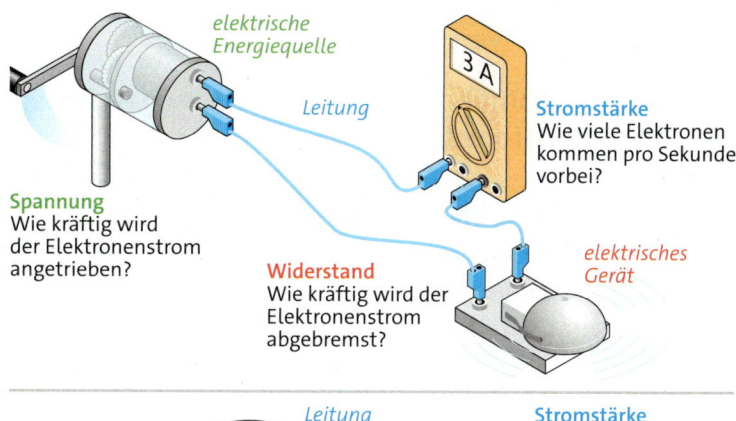

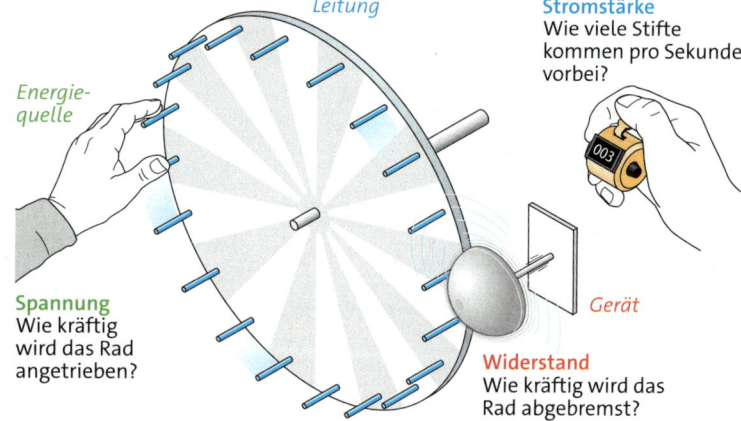

6 Größen im Stromkreis und im Modell

4 Scheinwerfer und Rücklicht

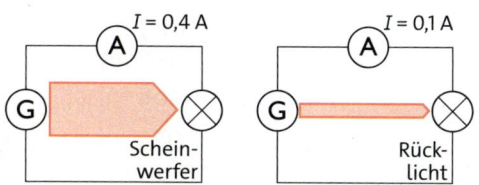

5 Größere Stromstärke → mehr Energie

Aufgaben

1 ✎ Auf der Landstraße fahren 10 Autos pro Minute, auf der Autobahn 30. Vergleiche die Stromstärken.

2 ✎ Gib die größere Stromstärke an: $I = 0{,}4$ A oder $I = 300$ mA. Begründe.

3 ✎ Elektrische Energie oder Elektronenstrom? Gib jeweils deine Entscheidung an und begründe:
a Der Stromkreis ist geschlossen.
b Eine Lampe verbraucht viel Strom.
c Lena misst einen Strom von 3 A.
d Unsere Stromrechnung ist zu hoch.

Elektrische Stromstärke

Material A

Verschiedene Lampen – verschiedene Stromstärke?

Materialliste: 2 verschiedene Lämpchen (Fahrrad: Scheinwerfer, Rücklicht), Netzgerät (6 V), Messgerät (Stromstärke)

1 Baue einen einfachen Stromkreis mit dem Netzgerät und einem Lämpchen auf.
  ☒ Miss die Stromstärke (siehe Methode „Elektrische Stromstärke messen"). → 4 Notiere den Messwert.

2 Wiederhole die Messung jetzt mit dem anderen Lämpchen.
  ☒ Formuliere einen Zusammenhang zwischen der Stromstärke und der Helligkeit der Lämpchen.

Material B

Ist der Elektronenstrom nach der Lampe kleiner?

Materialliste: 2 Lämpchen (6 V; 2,4 W), Netzgerät (6 V), Messgerät (Stromstärke)

1 Baue den Stromkreis mit den beiden Lämpchen auf. → 1

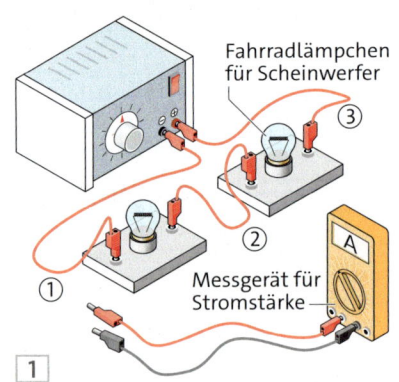

a ☒ Miss die Stromstärke am Minuspol des Netzgeräts (1).
b ☒ Miss auch die Stromstärke zwischen den Lämpchen (2) und am Pluspol (3).
c ☒ Vergleiche die Messwerte. Formuliere das Versuchsergebnis: „Die Stromstärke ist im einfachen Stromkreis überall ◇."

Material C

Das Stromstärkespiel

Materialliste: Tennisbälle, Stoppuhr oder Handy

1 Bildet einen Kreis. → 2 Ihr seid unbewegliche, positive Teilchen im Stromkreis. Jeder hat einen Tennisball als negatives Elektron.

Eine Person schiebt als „Batterie" die Elektronen an: Sie gibt ihren Ball an einen Nachbarn weiter. Auch alle anderen geben ihren Ball in die gleiche Richtung weiter. Eine zweite Person macht immer „Klick", wenn ein Elektron vorbeikommt. Eine dritte Person misst die Stromstärke.
☒ Stellt große und kleine Ströme dar.

Methode

Elektrische Stromstärke messen

1. Stromkreis aufbauen Baue den Stromkreis ohne Messgerät auf. Teste, ob er richtig funktioniert. Unterbrich ihn dann an der Stelle, wo die Stromstärke gemessen werden soll.

2. Messgerät vorbereiten Stelle das Gerät auf Stromstärke ein: A⎓ oder DC bei Gleichstrom (z. B. von einer Batterie), A~ oder AC bei Wechselstrom (z. B. von einem Dynamo). → 3

Wähle den größten Messbereich (die größte Amperezahl). Stecke das rote Kabel (Pluskabel) in die Buchse, über der mA oder A steht. Das schwarze Kabel (Minuskabel) gehört in die COM-Buchse (engl. common: gemeinsam).

3. Messgerät anschließen Alle Elektronen müssen durch das Messgerät fließen. Daher wird es in die Lücke des Stromkreises eingebaut. Das rote Pluskabel des Messgeräts wird mit der Seite des Stromkreises verbunden, die zum Pluspol der elektrischen Energiequelle führt. → 4 Das schwarze Minuskabel wird mit der Seite des Stromkreises verbunden, die zum Minuspol der Quelle führt.

4. Messbereich anpassen Ist der Messwert kleiner als die höchste Amperezahl des nächstkleineren Messbereichs? Dann unterbrich den Stromkreis und schalte auf diesen Messbereich um. Schließe den Stromkreis wieder.

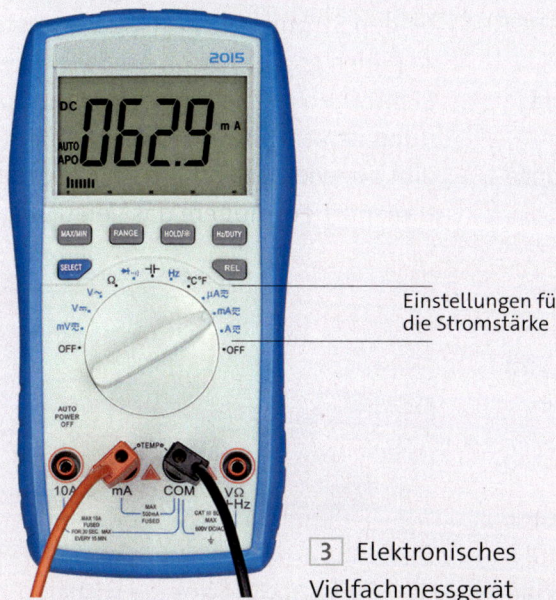

3 Elektronisches Vielfachmessgerät (Einstellungen für die Stromstärke)

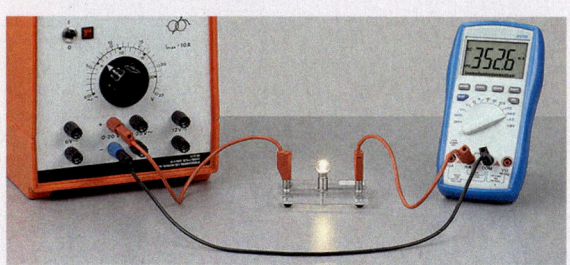

4 Stromkreis mit Messgerät für die Stromstärke

Aufgaben

1 ☒ Beschreibe, wie du ein Strommessgerät in einen Stromkreis einbaust (Schaltplan).

2 ☒ Nenne den Fehler. → 5 Schau genau hin!

3 ☒ Rechne um in Ampere (A): 320 mA; 27,1 mA; 87,4 mA; 1025 mA.

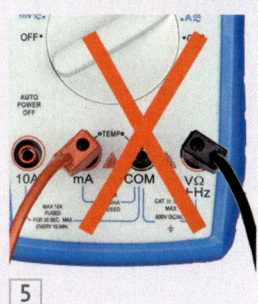

5

Elektrische Spannung

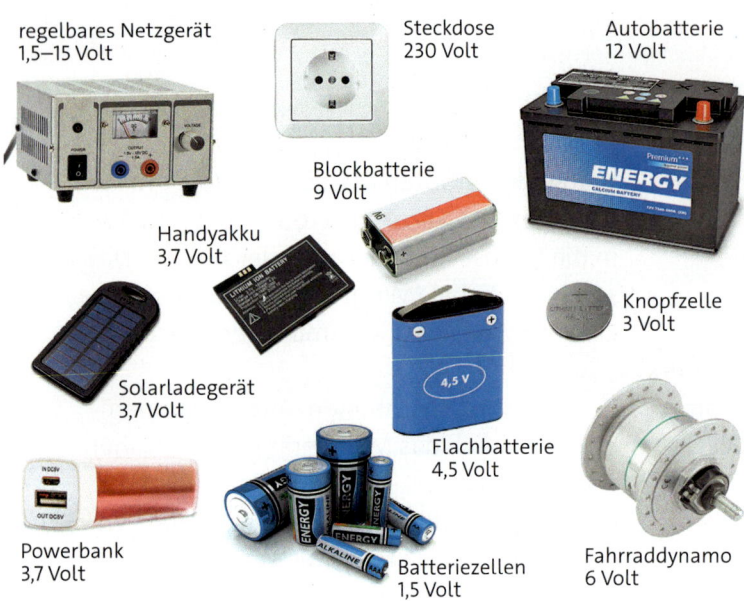

[1] Elektrische Energiequellen – entscheidend ist die Voltzahl.

Materialien zur Erarbeitung: A–B

Was bedeuten die Voltzahlen an unseren elektrischen Energiequellen?

Elektrische Spannung • Elektrische Energiequellen treiben Elektronenströme an – eine Batterie mit 4,5 Volt treibt dreimal so stark an wie eine Batterie mit 1,5 Volt.

Experimentiere nie mit Spannungen über 25 V! Es besteht Lebensgefahr!

> Die Spannung U gibt an, wie stark die elektrische Energiequelle einen Elektronenstrom antreibt. Die Spannung misst man in Volt. Die Einheit ist 1 Volt (1V).

Große Spannungen gibt man in Kilovolt (kV) an, kleine in Millivolt (mV): 1 kV = 1000 V; 1 mV = 0,001 V.

Die Spannung muss passen • Wenn du eine Fahrradlampe an eine Batterie mit 4,5 V anschließt, leuchtet die Lampe nur schwach. Wird die Lampe an eine Batterie mit 12 V angeschlossen, geht sie kaputt. Die Lampe ist für eine Spannung von 6 V ausgelegt.
Für alle Elektrogeräte gilt: Sie müssen mit der passenden Spannung betrieben werden. Sie ist auf den Typenschildern der Geräte in Volt angegeben.

Spannung und elektrische Energie • Die LED-Lampe leuchtet heller als das Fahrradlämpchen. → [2] [3] Sie wandelt in derselben Zeit mehr elektrische Energie in Strahlungsenergie um. In beiden Stromkreisen ist die Stromstärke gleich groß. Es strömen gleich viele Elektronen pro Sekunde. Aber die Spannung ist verschieden. Die Spannung gibt an, wie viel Energie pro Elektron transportiert wird.

[2] LED-Lampe: $I = 0{,}1\,A$; $U = 230\,V$

[3] Fahrradlämpchen: $I = 0{,}1\,A$; $U = 6\,V$

Elektrizität verstehen

die **Spannung**
das **Volt (V)**
die **Reihenschaltung**

Je größer die Spannung einer elektrischen Energiequelle ist, desto mehr elektrische Energie wird pro Sekunde bei gleicher Stromstärke transportiert.

Reihenschaltung von Batterien • Die Taschenlampe braucht eine Spannung von 3 V. → [4] Die 1,5-V-Batterien werden in einer Reihe hintereinander in das Gehäuse geschoben. → [5] Sie treiben den Elektronenstrom nacheinander an. Dadurch ist der Antrieb doppelt so stark wie bei nur einer Batterie.

Bei der Reihenschaltung von elektrischen Energiequellen addieren sich einzelne Spannungen zur Gesamtspannung:
$U_{gesamt} = U_1 + U_2 + ...$

Reihenschaltung von Geräten • Die Lichterkette ist an eine Steckdose mit 230 V angeschlossen. → [6] Die Lämpchen sind in Reihe geschaltet. → [7] Jedes Lämpchen ist für nur 6,5 V ausgelegt. Das heißt: Um den Elektronenstrom durch ein Lämpchen zu treiben, sind 6,5 V erforderlich, für 35 Lämpchen sind es insgesamt 227,5 V. An jedem einzelnen Lämpchen liegen aber nur 6,5 V.

Bei der Reihenschaltung von elektrischen Geräten teilt sich die Spannung der Quelle auf die Geräte auf:
$U_{Quelle} = U_1 + U_2 + ...$

Die Spannung an einem Gerät gibt an, wie stark der Elektronenstrom für den Weg durch das Gerät angetrieben wird.

[4] 3-Volt-Taschenlampe

[6] 230-Volt-Lichterkette

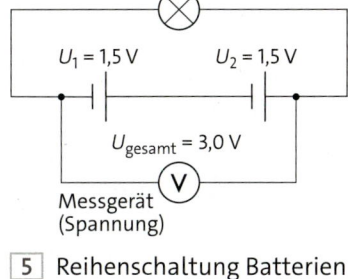

[5] Reihenschaltung Batterien

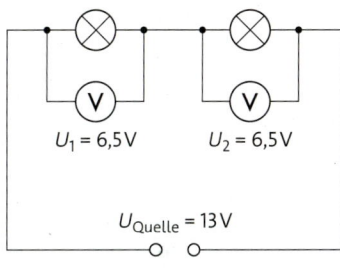

[7] Reihenschaltung Lampen

Aufgaben

1 ▸ Rechne in V um: 2,5 kV, 200 mV, 380 kV und 80 mV.

2 ▸ Ergänze die Sätze im Heft:
a Die ◈ gibt an, wie kräftig der Elektronenstrom angetrieben wird.
b Die ◈ gibt an, wie viele Elektronen pro Sekunde ◈.

3 Bei einer Taschenlampe sind drei 1,5-V-Batterien in Reihe geschaltet.
a ▸ Berechne die Gesamtspannung.
b ▸ Zeichne den Schaltplan. Füge auch den Schalter ein.

4 ▸ Bei einer 230-V-Lichterkette sind 46 Lämpchen in Reihe geschaltet. Berechne, für welche Spannung jedes Lämpchen ausgelegt ist.

Elektrische Spannung

Material A

Spannung von elektrischen Energiequellen

Materialliste: Batterien, Netzgerät, Handgenerator, Messgerät (Spannung)

1. ▶ Lies die Voltzahlen auf den Batterien und am Netzgerät ab. Notiere sie. → [1]

Quelle	Flachbatterie	?
Spannung:		
• abgelesen	4,5 V	?
• gemessen	4,3 V	?

[1] Beispieltabelle

2. ▶ Miss die Spannung an den Batterien und am Netzgerät (siehe Methode). → [2] Vergleiche mit den abgelesenen Voltzahlen.

3. ▶ Miss die Spannung am Generator. Drehe einmal langsam, einmal schnell.

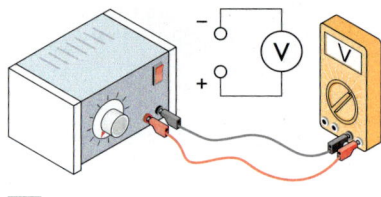

[2] Spannung messen

Material B

Reihenschaltung von Batterien

Materialliste: 3 Mignonzellen (1,5 V; AA), zerlegte Flachbatterie, Messgerät (Spannung)

1. ▶ Miss die Spannung jeder einzelnen Mignonzelle und notiere die Messwerte.

2. Kombiniere zwei Mignonzellen auf drei verschiedene Weisen.
   a ▶ Skizziere jeweils, wie du die Batterien kombiniert hast.
   b ▶ Miss die Spannung an den äußeren Polen der kombinierten Batterien. Notiere die Messwerte an der Zeichnung.

3. ▶ Erzeuge mit den Mignonzellen eine Spannung von 4,5 V.
   a Beschreibe, wie die Batterien geschaltet werden.
   b Zeichne den Schaltplan.

4. ▶ Sieh dir die zerlegte Flachbatterie genau an. Beschreibe, wie die Spannung von 4,5 V erzeugt wird.

Material C

Reihenschaltung Lampen

Materialliste: Lampe 1 (3,7 V; 0,3 A), Lampe 2 (6 V; 0,3 A), Messgeräte (Stromstärke, Spannung), Netzgerät (12 V)

1. Baue die Schaltung auf. → [3]
   a ▶ Stelle die Spannung am Netzgerät so ein, dass die Stromstärke 0,3 A beträgt.
   b ▶ Miss die Spannung am Netzgerät und an den Lampen. Notiere die Messwerte.
   c ▶ Formuliere einen Zusammenhang zwischen den gemessenen Spannungen.

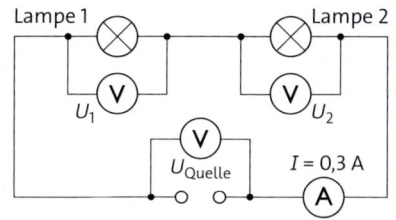

[3] Reihenschaltung: Spannung

2. ▶ Zwei Lampen für 3,7 V sind an eine neue Batterie angeschlossen. → [4] Erkläre, warum sie kaum leuchten.

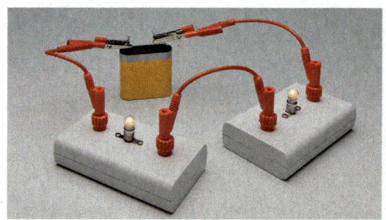

[4] Geringe Helligkeit

Methode

Elektrische Spannung messen

1. **Stromkreis ohne Messgerät aufbauen**

2. **Messgerät vorbereiten** Schalte das Gerät auf Spannungsmessung (V– oder V⎓). → 5 Wenn die elektrische Energiequelle ein Generator ist, musst du V~ einstellen. Wähle den größten Messbereich (die größte Voltzahl). Stecke das rote Kabel (Pluskabel) in die Buchse, die mit V gekennzeichnet ist. Das schwarze Kabel (Minuskabel) gehört in die COM-Buchse.

3. **Messgerät anschließen** Schließe die Kabel des Messgeräts an zwei Punkten im Stromkreis an, zwischen denen du die Spannung messen sollst. Diese Punkte können z. B. an den Polen einer Batterie sein. → 6 Das Gerät misst, wie stark die Elektronen zwischen den beiden Messpunkten angetrieben werden. Durch das Messgerät fließt nur ein sehr kleiner Strom.

4. **Messbereich anpassen** Wenn der Messwert in den nächstkleineren Messbereich passen würde, schalte auf diesen Messbereich um.

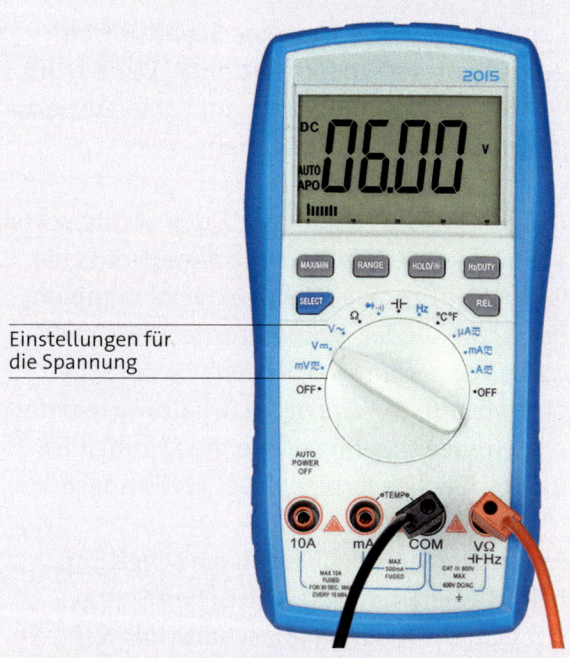

5 Elektronisches Vielfachmessgerät

Aufgaben

1 ◨ Beschreibe, wie du ein Spannungsmessgerät in einen Stromkreis einbaust.

2 ◨ So wird die Spannung am Netzgerät gemessen. → 6
a Zeichne den Schaltplan.
b Nun soll die Spannung an der Lampe gemessen werden.
 Zeichne den veränderten Schaltplan.

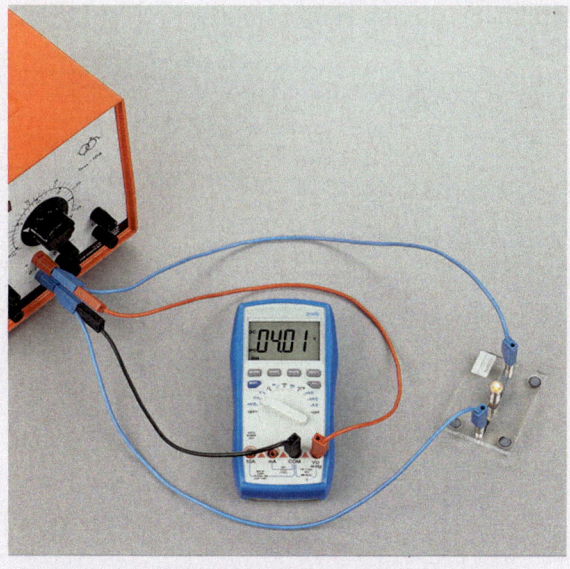

6 Spannung an einem Netzgerät messen

Elektrische Spannung

Methode

Fehler in Schaltungen finden

Kennst du das? Du hast eine Schaltung aufgebaut und sie funktioniert nicht. Dann heißt es, möglichst systematisch auf Fehlersuche zu gehen. So kannst du vorgehen:

1. Beim Aufbau Fehler vermeiden Achte schon beim Verkabeln der Bauteile darauf, dass die Experimentierkabel nicht geknickt, miteinander verdreht oder verknotet sind. Die Kabel sollten so geführt werden, wie es der Schaltplan vorgibt. Du kannst die Schaltung leichter prüfen, wenn du für verzweigte Stromkreise unterschiedlich farbige Kabel verwendest.

2. Funktionsprüfung Wenn die Schaltung beim Einschalten der elektrischen Energiequelle nicht funktioniert, schalte das Netzteil sofort aus oder trenne die Schaltung von der Batterie. Führe in diesem Fall die Schritte 3–6 durch, bis du den Fehler findest.

3. Mit dem Schaltplan vergleichen Lege den Schaltplan neben die Schaltung und fahre mit dem Finger die Kabel entlang. Beginne beim Minuspol der elektrischen Energiequelle. Entspricht die Kabelführung der Zeichnung? Bei Verzweigungen von Stromkreisen musst du besonders aufpassen. Stelle sicher, dass jeder Zweig richtig mit der elektrischen Energiequelle verbunden ist. Überprüfe, ob die Messgeräte richtig angeschlossen sind.

4. Anschlüsse und Kabel prüfen Überprüfe die Anschlüsse der Geräte. Wackeln sie? Haben sich Drähte gelöst? Schaue auch unter die Bauteile. Kontrolliere die Experimentierkabel. Stecken ihre Kontakte fest in den Buchsen? Gibt es Brüche im Kabel?

5. Geräte prüfen Teste die Geräte einzeln. Leuchtet die Lampe oder bewegt sich der Motor, wenn er direkt an die elektrische Energiequelle angeschlossen wird? Zeigt das Display des eingeschalteten Messgeräts etwas an, wenn es nicht im Stromkreis eingebaut ist?

6. Schaltung neu aufbauen Wenn die Fehlersuche nicht zum Erfolg führt, muss die Schaltung neu nach Plan aufgebaut werden.

Aufgabe

1 Diese Schaltung funktioniert nicht. ► 1
  a ▣ Überprüfe den Aufbau und beschreibe die Fehler.
  b ▣ Gib Tipps für einen neuen Aufbau.

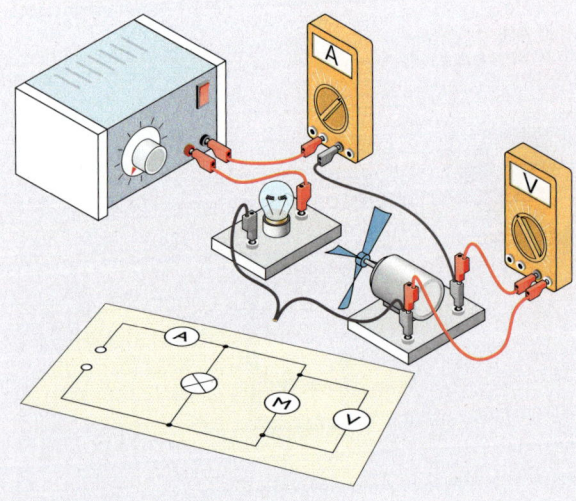

1 Findest du die drei Fehler?

Erweitern und Vertiefen

Gefährliche Spannungen

Spannung im Haushalt • Unsere Steckdosen haben eine Spannung von 230 V. Diese hohe Spannung ist lebensgefährlich. → 2 Bei Berührung der Kontakte in der Steckdose kann es zu einem elektrischen Strom durch den menschlichen Körper kommen, der Muskelkrämpfe und Verbrennungen verursacht. Das kann zum Herzstillstand und zum Tod führen. Schon bei Berührung eines defekten angeschlossenen Kabels oder Elektrogeräts kann es zum Stromschlag kommen. Damit Kabel nicht beschädigt werden, sollten sie immer an dem Stecker aus der Steckdose gezogen werden. Wenn es doch zu einem Stromunfall kommt, sind bestimmte Maßnahmen zu beachten. → 3

2 Steckdose: Lebensgefahr bei Berührung der Kontakte (im Bild sind sie zum Schutz abgedeckt)

Hochspannung: Lebensgefahr! • Freileitungen und Oberleitungen haben Spannungen von bis zu 400 000 V. Je höher die Spannung ist, desto größer ist die Gefahr für uns. Bei Spannungen von vielen Hunderttausend Volt muss die Leitung nicht einmal berührt werden. Schon bei einem Abstand von mehreren Metern kann es zum tödlichen Funkenüberschlag kommen. Das Spielen mit Drachen oder Drohnen in der Nähe von Hochspannungsleitungen kann deshalb tödlich enden. Auch Bahnanlagen sind kein Spielplatz: Hier droht Lebensgefahr durch die Oberleitungen. → 4 5

Maßnahmen beim Stromunfall
- Unterbrich als Erstes den Stromkreis: Schalte die Sicherung aus.
- Fasse den Verunglückten nicht vorher an – sonst fließt der Strom auch durch dich!
- Rufe 112 an: Rettungsdienst.
- Bei Atemstillstand ist sind Maßnahmen zur Wiederbelebung erforderlich: Atemspende, Herzdruckmassage.

3

Aufgabe

1. Erkläre, warum das Spielen in der Nähe von Oberleitungen lebensgefährlich ist.

4 5 Oberleitungen und Freileitungen: Lebensgefahr bei Annäherung

Elektrische Spannung

Erweitern und Vertiefen

Vom Zitterrochen zum Defibrillator

Zitterfische • Es gibt Fische, die können Spannungen von mehreren Hundert Volt erzeugen – wenn auch nur für einige Tausendstelsekunden. Zu diesen Fischen gehören der Zitterrochen, der Zitteraal und der elektrische Wels. → 1 Sie werden Zitterfische genannt.
Die Spannung entsteht im elektrischen Organ. Es enthält umgewandelte Hautdrüsen oder Muskeln. Beim Zitterrochen besteht das elektrische Organ aus vielen parallelen Säulen. Sie sind aus Tausenden von Gewebeplatten zusammengesetzt. Jede Gewebeplatte kann wie eine kleine Batterie wirken. In der Säule sind diese kleinen Batterien in einer Reihe geschaltet und ergeben so eine hohe Spannung.
Das elektrische Organ steht aber nicht ständig unter Spannung. Sie entsteht erst, wenn die Gewebeplatten vom Gehirn ein Signal dazu erhalten.

Die hohe Spannung an den Säulenenden – also der Körperhaut – erzeugt einen elektrischen Strom im Wasser zwischen der Ober- und Unterseite des Rochens. Dadurch werden andere Fische in unmittelbarer Nähe gelähmt und Angreifer abgeschreckt.

Nerven und Spannung • Unsere Nerven leiten elektrische Signale von den Sinnesorganen zum Gehirn und vom Gehirn zu den Muskeln. Jede Nervenzelle ist über Nervenfasern mit anderen Nerven- oder Muskelzellen verbunden. → 2

1 Taucher und Zitterrochen

Milliarden Nervenfasern durchziehen deinen Körper. Aneinandergelegt würden sie bis zum Mond und zurück reichen. Vom Gehirn zum Fuß braucht ein elektrisches Signal aber nur eine Hundertstelsekunde! Das Signal ist eine Spannung von 0,1 V zwischen dem Inneren und dem Äußeren einer Nervenzelle. Die Spannung „wandert" die Nervenfaser entlang, von einer Nervenzelle zur nächsten. Für starke Muskelbewegungen werden viele Signale von 0,1 V gesendet.

Defibrillator • Wenn der Herzmuskel schwer erkrankt ist, kann es zu Herzkammerflimmern kommen. Damit der Mensch nicht stirbt, muss sein Herz ganz schnell wieder in seinen regelmäßigen Gang versetzt werden. Dazu dient der Defibrillator. → 3 Seine beiden elektrischen Kontakte werden an den Brustkorb gesetzt. Dann wird für einige Millisekunden eine Spannung von mehreren Hundert Volt eingeschaltet. Es fließt ein Strom von mehreren Ampere durch den Herzmuskel. Durch den Schock fängt das Herz wieder an, regelmäßig zu schlagen – wenn alles gut geht.

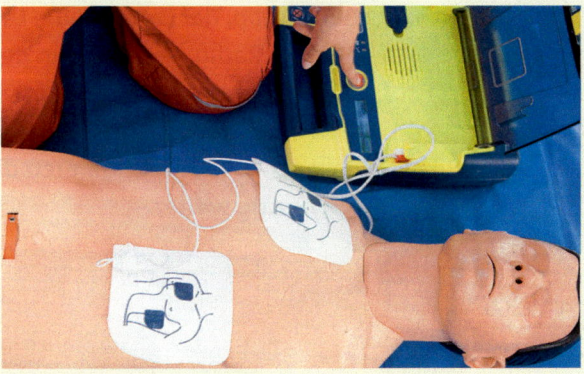

3 Defibrillator bei einer Übung

2 Nerven leiten elektrische Signale.

Aufgaben

1 ◪ Beschreibe, wozu Zitterrochen ihr elektrisches Organ nutzen. Erkläre, wie die hohe Spannung zustande kommt.

2 ◪ Beschreibe, wie ein Reiz vom Gehirn zu einem Muskel übertragen wird.

Parallelschaltung im Haushalt

1 Wie viele Stromkreise?

Material zur Erarbeitung: A

Der Laptop, der Drucker, die Lavalampe und das Radio – alle sind in derselben Steckdosenleiste angeschlossen. Auch wenn der Stecker des Druckers herausgezogen wird, funktionieren die anderen Geräte weiter.

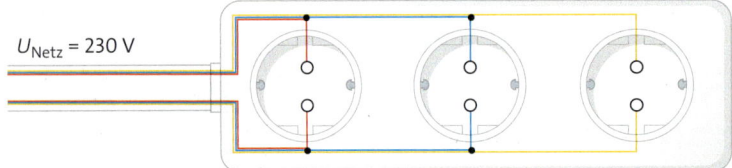

2 Steckdosenleiste

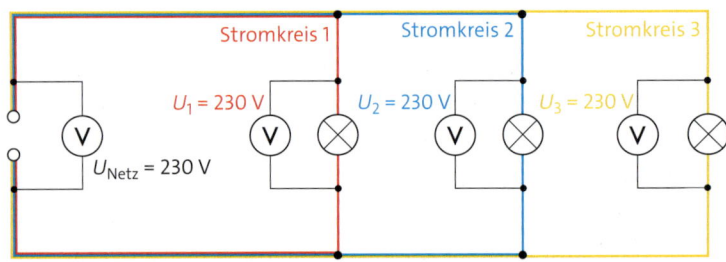

3 Drei Lampen in Parallelschaltung

Parallelschaltung • In einer Parallelschaltung ist jedes Gerät einzeln mit der elektrischen Energiequelle verbunden – jeweils in einem eigenen Stromkreis. In einer Steckdosenleiste wird das Anschlusskabel zu jeder Steckdose geführt. → 2 Das bedeutet: An jeder Steckdose der Leiste kann ein angeschlossenes Gerät mit der Spannung der Zuleitung von 230 V versorgt werden.

Spannung in der Parallelschaltung • Wenn drei Lampen in einer Parallelschaltung an ein Netzgerät angeschlossen sind, ist die Spannung an jeder Lampe gleich groß. → 3

> In einer Parallelschaltung ist die Spannung an jedem Gerät gleich groß:
> $U_1 = U_2 = U_3 = U_{Netz}$.

Elektrizität verstehen

die Parallelschaltung

Stromstärke in der Parallelschaltung • Je mehr Lampen parallel geschaltet sind, desto größer ist die Stromstärke in der Zuleitung. → 4
Jede Lampe muss mit einem Elektronenstrom versorgt werden. In der Zuleitung kommen die Elektronenströme der drei Stromkreise zusammen.

> In einer Parallelschaltung summieren sich die Stromstärken:
> $I_{gesamt} = I_1 + I_2 + I_3 + ...$

Wenn du an eine Steckdosenleiste zu viele leistungsstarke Geräte anschließt, kann die Stromstärke sehr groß werden. Dann werden die Kabel warm und die Sicherungen können „herausspringen".

Energie in der Parallelschaltung • In einer Parallelschaltung wird jedes Gerät mit der nötigen Energie versorgt. Das kannst du mit einem Handgenerator spüren. Der Generator lässt sich umso schwerer drehen, je mehr Lampen parallel angeschlossen sind. → 5 Damit der Handgenerator mehr elektrische Energie pro Sekunde abgeben kann, müssen mehr Elektronen fließen und angetrieben werden. Das heißt, die Stromstärke muss größer werden – und das strengt an.

> Bei parallel geschalteten Geräten gilt für die transportierte Energie:
> • 2-fache Stromstärke
>   → 2-fache Energie pro Sekunde
> • 3-fache Stromstärke
>   → 3-fache Energie pro Sekunde

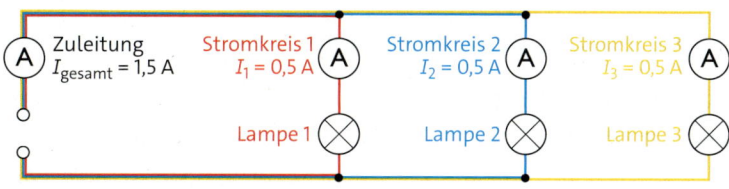

4 Drei Lampen in Parallelschaltung

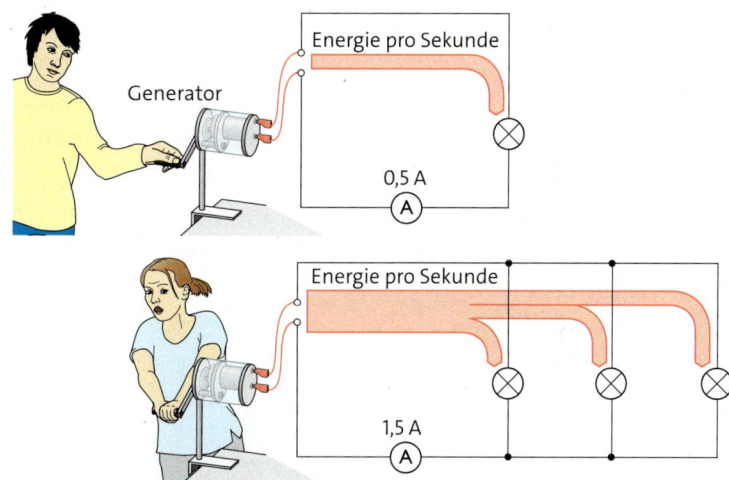

5 Energietransport bei der Parallelschaltung

Aufgaben

1 ◩ Die Fahrradbeleuchtung ist eine Parallelschaltung.
a Zeichne den Schaltplan.
b Füge ein Messgerät für I_{gesamt} ein.
c Die Stromstärke beträgt im Scheinwerfer 0,4 A, im Rücklicht 0,1 A. Berechne die Gesamtstromstärke.

2 ◩ Begründe, warum nicht viele leistungsstarke Geräte in einer Steckdosenleiste betrieben werden sollen.

3 ◩ Begründe, dass Sicherungen sinnvolle Einrichtungen sind.

Parallelschaltung im Haushalt

Material A

Parallelschaltung von Lampen

Materialliste: Messgerät (Stromstärke), 4 gleiche Lampen (4 V; 0,3 A), Netzgerät (6 V), Handgenerator

1 ◨ Wie verändert sich die Stromstärke in der gemeinsamen Zuleitung, wenn man immer mehr Lampen parallel schaltet? → ①
   a Baue einen einfachen Stromkreis mit einer Lampe und dem Messgerät auf. Miss die Stromstärke. Trage den Messwert in eine Tabelle ein. → ②
   b Schalte eine weitere Lampe parallel hinzu, ohne den Stromkreis zu öffnen. Miss wieder die Stromstärke in der Zuleitung.
   c Wiederhole die Messung mit drei und vier Lampen.
   d Ergänze: „Je mehr Lampen parallel an das Netzgerät angeschlossen werden, desto ◈ wird die Stromstärke in der gemeinsamen Zuleitung."
   e Ergänze: „Je mehr Lampen leuchten, desto mehr ◈ muss von der elektrischen Energiequelle übertragen werden."

2 Ersetze das Netzgerät durch den Handgenerator.
   a ◨ Wiederhole den Versuch. Kurble beim Messen der Stromstärke immer etwa gleich schnell!
   b ◨ Beschreibe, was dir beim Kurbeln auffällt, wenn immer mehr Lampen dazukommen.
   c ◨ Erkläre deine Beobachtung mithilfe der Energie.

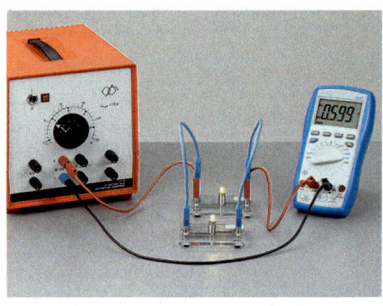

① Lampen in Parallelschaltung

Lampen	1	2	3	4
Stromstärke in der Zuleitung	?	?	?	?

② Beispieltabelle

Material B

Stromstärke bei Haushaltsgeräten (Demoversuch)

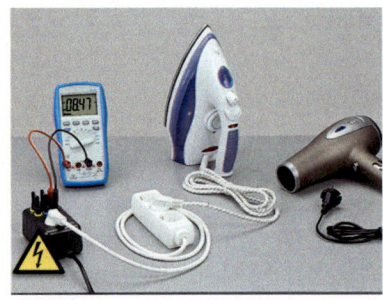

③ Stromstärke messen

Materialliste: Steckdosenleiste, Sicherheitssteckdose, Elektrogeräte, Messgerät (Stromstärke)
Das Messgerät wird über die Sicherheitssteckdose in die Zuleitung einer Steckdosenleiste geschaltet. → ③

1 Die Elektrogeräte werden zuerst einzeln an die Steckdosenleiste angeschlossen.
   ◨ Notiere die Stromstärke für jedes einzelne Gerät.

2 Nun werden alle Geräte gleichzeitig angeschlossen. Notiere die Gesamtstromstärke.
   ◨ Vergleiche die Gesamtstromstärke mit den einzelnen Stromstärken. Formuliere einen Zusammenhang.

Material C

Die Fahrradbeleuchtung

Am Fahrrad sind der Scheinwerfer und das Rücklicht gemeinsam am Dynamo angeschlossen. → 4

Materialliste: Batterie (4,5 V) oder Netzgerät (6 V), 2 Scheinwerferlampen (6 V; 2,4 W), Rücklichtlampe (6 V; 0,6 W), Schalter, Messgerät (Stromstärke)

1 ◩ Baue die Fahrradbeleuchtung nach. Die Batterie (das Netzgerät) ersetzt den Dynamo.
Die Scheinwerferlampe und die Rücklichtlampe sollen gemeinsam ein- und ausgeschaltet werden.
a Baue die Schaltung auf. Beide Lampen müssen zugleich hell leuchten.
b Drehe eine Lampe aus der Fassung. Prüfe, ob auch die andere Lampe ausgeht.
c Zeichne den Schaltplan.
d Miss die Stromstärke in der Zuleitung und notiere sie.

2 ◩ Ergänze eine zweite Scheinwerferlampe.
a Beschreibe, wie du vorgehst.
b Zeichne den Schaltplan.
c Miss die Stromstärke in der Zuleitung und notiere sie.

3 ◩ Vergleiche die Messwerte für die Stromstärke in der Zuleitung aus den Versuchsteilen 1d und 2c. Berechne die Stromstärke der zweiten Scheinwerferlampe.

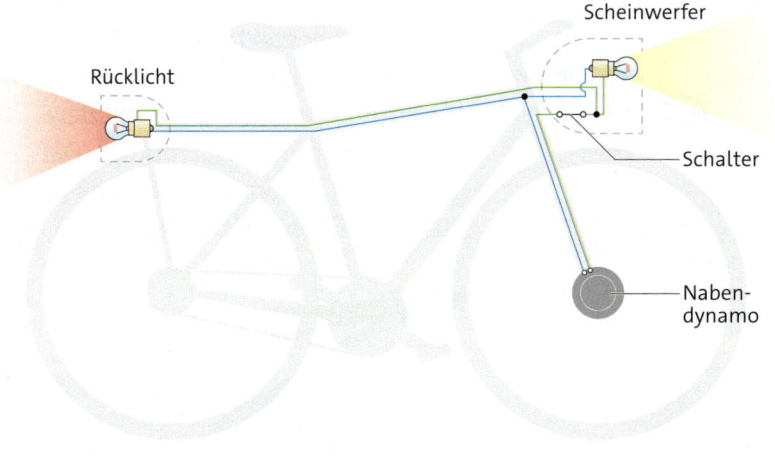

4 Fahrradbeleuchtung

Material D

Mehrfachsteckdose

Auf dem Schulfest sind mehrere Geräte an eine Mehrfachsteckdose angeschlossen. → 5

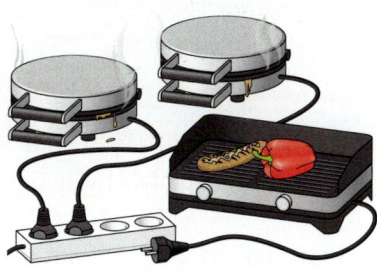

5 Waffeleisen in Betrieb

1 Zwei Waffeleisen sind in Betrieb. Jedes Gerät benötigt eine Stromstärke von 4,3 A.
a ◩ Gib an, in welcher Schaltungsart die beiden Geräte betrieben werden.
b ◩ Berechne die Stromstärke in der Zuleitung der Mehrfachsteckdose.

2 Nun wird noch ein Elektrogrill angeschlossen. Er benötigt eine Stromstärke von 8,9 A. Beim Einschalten des Grills geht plötzlich nichts mehr – der Strom ist weg.
a ◩ Erkläre, was passiert ist.
b ◩ Berechne die Stromstärke, die zur Unterbrechung geführt hat.
c ◩ Begründe, warum eine Unterbrechung bei dieser Stromstärke sinnvoll ist.

Schutzmaßnahmen im Stromnetz

1 Warum sind plötzlich alle Geräte aus?

Material zur Erarbeitung: A

Uli hat die Mikrowelle eingeschaltet – und plötzlich sind alle Geräte in der Küche aus. Die Sicherung ist „raus".

Sicherungen • Je mehr Geräte an eine Steckdose angeschlossen werden, desto größer wird die Stromstärke in der Zuleitung. Bei großer Stromstärke werden die Drähte heiß. Bevor ein Feuer ausbricht, unterbricht eine Sicherung den Stromkreis. → 2 Sie ist die „schwächste Stelle" im Stromkreis.

Schmelzsicherungen enthalten einen dünnen Draht. → 3 Er schmilzt, bevor die Stromstärke zu groß wird. Sicherungsautomaten enthalten einen Elektromagneten. Bei großer Stromstärke öffnet er einen Schalter. Sicherungsautomaten können immer wieder von Hand eingeschaltet werden.

Schutzleiter • Die meisten Leitungen im Haus haben drei „Adern": Außen-, Neutral- und Schutzleiter. → 4 Außen- und Neutralleiter sind für den Transport der elektrischen Energie zuständig. Der Neutralleiter in der Zuleitung zum Haus ist leitend mit dem Erdreich verbunden („Erdung"). Der gelb-grüne Schutzleiter soll uns vor Elektrounfällen schützen. → 5

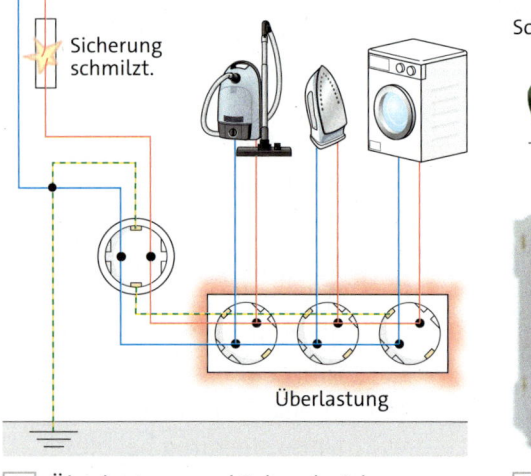

2 Überlastung und Schmelzsicherung

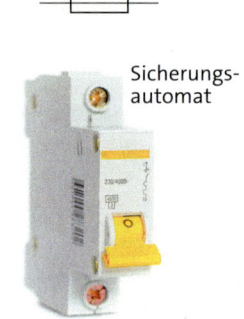

3 Sicherungen

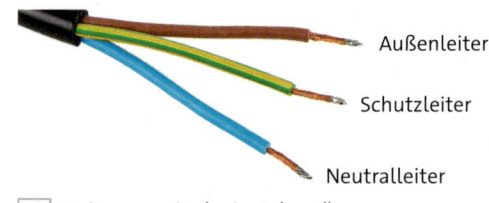

4 Leitung mit drei „Adern"

die **Sicherung**
der **Schutzleiter**
der **Fehlerstromschutzschalter**

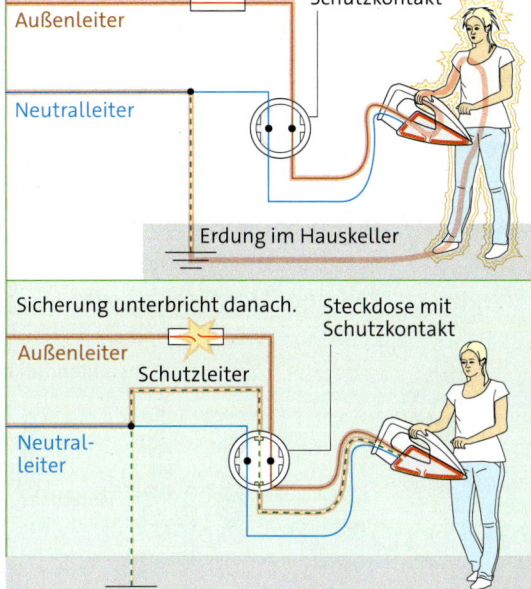

Ohne Schutzleiter
Sarah verwendet ein Bügeleisen, obwohl es keinen Schutzleiter hat. Die Steckdose hat nur die beiden Pole und keinen Schutzkontakt. Der Außenleiter im Bügeleisen ist kaputt, der blanke Draht stößt gegen das Gehäuse aus Metall („Körperschluss"). Sarah schaltet das Bügeleisen ein, fasst ans Gehäuse – und bekommt einen lebensgefährlichen Stromschlag! Der Strom fließt vom Außenleiter durch das Gehäuse, Sarahs Körper und den Fußboden zur Erdung. Die Stromstärke ist nicht so groß, dass die Sicherung auslöst.

Mit Schutzleiter
Sarah benutzt ein Bügeleisen mit einem Schutzleiter, der leitend mit dem Gehäuse verbunden ist. Die Steckdose hat einen Schutzkontakt. Wieder stößt der blanke Draht des Außenleiters gegen das Gehäuse aus Metall.
Sarah schaltet das Bügeleisen ein – und sofort gehen viele elektrische Geräte im Raum aus. Eine Sicherung hat den Stromkreis unterbrochen. Der elektrische Strom ist vom Außenleiter durch den Schutzleiter direkt zum Neutralleiter geflossen – an Sarah vorbei. Die Stromstärke war so hoch, dass die Sicherung ausgelöst hat.

5 Der Schutzleiter schützt vor Elektrounfällen.

Fehlerstromschutzschalter • Der Schalter unterbricht den Stromkreis automatisch, wenn die Stromstärken im Außenleiter und im Neutralleiter verschieden sind: → 6 7

Ein Kind steckt eine Nadel in die Steckdose. → 6 Nun fließt ein Elektronenstrom durch das Kind. Die Stromstärke ist so klein, dass die Sicherung nicht unterbricht. Im Fehlerstromschutzschalter ist die Stromstärke im Außenleiter aber ein klein wenig größer als im Neutralleiter. Deshalb unterbricht er den Stromkreis.

> Sicherungen schützen elektrische Anlagen vor zu großer Stromstärke. Schutzleiter, Schutzkontakt und Fehlerstromschutzschalter schützen den Menschen vor Stromunfällen.

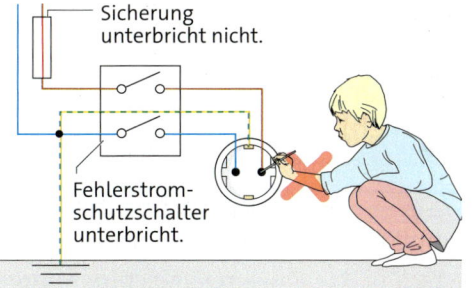 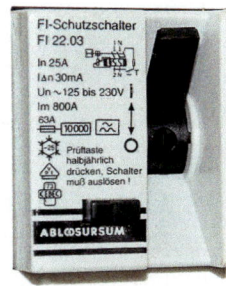

6 7 Fehlerstromschutzschalter (FI-Schutzschalter)

Aufgaben

1 ▶ Beurteile das Verhalten der Personen. → 5 6 Gib ihnen Tipps für einen sachgerechten Umgang mit elektrischen Geräten und Anlagen.

2 ▶ Erkläre, was mit der Sicherung bei Überlastung geschieht. → 2

119

Schutzmaßnahmen im Stromnetz

Material A

Überlastung und Sicherung (Demoversuch)

Materialliste: 3 Lampen (6 V; 2,4 W), 2 Konstantandrähte (5 und 15 cm lang, 0,2 mm dick), Netzgerät (6 V; 5 A), Messgerät (Stromstärke), 4 Tonnenfüße, 4 Isolatoren

1 Nacheinander werden immer mehr Lampen parallel an das Netzgerät angeschlossen. → 1
 ▸ Beobachte, wie sich die Stromstärke in der gemeinsamen Zuleitung verändert.

2 Das Netzgerät wird ausgeschaltet. Dann wird das Messgerät durch den kurzen Konstantandraht ersetzt und der lange Konstantandraht parallel zu den Lampen geschaltet. Jetzt wird das Netzgerät wieder eingeschaltet und die Stromstärke langsam erhöht, bis die „Sicherung" durchbrennt.
 ▸ Erkläre die Beobachtung.

Achtung • Konstantandrähte nicht berühren, solange sie Teil des Stromkreises sind.

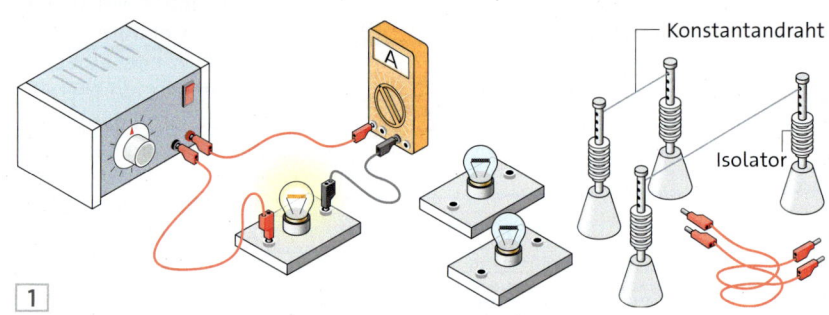

1

Material B

Kurzschluss (Demoversuch)

Das Kabel ist kaputt. → 2 Der Außenleiter hat Kontakt mit dem Neutralleiter. Es fließt ein großer Strom an der Lampe vorbei. Die Sicherung unterbricht den Stromkreis. Wir stellen diesen Kurzschluss im Versuch nach.

Materialliste: Lampe (6 V; 2,4 W), Konstantandraht (50 cm lang, 0,2 mm dick), Netzgerät (6 V; 5 A), Schraubendreher, 2 Tonnenfüße, 2 Isolatoren

1 Der Versuch wird aufgebaut. → 3 Wenn die Lampe leuchtet, wird kurzzeitig mit dem Schraubendreher ein Kurzschluss hergestellt.
 ▸ Beschreibe und erkläre deine Beobachtung.

Achtung • Konstantandraht nicht berühren, solange er Teil des Stromkreises ist.

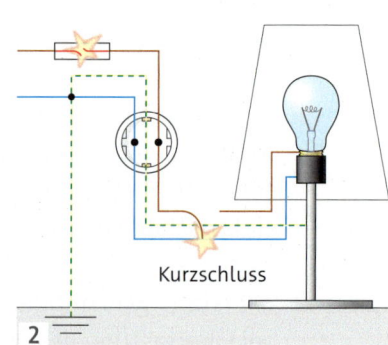

Kurzschluss

2

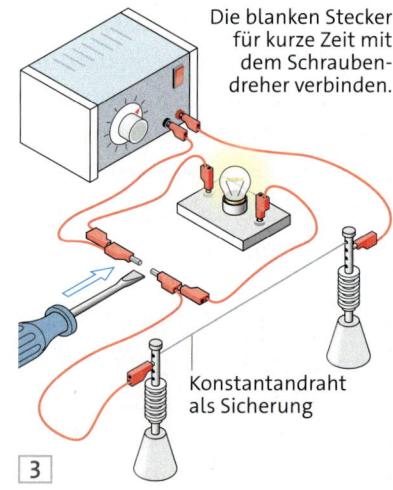

3

Material C

Alles gesichert

1 ⚐ Zwei Elektromotoren und eine Glühlampe sind parallel geschaltet. → [4]
a Gib an, für welche Geräte die Sicherung wirkt.
b Übertrage den Schaltplan in dein Heft. Ändere die Schaltung so, dass alle Geräte abgesichert sind.

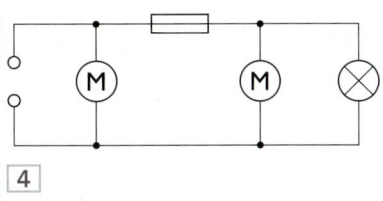

[4]

Material D

Überlastung?

1 ⚐ Die Waschmaschine wird gleich eingeschaltet. → [5] Die Sicherung unterbricht den Stromkreis bei mehr als 16 A. Berechne, ob das geschieht.

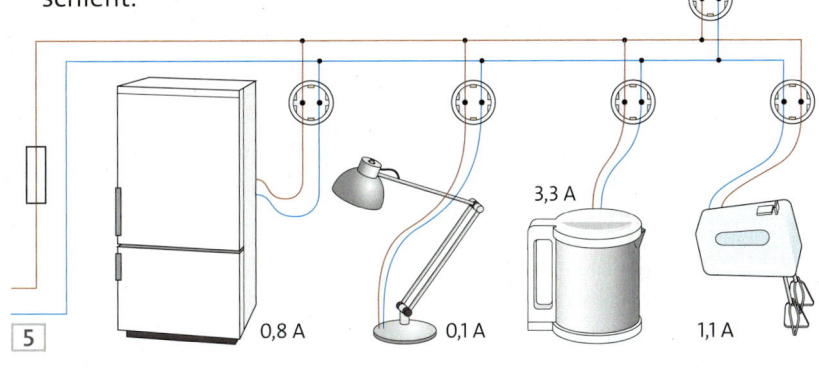

[5]

Material E

Ohne Schutzleiter

1 Zwei Geräte in dieser Steckdosenleiste haben Stecker ohne Schutzkontakt und ohne Schutzleiter. → [6]
⚐ Wähle dazu die richtige Aussage aus:

a Die beiden Geräte sind lebensgefährlich.
b Die beiden Geräte haben einfache Stecker, weil das billiger ist.
c Die beiden Geräte haben Gehäuse aus Kunststoff, der nicht leitet.

[6]

Material F

Sichere Kabeltrommel

1 ⚐ Bevor man an der Kabeltrommel Geräte mit großem Energiebedarf betreibt, sollte man das Kabel abwickeln. → [7] Begründe diese Sicherheitsmaßnahme.

roter „Knopf": Thermosicherung

[7]

Schutzmaßnahmen im Stromnetz

Material G

Sicherungsautomat (Lernaufgabe)

Sascha ist 14 Jahre alt. Er hilft seinem Vater, der von Beruf Elektriker ist, beim Verlegen der Leitungen in ihrem neuen Haus. Kurz vor Schluss fällt Saschas Vater ein Sicherungsautomat herunter und bricht entzwei. Interessiert fragt sich Sascha, wozu wohl die vielen Einzelteile dienen.
Sascha soll beim Elektronikmarkt einen neuen Leitungsschutzschalter holen. Der Händler wirbt damit, den Kunden alle verkauften Geräte erklären zu können. Stelle dir vor, du bist der Fachberater oder die Fachberaterin und sollst Sascha die Funktion des Sicherungsautomaten einfach erklären. Die folgenden Aufgaben helfen dir.

1 Die vereinfachte Zeichnung zeigt einen eingeschalteten Sicherungsautomaten, der in die Zuleitung des Wohnzimmers eingebaut ist. → 1
  ⊠ Gib an, ob die Spule und der Bimetallstreifen in Reihe oder parallel geschaltet sind.

2 Funktion von Spule und Schlagbolzen
a ⊠ Führe den Versuch „Elektromagnetischer Schalter" durch. → S. 123
b ⊠ Nenne die Wirkung des elektrischen Stroms, die bei diesem Schalter genutzt wird.
c ⊠ Der Schlagbolzen im Sicherungsautomaten unterbricht den Stromkreis bei Kurzschluss, der Schalthebel kippt nach unten. → 2 Erkläre, wie das funktioniert.

3 Funktion des Bimetallstreifens
a ⊠ Führe den Versuch „Bimetallschalter" durch. → S. 123
b ⊠ Nenne die Wirkung des elektrischen Stroms, die bei dem Schalter genutzt wird.
c ⊠ Der Bimetallstreifen im Sicherungsautomaten unterbricht den Stromkreis bei Überlastung, der Schalthebel kippt nach unten. → 3 Erkläre, wie das funktioniert.

4 ⊠ Beim Kurzschluss wird die Stromstärke plötzlich sehr groß. Erkläre, warum der Bimetallstreifen nicht schnell genug unterbrechen würde.

5 ⊠ Schreibe eine einfache Erklärung des Sicherungsautomaten für Sascha. Verwende dabei auch Skizzen.

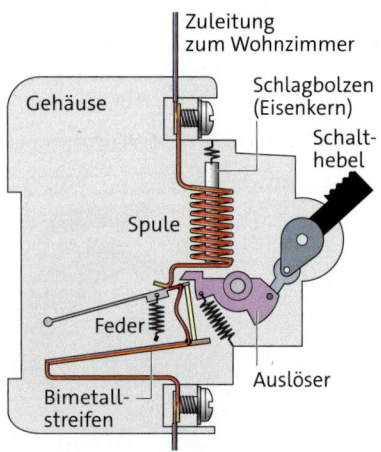

1 Sicherungsautomat

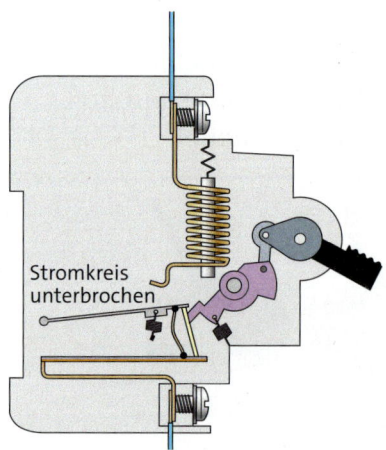

2 ... bei Kurzschluss

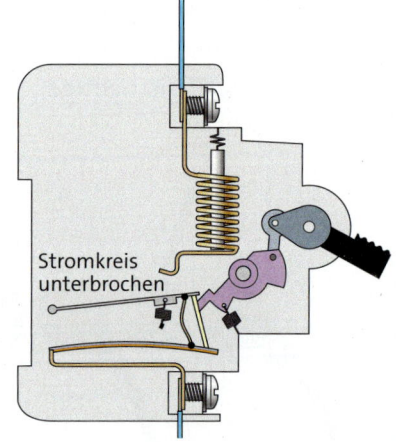

3 ... bei Überlastung

Elektromagnetischer Schalter

Material: Flachbatterie (4,5 V), Spule mit 75 Windungen, Weicheisenkern, Glühlampe (z. B. 6 V; 3 W) mit Fassung, Stativmaterial, Kabel (zum Teil mit Krokodilklemmen), 4 Büroklammern aus Eisen

1 Eine Spule mit Eisenkern kann magnetisch wirken, sie ist ein Elektromagnet. Damit lässt sich ein Stromkreis unterbrechen. Einen möglichen Aufbau zeigt Bild 4. Die folgenden Schritte beschreiben, wie du dort hinkommst.
a Fädele die Büroklammern zu einer Kette auf. Klemme ein Ende in die Krokodilklemme eines Kabels.
b Baue das Stativ auf und schraube eine Klemme an. Spanne das Kabel mit der Kette in die Klemme ein.
c Schließe das Kabel an die Glühlampe an und die Glühlampe an den Pluspol der Batterie.
d Verbiege den Minuspol der Batterie, bis er Kontakt mit den Büroklammern hat. Die Lampe sollte jetzt leuchten.
e Schließe die Spule direkt an die Batterie an. Schiebe sie mit einem Ende des Eisenkerns langsam zum unteren Ende der Kette. Notiere deine Beobachtung.

2 Prüfe, ob der Elektromagnet die gleiche Wirkung hat, wenn er nicht an die Batterie angeschlossen ist.

3 ☒ Vergleiche die Schaltung der Spule in diesem Versuch mit der Schaltung im Sicherungsautomaten.

Bimetallschalter

Material: Flachbatterie (4,5 V), Bimetallstreifen, Glühlampe (6 V) mit Fassung, Stativmaterial, Kabel (zum Teil mit Krokodilklemmen), Kerze, Feuerzeug

1 Beim Bimetallstreifen sind zwei Streifen aus verschiedenen Metallen zusammengepresst (lat. bi-: zwei-). Damit lässt sich ein Stromkreis unterbrechen. Einen möglichen Aufbau zeigt Bild 5. Die folgenden Schritte beschreiben, wie du dort hinkommst.
a Prüfe die Temperatur des Bimetallstreifens. Schließe ihn dann für kurze Zeit direkt an die Batterie an. Prüfe seine Temperatur erneut – aber ganz vorsichtig!
b Baue das Stativ auf, schraube die Zange an und klemme den Bimetallstreifen ein.
c Schließe ihn an die Glühlampe an und die Glühlampe an den Pluspol der Batterie.
d Verbiege den Minuspol der Batterie, sodass der Bimetallstreifen auf ihm liegt. Die Lampe sollte jetzt leuchten.
e Stelle die brennende Kerze unter den Bimetallstreifen. Notiere deine Beobachtung.

2 ☒ Erkläre, wie der Bimetallstreifen im Sicherungsautomaten so erwärmt wird, dass er sich verbiegt.

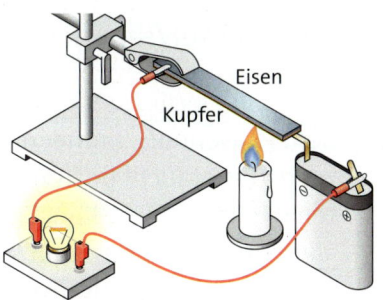

5 Bimetallschalter

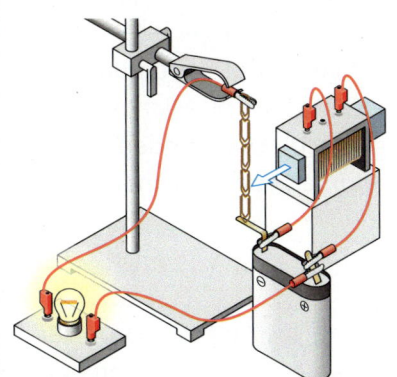

4 Elektromagnetischer Schalter

Schutzmaßnahmen im Stromnetz

Erweitern und Vertiefen

Elektroniker/-in, Fachrichtung Energie- und Gebäudetechnik

Nach der Physikstunde stöhnt Maksym auf dem Pausenhof: „Immer dieses Schaltskizzenzeug. Das braucht doch kein Mensch! Da sollten wir lieber mehr Kunst haben, die Skizzen kann man wenigstens zur Deko gebrauchen." Sofort schaltet sich Nele ein: „Hast du eine Ahnung! Mein Vater sitzt in seiner Firma ständig über Schaltplänen – und verdient nicht schlecht damit! Sein Beruf ist alles andere als langweilig. Ich kann es mir sehr gut vorstellen, die Firma mal zu übernehmen."
Maksym ist ganz erstaunt: „Was soll denn daran so spannend sein?"
Nele überlegt nicht lange: „Als Elektroniker hat man ganz unterschiedliche Herausforderungen. Es geht los mit der Planung der elektrischen Anlagen eines Hauses. Das kann bei einem Gebäude wie unserer Schule richtig komplex sein. Denk mal an die vielen Anschlüsse für die verschiedenen Geräte, die Lampen, Schalter und Sicherungen! Von den ganzen Kabeln für die Datennetze ganz zu schweigen. Ist die Planung perfekt und gut mit dem Auftraggeber abgesprochen, geht es an die Umsetzung. Jetzt ist handwerkliches Geschick gefordert: Schlitze für die Leitungen müssen angezeichnet und gestemmt werden, Steckdosen und Schalter werden gesetzt usw. Und im Sicherungskasten kommt alles zusammen. Da stellt es sich bei der Inbetriebnahme heraus, ob sorgfältig gearbeitet wurde oder einem die Sicherungen um die Ohren fliegen!"
„Über so etwas habe ich ja noch gar nicht nachgedacht! Und das traust du dir echt zu?", wirft Maksym erstaunt ein.

„Natürlich!", entgegnet Nele. „Vater sagt ja schon immer, dass ich das Zeug dazu hätte. Ich habe Interesse an Technik und frage nach Zusammenhängen. Darum gefällt mir auch Physik so gut. Außerdem arbeite ich sorgfältig und zuverlässig. Mit elektrischem Strom muss man nämlich sehr vorsichtig sein und alles genau überprüfen. Papa freut sich auch über meine Mathenoten, weil Elektroniker oft etwas berechnen müssen – angefangen von den benötigten Materialien bis hin zu physikalischen Formeln. Und mit meiner IT-Begeisterung kann ich frischen Wind in die Firma bringen. Zu den App-gesteuerten Schaltern in meinem Zimmer konnte ich meinen Vater schon überreden."
Schmunzelnd meint Maksym: „Dass dir das gelungen ist, wundert mich nicht. Mich hast du auch neugierig gemacht. Und Kunden wirst du bestimmt mal gut überzeugen können!"

Aufgabe

1 Nenne fünf Schritte, bis Neles Elektroniker seine Arbeit am Gebäude abgeschlossen hat.

Erweitern und Vertiefen

Spannung und Potenzialunterschied

Zwei Kreisläufe • Wenn elektrische Energie im Überfluss vorhanden ist, pumpt ein Pumpspeicherkraftwerk Wasser in sein oberes Speicherbecken. → S. 17 Herrscht später Bedarf an elektrischer Energie, dann strömt das Wasser aus dem Becken wieder herab, Turbinen und Generatoren wandeln seine Energie in elektrische Energie um. Wenn erneut elektrische Energie im Überfluss vorhanden ist, beginnt alles von vorne. Die Vorgänge in einem einfachen Stromkreis aus Batterie und Glühlampe kannst du dir ähnlich vorstellen. → 2

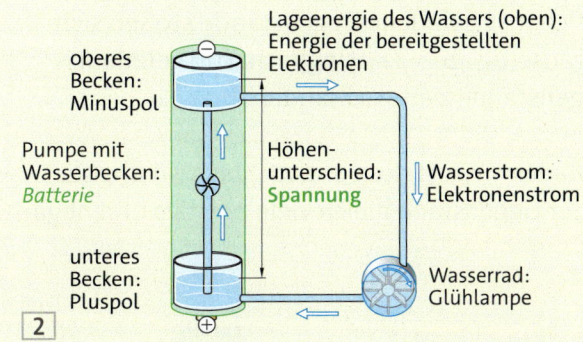

2

Potenzialunterschied • Die Spannung an der Batterie entspricht dem Höhenunterschied zwischen dem oberen und dem unteren Wasserbecken. Elektroniker/-innen bezeichnen die Spannung daher oft als Potenzialunterschied. Was ist mit „Potenzial" gemeint? Wer ein großes Potenzial hat, kann viel bewirken, wenn er die Möglichkeit bekommt. Auch das Wasser im oberen Becken hat ein großes Potenzial, wenn das Becken in großer Höhe liegt. Und die Elektronen am Minuspol haben ein großes Potenzial, wenn die Spannung der Batterie groß ist. In unserem Modell könnte man das Potenzial am Minuspol einer Flachbatterie mit 4,5 V angeben, am Pluspol mit 0 V. → 3 Wenn drei gleiche Glühlampen in Reihe an die Batterie angeschlossen sind, beträgt das Potenzial vor der ersten Lampe 4,5 V, danach nur noch 3,0 V. Die Spannung U_1 an der ersten Lampe ist gleich dem Potenzialunterschied: $U_1 = 4{,}5\,\text{V} - 3{,}0\,\text{V} = 1{,}5\,\text{V}$.

Technische Stromrichtung • In der Elektronik arbeitet man oft mit der „technischen Stromrichtung". Bei dieser strömt Elektrizität vom Pluspol der Batterie zum Minuspol. In diesem Fall liegt das Nullpotenzial am Minuspol der Batterie und das „hohe" Potenzial am Pluspol.

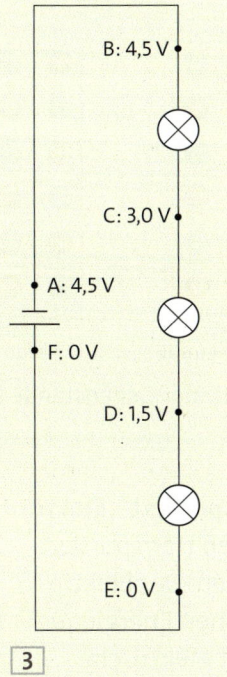

3

Aufgaben

1. An eine 12-V-Batterie sind zwei gleiche 6-V-Lampen in einer Reihenschaltung angeschlossen. Zeichne einen Schaltplan und trage die Potenziale ähnlich wie in Bild 3 ein.

2. An ein Netzgerät mit 6 V sind zwei gleiche 6-V-Lampen in einer Parallelschaltung angeschlossen. Zeichne wieder den Schaltplan und trage die Potenziale ein.

Elektrizität verstehen

Zusammenfassung

Elektrisch geladen • Gegenstände können elektrisch positiv (+) oder negativ (−) geladen sein. Gleichartig geladene Gegenstände stoßen sich gegenseitig ab. → 1 Ungleichartig geladene Gegenstände ziehen einander an. → 2

Aufladen • Wir stellen uns vor, dass ein ungeladener Gegenstand gleich viele positive und negative Teilchen enthält. → 3 Durch Abgeben oder Aufnehmen von Elektronen (negative Teilchen) werden Gegenstände elektrisch geladen.

Ladungausgleich • Um die Anzahl positiv und negativ geladener Teilchen auszugleichen, fließen Elektronen von einem negativ geladenen Gegenstand auf einen anderen Gegenstand. → 4 5

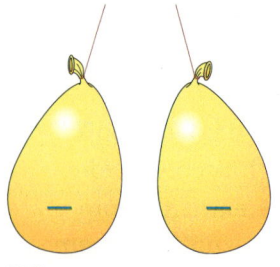

1 Abstoßung (gleichartig geladen)

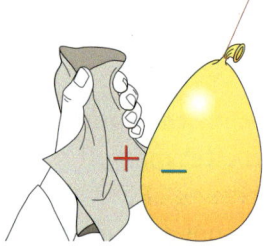

2 Anziehung (ungleichartig geladen)

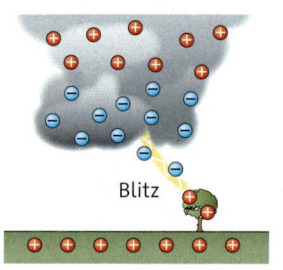

4 Ladungsausgleich Wolke – Boden

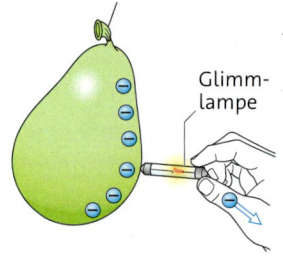

5 Ladungsausgleich Ballon – Boden

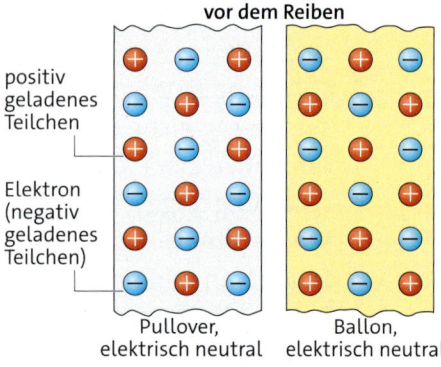

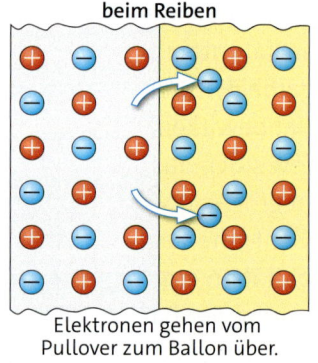

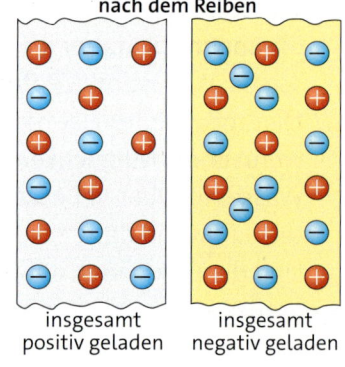

3 Aufladen zweier elektrisch neutraler Gegenstände beim Reiben

So wird elektrische Energie transportiert • Elektrische Energie wird in Stromkreisen transportiert. In den Kabeln strömen Elektronen. Der Elektronenstrom wird von der elektrischen Energiequelle angetrieben und transportiert elektrische Energie von der Quelle zum Gerät. → 6

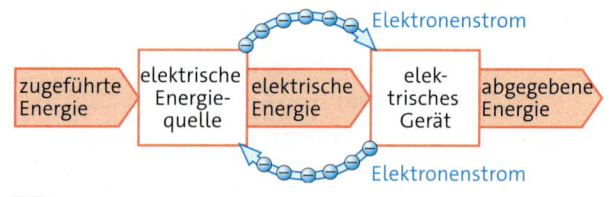

6 Elektronenstrom transportiert elektrische Energie.

Elektrische Stromstärke • Je mehr Elektronen und somit negative Ladung pro Sekunde an einer Stelle des Stromkreises vorbeiströmen, desto größer ist die elektrische Stromstärke I. → 7
Das Messgerät wird in Reihe eingebaut. → 8
Einheit: 1 Ampere (1A)
Im einfachen Stromkreis ist die elektrische Stromstärke überall gleich groß. → 8
Je größer die Stromstärke ist, desto mehr elektrische Energie wird pro Sekunde zum Gerät transportiert (bei gleicher Spannung).

Elektrische Spannung • Die Spannung U gibt an, wie stark die elektrische Energiequelle einen Elektronenstrom antreibt.
Das Messgerät wird parallel angeschlossen. → 9
Einheit: 1 Volt (1V)
Im einfachen Stromkreis ist die Spannung am Gerät genauso groß wie an der elektrischen Energiequelle. → 9
Je größer die Spannung ist, desto mehr elektrische Energie wird pro Sekunde zum Gerät transportiert (bei gleicher Stromstärke).

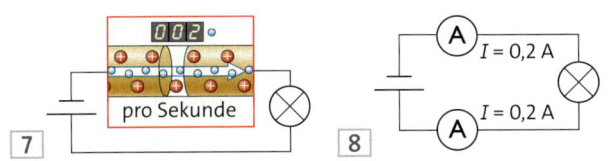

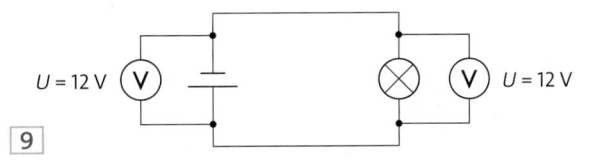

Reihenschaltungen • In Reihenschaltungen von elektrischen Energiequellen summieren sich die Spannungen: $U_{gesamt} = U_1 + U_2$. → 10
Bei Geräten teilt sich die Spannung auf:
$U_{Quelle} = U_1 + U_2$. → 11
Die Stromstärke ist in jedem Gerät gleich groß.

Parallelschaltung im Haushalt • Die Steckdosen im Haushalt und die Lampen am Fahrrad sind parallel geschaltet. In Parallelschaltungen summieren sich die Stromstärken:
$I_{gesamt} = I_1 + I_2$. → 12
Die Spannung ist an jedem Gerät gleich groß.

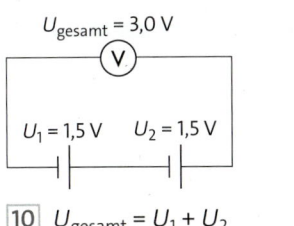

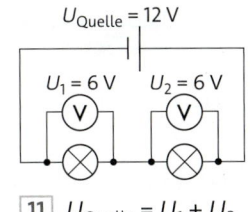

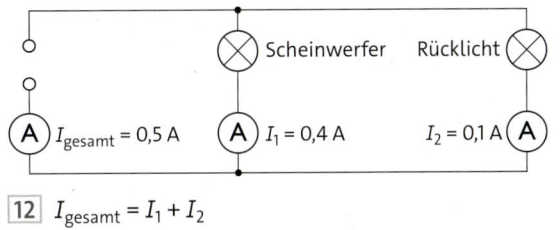

Schutzmaßnahmen im Stromnetz • Sicherungen schützen elektrische Anlagen vor zu großer Stromstärke. → 13
Schutzleiter und Fehlerstromschutzschalter schützen den Menschen vor Stromunfällen.

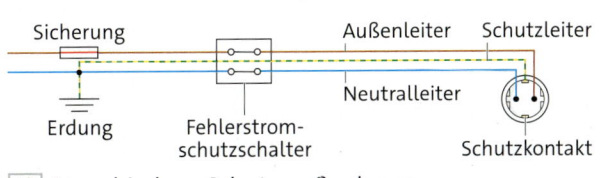

13 Verschiedene Schutzmaßnahmen

Elektrizität verstehen

Teste dich! (Lösungen ab Seite 167)

[1] Solarschiff

Elektrisch geladen

1 ✏ Beschreibe, wie sich elektrisch geladene Gegenstände zueinander verhalten. Es gibt zwei Möglichkeiten.

2 ✏ Beschreibe, wie du zwei Luftballons elektrisch gleichartig aufladen kannst.

3 ✏ Wie unterscheidet sich ein elektrisch negativ geladener Gegenstand von einem ungeladenen Gegenstand? Beschreibe es mit einer Modellvorstellung.

4 ✏ Positiv geladene Teilchen können in Metallen und vielen festen Stoffen nicht „wandern". Trotzdem können die Gegenstände positiv geladen sein.
Erkläre die Aufladung mit einer Modellvorstellung.

5 Ladungsausgleich
a ✏ Beschreibe, woran man einen Ladungsausgleich erkennen kann.
b ✏ Erkläre, was man unter dem Begriff Ladungsausgleich versteht.

So wird elektrische Energie transportiert

6 ✏ Solarzellen als elektrische Energiequelle versorgen die Motoren des Solarschiffs mit elektrischer Energie. → [1]
a Zeichne den Schaltplan für einen Stromkreis mit einer Solarzelle und einem Elektromotor. → [2]
b Zeichne die zugehörige Energiekette.

[2] Schaltzeichen der Solarzelle:

7 ✏ Vergleiche die Energieübertragung im Kreislauf „Heizung" mit der Energieübertragung im Stromkreis. → [3] Stelle dazu in einer Tabelle die Bauteile der Heizungsanlage den Bauteilen des Stromkreises gegenüber. Beschreibe jeweils die Aufgabe der Teile.

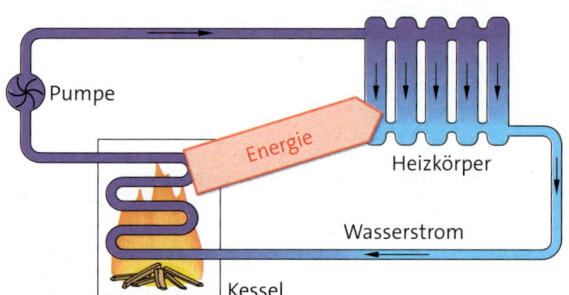

[3] Heizkreislauf

Elektrische Stromstärke

8 ✏ Elektrische Stromkreise übertragen Energie. Ergänze: „Bei derselben elektrischen Energiequelle gilt: Je größer die ◇, desto ◇."

9 ✏ In einem einfachen Stromkreis ist die Stromstärke vor und nach einem Elektrogerät gleich groß. Erkläre dies.

10 Ein Stromkreis besteht aus Netzgerät, Elektromotor, Schalter und Kabeln.
a ▣ Beschreibe, wie du die Stromstärke misst.
b ▣ Zeichne den Schaltplan mit Messgerät.

11 ▣ „Meine Taschenlampe verbraucht Strom." Bewerte diese Aussage.

Elektrische Spannung

12 Ein Stromkreis besteht aus Netzgerät, Glühlampe, Schalter und Kabeln.
a ▣ Beschreibe, wie du die Spannung am Netzgerät misst.
b ▣ Zeichne den Schaltplan mit Messgerät.

13 ▣ Eine Campinglampe braucht eine Spannung von 12 V.
a Gib an, mit wie vielen Batterien (1,5 V) man diese Spannung erreichen kann.
b Zeichne in einem Schaltplan, wie die Batterien geschaltet sind.

14 ▣ Eine Lichterkette für das Wohnmobil hat 10 Lampen in einer Reihenschaltung. Sie ist an die Autobatterie (12 V) angeschlossen. Berechne die Spannungen an den Lampen.

Parallelschaltung im Haushalt

15 Drei gleiche Lampen werden parallel an ein Netzgerät angeschlossen.
a ▣ Zeichne den Schaltplan und markiere die einzelnen Stromkreise mit verschiedenen Farben.
b ▣ In der gemeinsamen Zuleitung beträgt die Stromstärke 1,2 A. Berechne die Stromstärke in jeder Lampe.

16 ▣ Die Fahrradbeleuchtung ist eine Parallelschaltung. Die Scheinwerferlampe benötigt 0,4 A, das Rücklicht 0,1 A. Der Dynamo liefert eine Spannung von 6 V.
a Zeichne den Schaltplan für den Stromkreis. Tipp: Schaltzeichen Dynamo siehe Anhang.
b Berechne die Stromstärke im Zuleitungskabel am Dynamo.
c Gib die Spannung an jeder Lampe an.

Schutzmaßnahmen im Stromnetz

17 Viele elektrische Leitungen im Haushalt haben drei „Adern".
a ▣ Gib ihre Namen und Farben an.
b ▣ Beschreibe ihre Aufgaben.

18 Schmelzsicherung
a ▣ Erkläre, wie eine Schmelzsicherung funktioniert. → 4
b ▣ Die eine Sicherung ist gerade „durchgebrannt". Ist es sinnvoll und ungefährlich, sie sofort durch eine gleiche Sicherung zu ersetzen? Begründe deine Antwort.
c ▣ Jana will die kaputte 4-A-Sicherung durch eine 10-A-Sicherung austauschen, damit diese nicht mehr überlastet wird. Nimm Stellung dazu.

19 ▣ Erkläre die Funktion eines Fehlerstromschutzschalters (FI-Schutzschalters). → 5

4

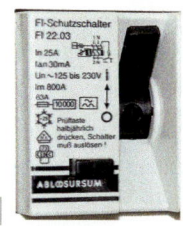

5

Elektrische Leistung und Energie

Diese Box hat viel „Power". Dein Lautsprecher im Handy könnte das Glas nicht zerspringen lassen.

Je grüner die Effizienzklasse ist, desto weniger Energie benötigt zum Beispiel eine Waschmaschine. Die Energielabel im Laden zeigen noch mehr Informationen an.

Energiefressern auf der Spur: Mit dem Messgerät kannst du in der Schule und zu Hause Geräte mit hohem Energiebedarf ermitteln.

Elektrische Leistung

[1] Welche Seite wird wohl eher trocken?

Materialien zur Erarbeitung: A–B

Die Leistung P eines Elektrogeräts gibt an, wie viel elektrische Energie das Gerät pro Sekunde umwandelt:

$$\text{Leistung} = \frac{\text{umgewandelte Energie}}{\text{Zeit}}$$

$$P = \frac{E}{t}$$

Der Quotient gibt die Energiestromstärke an, wenn es um die Energie geht, die zum Gerät transportiert wird:

$$\text{Energiestromstärke} = \frac{\text{transportierte Energie}}{\text{Zeit}}.$$

Einheit • Die elektrische Leistung misst man in Watt (W): $1\,\text{W} = 1\,\frac{\text{J}}{\text{s}}$.
Kleine Leistungen gibt man auch in Milliwatt (mW) an: $1\,\text{W} = 1000\,\text{mW}$.
Große Leistungen gibt man oft in Kilowatt (kW), Megawatt (MW) oder Gigawatt (GW) an: $1\,\text{kW} = 1000\,\text{W}$; $1\,\text{MW} = 1000\,\text{kW}$; $1\,\text{GW} = 1000\,\text{MW}$.

Elektrogeräte erleichtern den Alltag. Woran erkennt man, wie viel sie leisten?

Leistung von Elektrogeräten • Der linke Wasserkocher hat eine Leistung von 2300 Watt. → [2] Das bedeutet, dass er 2300 J elektrische Energie pro Sekunde bekommt und in thermische Energie umwandelt. Der rechte Wasserkocher wandelt nur 700 J pro Sekunde in thermische Energie um. Daher kocht dieselbe Menge Wasser im linken Wasserkocher viel schneller als im rechten.

Leistung im physikalischen Sinn • Im Alltag spricht man oft von Leistung und meint damit zum Beispiel eine „Eins" im Unterricht, wie gut jemand singt oder wie schnell jemand rennt. In der Physik spricht man nur dann von Leistung, wenn Energie in einer bestimmten Zeit umgewandelt wird.

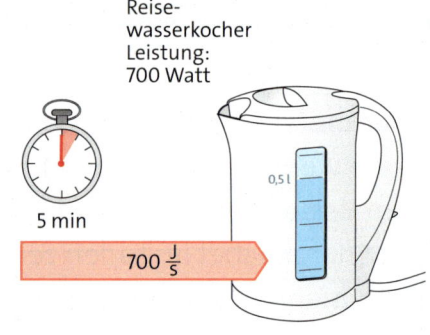

[2] Große Leistung – kleine Leistung

die elektrische Leistung
die Energiestromstärke
das Watt (W)

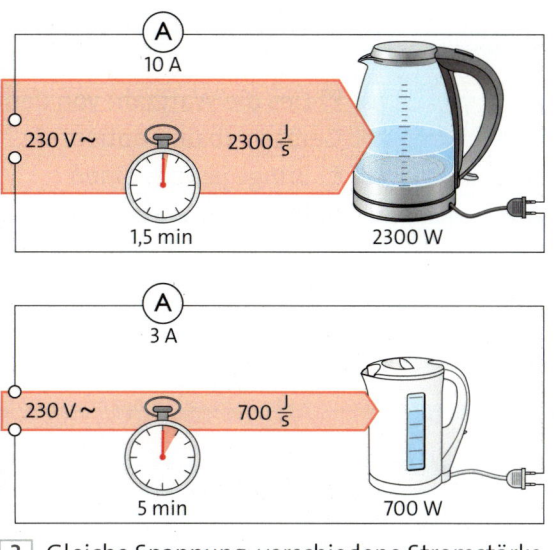

3 Gleiche Spannung, verschiedene Stromstärke

4 Gleiche Stromstärke, verschiedene Spannung

Stromstärke, Spannung und Leistung • Der Wasserkocher mit der größeren Leistung bringt das Wasser schneller zum Sieden als das Gerät mit der geringeren Leistung. → 3 Die Spannung ist jeweils gleich groß: 230 V. Aber die Stromstärke ist mit 10 A im oberen Gerät größer. Je größer die Stromstärke bei gleicher Spannung ist, desto mehr elektrische Energie wird pro Sekunde transportiert und umgewandelt.
Im kleinen Wasserkocher für die 12-V-Steckdose im Auto ist die Stromstärke genauso groß wie im großen Gerät: 10 A. → 4 Aber die Spannung ist am großen Gerät mit 230 V viel höher. Je höher die Spannung bei gleicher Stromstärke ist, desto mehr elektrische Energie wird pro Sekunde transportiert und umgewandelt.

> Die Leistung eines Elektrogeräts ist umso größer, je höher die Spannung und je größer die Stromstärke ist.

Elektrische Leistung berechnen • Wenn du die Spannung U und die Stromstärke I kennst, kannst du die Leistung P eines Elektrogeräts so berechnen:

> Elektrische Leistung
>   = Spannung mal Stromstärke
> $P = U \cdot I$
> $1\,W = 1\,V \cdot 1\,A = 1\,VA$

Aufgaben

1 „Je größer die Leistung eines Elektrogeräts ist, desto ⟨?⟩ Energie wandelt es pro ⟨?⟩ um."
 Ergänze im Heft. Wähle aus: Sekunde, weniger, Minute, mehr, Watt.

2 Eine LED-Lampe im Haus hat eine Leistung von 3 W, eine andere 9 W. Vergleiche miteinander:
 a die Stromstärke in der Zuleitung
 b die Spannung an den Anschlüssen

Elektrische Leistung

Material A

„Wattzahlen" auf Geräten

Auf den Typenschildern von Elektrogeräten ist die „Wattzahl" angegeben. → [1] Was bedeutet diese Zahl?

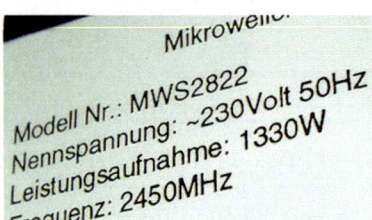

[1] Mikrowelle: 1330 Watt

1 ▣ Lies die Wattzahlen von einigen Elektrogeräten ab. Notiere sie in einer Tabelle.

2 ▣ Lies die Wattzahl von verschiedenen LED-Lampen ab. Stelle die Wattzahl und die Helligkeit der Lampen in einer Tabelle gegenüber.
→ [2]

Wattzahl	Helligkeit
11 Watt	sehr hell
?	?

[2] LED-Lampen

3 ▣ Untersuche die Wirkung von Haartrocknern mit verschiedenen Wattzahlen. Tipp: Welcher Haartrockner heizt stärker? Welcher pustet stärker?

Material B

Wasserkocher

Materialliste: Tauchsieder, Wasserkocher, Becherglas, 1 l Wasser, Stoppuhr

1 Mit welchem Gerät kocht das Wasser schneller?

a ▣ Lies die Wattzahl von den Geräten ab und notiere sie.
b ▣ Bringe jeweils einen halben Liter Wasser zum Sieden. Miss die Zeit.
c ▣ Ergänze: „Je höher die Wattzahl des Geräts ist, desto ⟨?⟩."

Material C

Leistung messen

Materialliste: Messgerät für elektrische Leistung (Energie), Elektrogeräte

1 ▣ Miss die Leistung einiger Elektrogeräte. → [3] Dokumentiere die Ergebnisse übersichtlich. Beispiele:
a Wasserkocher
b Bohrmaschine, im Leerlauf und beim Bohren von Holz oder Beton
c Computer und Drucker im Betrieb und im Stand-by

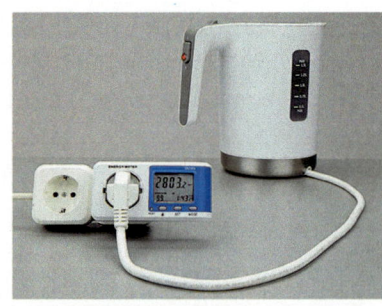

[3] Leistung messen

Material D

Elektrische Energie – gut genutzt?

1 ▣ Diese Lampen leuchten alle ungefähr gleich hell.
→ [4] Trotzdem sind ihre Leistungen ganz verschieden. Erkläre diesen Unterschied. Tipp: Wo bleibt die Energie?

Glühlampe 40 W
Energiesparlampe 9 W
LED-Lampe 6 W

[4] Lampen und ihre Leistung

Material E

Verschiedene Leistungen

1 In diesem Versuch sind zwei verschiedene Glühlampen an zwei verschiedene elektrische Energiequellen angeschlossen. → 5
a ▶ Gib die Spannungen an, mit denen die Lampen betrieben werden.
b ▶ Gib an, welche Größe gemessen wird. → 5
c ▶ Gib an, welche Lampe die größere Leistung hat. Begründe mithilfe von:
 • Helligkeit und Energie
 • Spannung und Stromstärke
d ▶ Berechne die Leistung der beiden Lampen. Rechne mit $I = 0{,}26\,A$.

5 Stromstärke, Spannung, Leistung

Material F

Leistung bestimmen

Materialliste: 2 Messgeräte (Stromstärke, Spannung), Netzgerät (6 V), Elektrogeräte für 6 V (Lampen, Motor ...), Kabel

1 Aus Spannung und Stromstärke kann man die Leistung eines Geräts berechnen.
a ▶ Plane einen Versuch, mit dem du gleichzeitig die Spannung (in Volt) und die Stromstärke (in Ampere) der Geräte messen kannst. Zeichne den Schaltplan.
b ▶ Baue den Versuch auf. Miss bei jedem Gerät Spannung und Stromstärke.
c ▶ Berechne jeweils die Leistung.

Material G

Leistung und Stromstärke

Materialliste: Messgerät (Leistung), Elektrogeräte mit verschiedenen Leistungen (z. B. Wasserkocher, Haushaltslampen, Bügeleisen, Haartrockner)

1 ▶ Lies die Wattzahlen auf den Geräten ab. → 6 Überprüfe sie mit dem Messgerät.

2 ▶ Berechne jeweils die Stromstärke. → 7 Ergänze die Tabelle.

Gerät	Leistung, abgelesen	Leistung, gemessen	Stromstärke
Wasserkocher	1000 W	1001 W	4,35 A
Lampe	?	?	?

6 Beispieltabelle

Ein 1000-W-Tauchsieder wird mit 230 V betrieben. Berechne die Stromstärke.

$P = U \cdot I$

$1000\,W = 230\,V \cdot I \quad |\,{:}230\,V$

$I = \dfrac{1000\,W}{230\,V} = \dfrac{1000\,VA}{230\,V} = 4{,}35\,A$

Die Stromstärke im Tauchsieder beträgt 4,35 A.

7 Beispielrechnung

Elektrische Leistung

Erweitern und Vertiefen

7 Radfahrer = 1 Toast

Angenehmes Leben • Elektrische Geräte erleichtern unseren Alltag. Wir können uns ein Leben ohne elektrische Lampen, Fernseher, Computer, Smartphones, Waschmaschinen ... kaum noch vorstellen. Keine Fabrik, kein Krankenhaus und kein Supermarkt kann ohne elektrische Energie arbeiten. Was wäre, wenn die elektrische Energie nicht einfach aus der Steckdose käme?

Robert toastet • Ein Fahrraddynamo erzeugt elektrische Energie und damit kann man einen Toaster antreiben. Bekommt man eine Scheibe Toast durch Radfahren goldbraun? Der Bahnradprofi Robert Förstemann hat es versucht. → 1 Seine Trainingsmaschine war so eingestellt, als ob er einen extrem steilen Berg hochfahren würde. Sein Puls stieg beim Fahren bis auf 170 Herzschläge pro Minute – in Ruhe sind es nur rund 60. Nach 2 Minuten war der Profi völlig ausgepowert und musste sich auf dem Boden ausruhen. Und der Toast? Der ist blassgelb geworden.

Das „Radelkraftwerk" • Nur wenige Menschen sind so durchtrainiert wie Robert Förstemann. Um zu Hause einen 700-W-Toaster mit dem Fahrrad zu betreiben, bräuchte man rund 7 „normale" Radfahrer, die für mehrere Minuten kräftig in die Pedale treten. Zum Betrieb einer Waschmaschine mit 2 kW müssten 20 normale Radfahrer mehr als eine Stunde strampeln. → 2 Selbst drei Robert Förstemanns würden diese Zeit nicht durchhalten. Sie müssten ständig abgelöst werden.

1 Robert Förstemann strampelt für einen Toast.

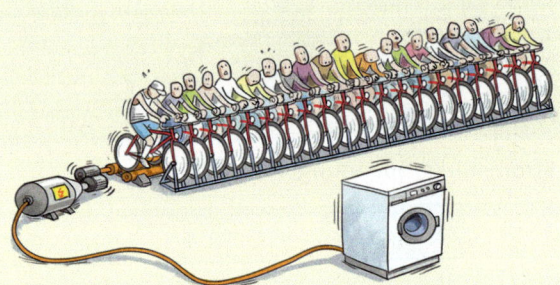

2 20 Radfahrer für einmal saubere Wäsche

Aufgaben

1 ◨ Ermittle, wie viele „normale" Radfahrer mindestens nötig wären, um einen Haartrockner (Leistung: 1800 W) zu betreiben.

2 ◨ Jeder Einwohner Deutschlands nutzt rein rechnerisch ständig eine elektrische Leistung von 180 W. Berechne, wie viele Radfahrer Tag und Nacht für 83 Millionen Menschen schuften müssten.

Erweitern und Vertiefen

Mit weniger Leistung genauso hell

40 W
415 lm
ca. 2700 K
ca. 1000 h
G

8 W
430 lm
ca. 4000 K
ca. 8000 h
G

4 W
470 lm
ca. 2700 K
ca. 15 000 h
E

3 Glühlampe   4 Leuchtstofflampe   5 LED-Lampe

Größe	Angabe in	Bedeutung
Leistung	Watt (W)	Je größer die „Wattzahl" ist, desto mehr elektrische Energie wandelt die Lampe pro Sekunde um.
Lichtstrom	Lumen (lm)	Je größer die „Lumenzahl" ist, desto heller leuchtet die Lampe.
Farbtemperatur	Kelvin (K)	Je niedriger die Farbtemperatur einer Lampe ist, desto „wärmer" erscheint uns ihr Licht.
Lebensdauer	Stunden (h)	Je größer die Lebensdauer ist, desto länger leuchtet die Lampe im Durchschnitt.
Energieeffizienz	verschiedene Klassen	Lampen mit der Energieklasse A wandeln einen größeren Anteil der zugeführten elektrischen Energie in Strahlungsenergie um als Lampen mit der Energieklasse B (C, D, E, F, G).

6 Angaben auf Verpackungen von Lampen

Energieverbrauch senken • Normale Glühlampen stellt man nicht mehr her, weil sie fast 95 % der Energie in thermische Energie statt in Licht umwandeln. Leuchtstofflampen und LED-Lampen sind genauso hell, brauchen aber viel weniger elektrische Energie. → 3 – 6 Außerdem „leben" sie besonders lange. In Zukunft könnten OLEDs Leuchtstofflampen ersetzen. Das sind spezielle LEDs, die sich besonders flach und biegsam bauen lassen.

Lichtausbeute • Die LED-Lampe braucht für etwa die gleiche Helligkeit weniger Watt als die Glühlampe. → 3 5 Die LED-Lampe hat die bessere „Lichtausbeute" (in Lumen pro Watt):

LED: $\frac{470\,lm}{4\,W} \approx 118 \frac{lm}{W}$; Glühlampe: $\frac{415\,lm}{40\,W} \approx 10 \frac{lm}{W}$.

Aufgaben

1. Nenne Gründe, die für den Kauf von LED-Lampen sprechen.

2. Auf der Verpackung einer LED-Lampe findet man Watt-, Lumen- und Kelvinzahlen. Erkläre, was diese Zahlen bedeuten.

Wie teuer ist elektrische Energie?

[1] Elektrische Energie gibt es nicht umsonst.

Material zur Erarbeitung: A

Ständig sind bei uns zu Hause elektrische Geräte eingeschaltet. Wie viel müssen wir für die Energie bezahlen?

Energiekosten berechnen • Auf „Stromrechnungen" werden die gelieferte elektrische Energie in Kilowattstunden (kWh) und der Preis für 1 kWh elektrische Energie angegeben. Beide Angaben nimmt man miteinander mal. Beispiel für eine Jahresrechnung:

2500 kWh mal 0,40 $\frac{€}{kWh}$ = 1000 €

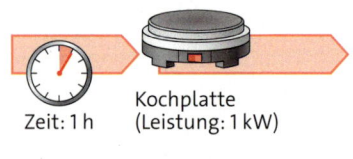

[2] Doppelte Zeit – doppelte Energie

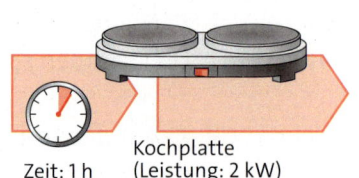

[3] Doppelte Leistung – doppelte Energie

> Energiekosten in € = elektrische Energie in kWh mal Preis in $\frac{€}{kWh}$.
> Die Einheit der elektrischen Energie ist 1 kWh (Kilowattstunde):
> 1 kWh = 3,6 MJ.

Elektrische Energie berechnen • Eine Kochplatte braucht in zwei Stunden doppelt so viel Energie wie in einer Stunde. → [2] Eine Kochplatte mit 2 kW Leistung wandelt in einer Stunde doppelt so viel elektrische Energie um wie eine Kochplatte mit 1 kW. → [3]

> Ein Elektrogerät wandelt umso mehr elektrische Energie E um, je größer seine Leistung P und je länger die Einschaltzeit t ist. Die Energie wird so berechnet:
> Energie = Leistung mal Zeit; $E = P \cdot t$.
> Energie = Spannung mal Stromstärke mal Zeit; $E = U \cdot I \cdot t$.

Einheiten der elektrische Energie • Die Einheit der Leistung ist 1 W. Die Einheit der Zeit ist 1 s. Nimmt man die beiden Einheiten miteinander mal, erhält man 1 Wattsekunde (1 Ws) als Einheit für die Energie.
Oft ist es günstiger, die Leistung in kW und die Zeit in Stunden (h) anzugeben. Dann erhält man das Ergebnis in kWh. Beispiel (Bild 2, unten):
$E = 1 kW \cdot 2 h = 2 kWh$

Energiesparen • Wenn man die Energiekosten im Haushalt verringert, ist das nicht nur gut für den eigenen Geldbeutel. Energiesparen schützt auch die Umwelt nachhaltig. Je weniger fossile

die elektrische Energie
die Wattsekunde (Ws)
die „Stromrechnung"
die Kilowattstunde (kWh)

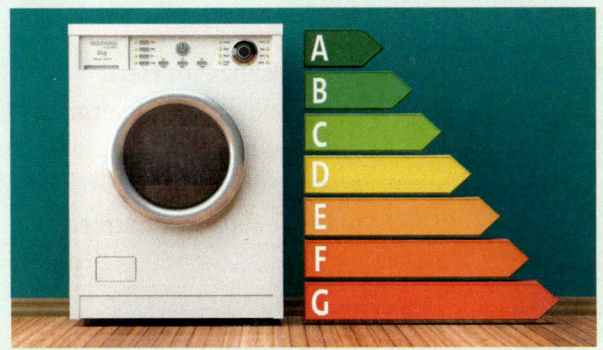 

- **Beim Gerätekauf auf das Energielabel achten:** Die Einstufung in die Klassen A–G zeigt an, wie sparsam das Gerät mit Energie umgeht.
- **Kühler Ort fürs Kühlgerät:** Kühlschränke sollte man nicht neben den Elektroherd stellen. Gefrierschränke gehören in den Keller und nicht in die warme Küche (Spareffekt: ca. 30 %).
- **Geschirrspüler, Waschmaschine vollpacken:** Zwei „Sparwäschen" mit halb vollem Gerät sind oft teurer als ein normaler Waschgang!
- **Sparprogramm verwenden:** Viele Waschmaschinen haben Sparprogramme („Eco"), die mehr Zeit benötigen, dafür aber weniger Energie einsetzen. Bei einer 60-Grad-Wäsche kann sich ein Spareffekt von fast 50 % ergeben.
- **Sonne und Wind nutzen:** Auf der Leine trocknet die Wäsche kostenlos. Das zählt – da mag ein elektrischer Wäschetrockner noch so bequem sein (Spareffekt: 100 %).
- **„Spartopf" verwenden:** Im Schnellkochtopf steigt die Temperatur über 100 °C. Das Essen wird so schneller gar. Hier gilt: „Zeit ist Geld" (Spareffekt: über 50 %). Übrigens: Nicht jeder Topf ist für jede Kochplatte geeignet.
- **Nachwärme nutzen:** Bleiben Speisen länger als 30 Minuten im Backofen, braucht man nicht vorzuheizen. Die Nachwärme kann man immer nutzen: 6 Minuten vor Ende der Backzeit abschalten (Spareffekt: bis zu 20 %).
- **Geräte vom Netz trennen:** Fernseher, Spielkonsolen, Computer, Drucker usw. benötigen auch im Stand-by-Betrieb Energie.
- **Energienutzung messen:** Bei vielen Energieunternehmen kann man kostenlos Energiemessgeräte ausleihen, um zu Hause den „Stromverbrauch" von Elektrogeräten zu überprüfen. So kann man beurteilen, ob es sich lohnt, einen „Energiefresser" zu ersetzen.

4 Energiespartipps im Haushalt

Brennstoffe für unseren Energiebedarf verbrannt werden, desto weniger von dem klimaschädlichen Kohlenstoffdioxid gelangt in die Atmosphäre. Die Energiespartipps im grünen Kasten können bei einer nachhaltigen Energienutzung helfen. → 4

Aufgaben

1 Max hat beim Bügeln 2 kWh benötigt. Berechne die Stromkosten.

2 Beurteile die Spartipps und ordne sie nach ihrer Nachhaltigkeit. → 4

Wie teuer ist elektrische Energie?

Material A

Elektrische Energie in der Schule messen

Materialliste: Energiemessgerät, Stoppuhr, Elektrogeräte (Wasserkocher, Bügeleisen, Computer ...)

1. Schließe jeweils ein Elektrogerät über das Energiemessgerät an eine Steckdose an. Schalte das Gerät ein und starte gleichzeitig die Stoppuhr.
   - Miss die Energie nach 1 min, 2 min ... Notiere die Messwerte. → 1

2. Ergänze im Heft: Die elektrische Energie ist umso größer,
   a) je ◇ die Leistung ist.
   b) je ◇ die Einschaltzeit ist.

Elektrogerät	Leistung	Elektrische Energie		
		nach 1 min	nach 2 min	...
Wasserkocher	? kW	? kWh	? kWh	? kWh
Bügeleisen	? kW	? kWh	? kWh	? kWh

1 Beispieltabelle

Material B

Energiekosten berechnen

1. Berechne jeweils die „Stromkosten": → 2
   a) Haare trocknen: 15 min mit 600 W
   b) Bügeln: 20 min mit 1200 W
   c) Akku laden: 5 h mit 10 W

2. Ermittle die Jahreskosten für das Staubsaugen, Akkuladen und Haaretrocknen. Schätze, an wie vielen Tagen das Gerät benutzt wird.

Frau Blacks Kaffeemaschine läuft jeden Tag 15 min lang mit 400 W. Berechne die Kosten für die Energie am Tag und im Jahr.

Umrechnungen: $P = 400\,W = 0{,}4\,kW$
$t = 15\,min = 15 \cdot \frac{1}{60}\,h = \frac{15}{60}\,h = 0{,}25\,h$

Elektrische Energie am Tag:
$E = P \cdot t;\ E = 0{,}4\,kW \cdot 0{,}25\,h = 0{,}1\,kWh$

Kosten am Tag:
$0{,}1\,kWh \cdot 0{,}40\,\frac{€}{kWh} = 0{,}04\,€$

Kosten im Jahr:
$0{,}04\,\frac{€}{Tag} \cdot 365\,Tage = 14{,}6\,€$

2 Beispielrechnung

Material C

Kilowattstunde

1. Mit 1 kWh kann man: → 3
   - Wasser für 3 min Duschen im Durchlauferhitzer erwärmen
   - 10 Stunden fernsehen
   - eine LED-Lampe 90 Stunden leuchten lassen

3

a) Trage die elektrischen Geräte und Einschaltzeiten in eine Tabelle ein. Beginne mit der kürzesten Zeit.
b) Welches Gerät hat die größte Leistung? Begründe deine Antwort.

Material D

Projekt: Energiesparen in der Schule – wir helfen mit

Nicht nur zu Hause könnt ihr Energie sparen und die Umwelt entlasten, sondern auch in eurer Schule. Dieses Projekt hilft euch dabei.

4

5

Wie findet ihr Projektideen?
- Überlegt euch zunächst alleine, wo und wozu in der Schule Energie benötigt wird. Notiert Stichworte auf Karteikarten.
- Tauscht euch mit einem Partner oder einer Partnerin aus. Einigt euch auf drei Karten.
- Bildet eine Vierergruppe und stellt euch gegenseitig die Karten vor.
- Sammelt die Karten an der Tafel und sortiert sie in unterschiedliche Bereiche (elektrische Geräte, Beleuchtung, Heizung …).
- Bildet Gruppen, formuliert Projektideen und Ziele.

Beispiele für Projektideen
- In welcher Form wird Energie in eurer Schule genutzt? Lasst euch die letzten Energierechnungen vom Hausmeister oder von der Gemeinde geben. Vergleicht die Abrechnungen miteinander. Stellt die Daten grafisch dar.

Findet Möglichkeiten, Energie zu sparen.
- Welche elektrischen Geräte werden an eurer Schule genutzt? Besorgt euch Energiemessgeräte und führt Messungen damit durch. Erstellt Messprotokolle und veröffentlicht diese (Präsentationsprogramm, Plakat …).
- Lest die Energiezähler an der Schule regelmäßig ab. Vergleicht eine Schulwoche (5 Tage) mit dem Wochenende (2 Tage) und mehrere Wochen miteinander. Stellt die Werte übersichtlich dar. Begründet Unterschiede. Plant Maßnahmen zum Energiesparen. → 4 5
- Informiert euch im Internet über den Energieausweis für Gebäude. → S. 142 Welche Daten enthält er? Gibt es einen Energieausweis für eure Schule? Falls nicht: Könnt ihr einen erstellen?
- Viele Geräte laufen ständig im Stand-by-Betrieb – auch an eurer Schule? Ermittelt mit Messgeräten, wie viel Energie so pro Jahr „verloren" geht. Veröffentlicht und präsentiert eure Ergebnisse.

1 „Energiefresser" finden
a ☒ Erfasst die Lampen, Computer, Beamer … in den Klassenräumen in einem Tabellenkalkulationsprogramm.
b ☒ Ermittelt die elektrische Leistung der Geräte im Betrieb und im Stand-by-Betrieb. Tragt die Werte in der Datei ein.
c ☒ Berechnet mithilfe des Programms den Jahresbedarf an Energie und die Energiekosten. Schätzt dazu ab, an wie vielen Tagen und Stunden die Geräte laufen.
d ☒ Informiert euch über Energiesparmaßnahmen.
e ☒ Präsentiert eure Ergebnisse. → S. 143 Nutzt dabei zum Beispiel die Diagrammfunktion des Tabellenkalkulationsprogramms.

Wie teuer ist elektrische Energie?

Methode

Im Internet recherchieren

Im Internet findest du unzählige Informationen zu physikalischen Themen. Wenn du z. B. den Suchbegriff „Energieausweis" in eine Suchmaschine eingibst, bekommst du Millionen Treffer. Es ist nicht einfach, wichtige und unwichtige Informationen zu unterscheiden. Damit du nicht zu viel Zeit brauchst, musst du bei einer Recherche gezielt vorgehen:

1. Thema eingrenzen Stelle Fragen zum Thema, die dich interessieren.
Beispiele: Was ist ein Energieausweis? Welche Daten enthält ein Energieausweis?

2. Suchen Rufe eine Suchmaschine auf und gib deine Fragen oder Suchbegriffe ein. Die Suchmaschinen sind Programme, die die Inhalte von Milliarden von Webseiten kennen. Es gibt auch Suchmaschinen für Jugendliche. Sie zeigen weniger, aber verständlichere Treffer an.
Beispiele: Energieausweis Beispiel, Energieausweis lesen

3. Treffer filtern und auswerten Wenn du sehr viele Treffer erhältst, grenze das Ergebnis mit weiteren Suchbegriffen ein. Je mehr Begriffe du verwendest, desto zielgenauer ist dein Ergebnis. Es ist möglich, dass die Suchmaschine als erste Treffer Werbung zeigt. Dann ist der Treffer als „Anzeige" gekennzeichnet. Je nach Suchmaschine kannst du die Treffer filtern, dir nur Bilder anzeigen lassen oder z. B. nur Beiträge aus der letzten Woche.
Nun geht es an die Auswertung. Enthalten die Treffer für dich wichtige Informationen zu deinem Thema? Prüfe, ob die Informationen verständlich und aktuell sind.

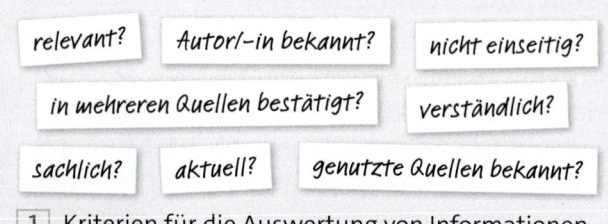

[1] Kriterien für die Auswertung von Informationen

Jeder kann im Internet veröffentlichen. Daher ist es wichtig einzuschätzen, ob eine Quelle verlässlich ist. Verlässliche Quellen sind beispielsweise staatliche Einrichtungen und Forschungsinstitute. Sie machen z. B. Angaben über die genutzten Quellen. → [1] Zur Sicherheit solltest du Informationen aus verschiedenen Quellen beziehen und vergleichen.

4. Treffer speichern Speichere geeignete Webadressen bei deinen Lesezeichen oder Favoriten ab. So kannst du die Webseiten schnell wieder aufrufen und als Quellen angeben.

Aufgaben

1 Wir nutzen heute vor allem das Internet, wenn wir Informationen suchen.
Gib weitere Quellen für die Recherche zu physikalischen Themen an. Beschreibe jeweils Vorteile und Nachteile der verschiedenen Quellen.

2 Führe eine Recherche zum Thema „Energieausweis" durch und nutze die Hinweise zur Suche und zur Auswertung.

Methode

Gute Präsentationen in Physik halten

Zu einer guten Präsentation gehört eine gute Vorbereitung. Man hört dir zu, wenn dein Publikum dich als kompetent einstuft und du deine Medien gut vorbereitet hast: geordnet, übersichtlich und ansprechend. Dein Engagement sollte zu erkennen sein. In der Physik sind gute Präsentationen nicht viel anders als in anderen Fächern – es gibt aber Besonderheiten. Hier findest du ein paar Tipps:

1. Inhalt Recherchiere gründlich zu deinem Thema: Du musst den Inhalt verstehen, den du präsentieren willst! Nutze verschiedene Quellen und verwende Fachbegriffe. Bist du bereit, sie auf Nachfrage zu erklären? Bei umfangreichen Themen hilft dir eine Gliederung, z. B. in Form einer Mindmap: In der Mitte steht das Thema. Äste mit Gliederungspunkten führen davon weg und können sich immer weiter in Zweige aufteilen. → 2 Dann gilt es, jeden Gliederungspunkt mit Inhalt zu füllen.

2. Vortrag und Körpersprache Übe den Vortrag ein, um Sicherheit zu bekommen. Sprich frei und lies nicht ab. Bilde kurze, verständliche Sätze. Erkläre die Fachbegriffe und übe, sie fehlerfrei auszusprechen. Stelle Blickkontakt zu allen Personen im Publikum her. Deine Hände sollten frei sein. Körpersprache macht eine Präsentation lebendig. Zeige z. B. bei einem Lernplakat mit einer Hand auf die Stelle, über die du gerade sprichst. Habe einen festen Stand. Wichtige Inhalte sollten in einer Zusammenfassung wiederholt werden.

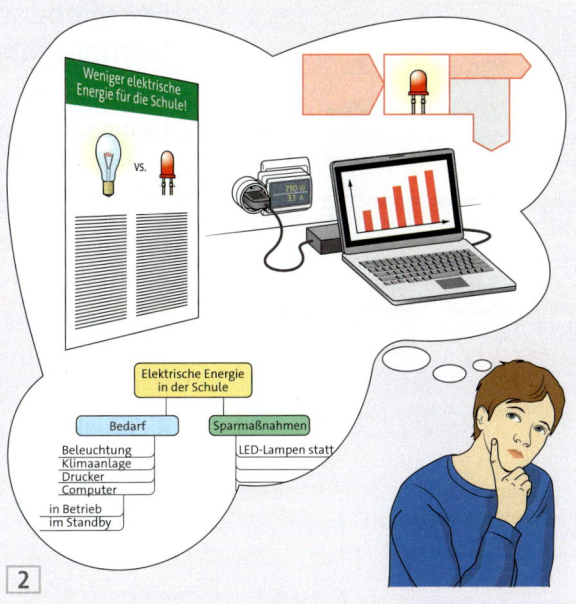

2

3. Medien Auf Lernplakate und Folien von Präsentationsprogrammen gehören nur Stichwörter – erklären sollst du. Schreibe groß und lesbar. Setze wenige Farben gezielt ein. Bilder lassen sich mit einer Dokumentenkamera vergrößert darstellen. In einer Physik-Präsentation kannst du mit Modellen erklären, wie Geräte funktionieren. Du kannst Versuche live durchführen oder vorab filmen und als Video in deine Präsentation einbauen. Ihre Ergebnisse und viele Zusammenhänge lassen sich übersichtlich in Diagrammen darstellen.

Aufgaben

1 ▣ Nenne Besonderheiten, die bei Präsentationen im Fach Physik auftreten können.

2 ▣ Halte eine gute Präsentation zum Thema „Weniger elektrische Energie für die Schule".

Wie teuer ist elektrische Energie?

Material E

Energieberatung (Lernaufgabe)

Denis und Luise planen ihre erste gemeinsame Wohnung. → 1 Sie möchten günstige und sparsame Haushaltsgeräte kaufen. Und sie suchen einen preiswerten Energieversorger. Um Informationen zu bekommen, wenden sie sich an dich – ihren Energieberater!

1 ▶ Ohne elektrische Energie funktionieren die Geräte nicht! Wähle zunächst einen günstigen Energieanbieter.
a Schätze ab, wie viel elektrische Energie Denis und Luise jährlich brauchen. → 2
b Zwei Energieversorger stehen in der engeren Wahl. → 3 Bestimme jeweils die Kosten für zwei Jahre. Wähle den günstigeren Anbieter.
c Viele Leute wechseln ihren Energieanbieter nach Ende der Vertragslaufzeit. Erkläre, welchen Preisvorteil das bringen kann.

2 Denis würde gerne LED-Lampen nehmen. Luise fragt sich, ob Energiesparlampen nicht günstiger wären. → 4
a ▶ Die „Lichtausbeute" gibt an, wie groß die Helligkeit einer Lampe pro Watt ist. Berechne die „Lichtausbeute" (in Lumen pro Watt) für beide Lampen. Vergleiche.
b ▶ Berechne, wie viel elektrische Energie beide Lampen bei einer Betriebsdauer von 15 000 h brauchen.
c ▶ Berechne für beide Lampen die gesamten Kosten für diese Betriebsdauer.
d ▶ Schlage Denis und Luise einen Lampentyp vor. Begründe deinen Vorschlag.

Personen im Haushalt (Mehrfamilienhaus)	1	2	3	4
Elektrische Energie pro Jahr in kWh	1500	2100	2600	3000

2 Durchschnittlicher Energiebedarf (ohne Warmwasserbereitung)

	MaxStrom	VollEnergie
Grundpreis (pro Monat)	7,64 €	7,28 €
Verbrauchspreis (je kWh) Neukunde im 1. Jahr	26,8 Cent	29,7 Cent
Verbrauchspreis (je kWh) ab 2. Jahr	34,8 Cent	29,7 Cent
Sofortbonus	25 €	5 €
Vertragslaufzeit	24 Monate	2 Jahre

3 Preisvergleich für zwei Energieanbieter

	Energiesparlampe	LED
Preis	4,99 €	5,99 €
Elektrische Leistung	23 W	7 W
Lebensdauer	10 000 h	15 000 h
Helligkeit	807 Lumen	806 Lumen

4 Vergleich zweier Lampentypen

3 Das Energielabel auf einem Elektrogerät zeigt u. a. an, wie viel elektrische Energie das Gerät benötigt. → 5
a ▣ Gib an, um welches Gerät es hier geht. → 5
b ▣ Denis schwankt zwischen zwei Geräten:
  • Gerät X hat die Energieeffizienzklasse D, braucht 57 kWh für 100 Waschzyklen und kostet 435 €.
  • Gerät Y hat die Energieeffizienzklasse F, braucht 83 kWh für 100 Waschzyklen und kostet 350 €.
  Berate Denis mit Hinblick auf den Energiebedarf und die Kosten. Gehe davon aus, dass die Maschinen 1000 Waschzyklen „schaffen".

4 Im Haushalt nutzt man elektrische Energie für viele Aufgaben. Der Energiebedarf ist unterschiedlich groß. → 6
a ▣ Stelle die Daten in einem Säulendiagramm dar. Ordne sie dabei nach dem Energiebedarf. Beginne mit dem Bereich, der am meisten Energie benötigt.

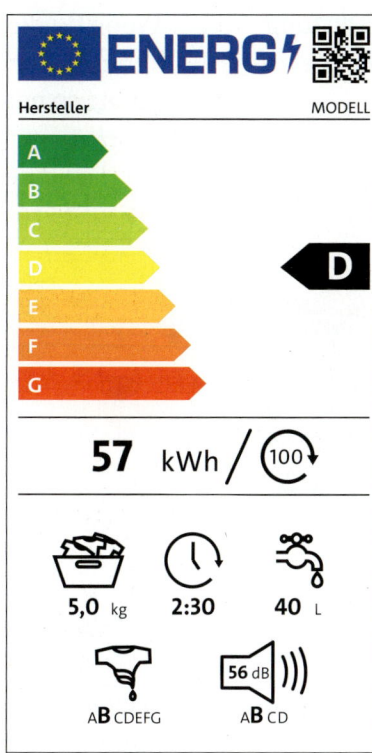

5 Energielabel eines Geräts

b ▣ Empfiehl Denis und Luise, in welchen Bereichen es sich besonders lohnt, den Energiebedarf zu überprüfen und zu senken.
c ▣ Formuliere Tipps, wie man den Energiebedarf von Elektrogeräten überprüfen kann (ohne dafür Versuche durchzuführen).

5 Denis und Luise sehen jeden Tag rund 3,0 h lang fern. Die restliche Tageszeit befindet sich ihr Fernseher im Stand-by-Betrieb.
a ▣ Berechne die jährlichen Energiekosten für das Fernsehen und den Stand-by-Betrieb. Gehe von folgenden Leistungsdaten aus:
  • Fernsehen: 400 W
  • Stand-by: 10 W
b ▣ Formuliere einen Tipp, wie man die Stand-by-Kosten sparen kann.

6 ▣ Bei Waschmaschinen, Backöfen und anderen Elektrogeräten kann man durch die richtige Handhabung Energie sparen. Recherchiere Tipps und Tricks im Internet. Sammle sie in einem Dokument und notiere jeweils auch die Energieersparnis.

7 ▣ Stelle für Luise und Denis eine Infomappe zusammen. Präsentiere darin deine Ergebnisse anschaulich und übersichtlich.

Bereich im Haushalt	Waschen Trocknen	Spülen	Licht	Informationstechnik TV und Audio	Kühlen Gefrieren	Kochen	Sonstiges
Elektrische Energie (Anteil am Gesamtbedarf)	13 %	7 %	9 %	27 %	17 %	11 %	16 %

6 So teilt sich der Bedarf an elektrischer Energie auf (Warmwasserbereitung nicht elektrisch).

Elektrische Leistung und Energie

Zusammenfassung

Elektrische Leistung • Die elektrische Leistung gibt an, wie viel elektrische Energie ein elektrisches Gerät pro Sekunde umwandelt: → 1 2

Leistung = $\frac{\text{Energie}}{\text{Zeit}}$; $P = \frac{E}{t}$.

Die Einheit der Leistung ist 1 Watt (1 W): $1\,W = 1\,\frac{J}{s}$.

Wenn du die Spannung U und die Stromstärke I kennst, kannst du die Leistung P eines Elektrogeräts so berechnen:
$P = U \cdot I$.
Für die Einheit 1 Watt gilt:
$1\,W = 1\,V \cdot 1\,A = 1\,VA$.

Haushaltswasserkocher
Leistung: 2300 Watt
1,5 min
elektrische Energie pro Sekunde: $2300\,\frac{J}{s}$

1

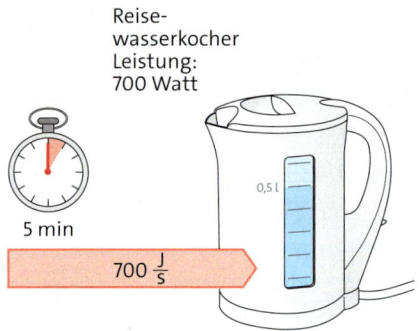

Reisewasserkocher
Leistung: 700 Watt
5 min
$700\,\frac{J}{s}$

2

Wie teuer ist elektrische Energie? • Ein Elektrogerät wandelt umso mehr elektrische Energie E um, je höher seine Leistung P und je länger die Einschaltzeit t ist. → 3 4

Energie = Leistung mal Zeit
$E = P \cdot t$ → 5

Die elektrische Energie wird oft in Kilowattstunden (kWh) angegeben. Es gilt:
$1\,kWh = 3,6\,MJ$.
Elektrische Energie kostet rund 0,40 € pro kWh.

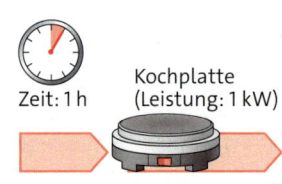

Zeit: 1 h — Kochplatte (Leistung: 1 kW)
Zeit: 1 h — Kochplatte (Leistung: 1 kW)

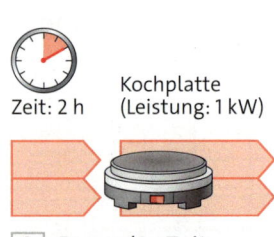

Zeit: 2 h — Kochplatte (Leistung: 1 kW)

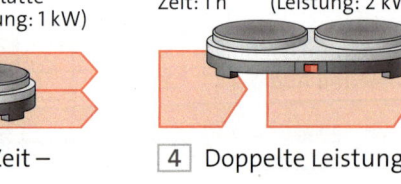

Zeit: 1 h — Kochplatte (Leistung: 2 kW)

3 Doppelte Zeit — doppelte Energie

4 Doppelte Leistung — doppelte Energie

> Ein Bügeleisen mit einer Leistung von 800 W wird 30 min lang benutzt.
> Berechne die umgewandelte elektrische Energie und die Kosten dafür.
>
> Umrechnungen:
> $800\,W = 0,8\,kW$; $30\,min = 0,5\,h$
> Elektrische Energie:
> $E = P \cdot t$
> $E = 0,8\,kW \cdot 0,5\,h = 0,4\,kWh$
> Energiekosten:
> $0,4\,kWh \cdot 0,40\,\frac{€}{kWh} = 0,16\,€$

5 Elektrische Energie und Kosten berechnen

Teste dich! (Lösungen auf Seite 168)

Elektrische Leistung

1. ☒ Beim Kauf eines Bügeleisens musst du dich zwischen einem Gerät mit 1000 W und einem mit 3000 W entscheiden. Begründe deine Entscheidung. Gehe dabei auf die „Wattzahl" ein.

2. ☒ Berechne:
   a Leistung einer Taschenlampe (4,5 V; 0,3 A)
   b Stromstärke in einer Glühlampe (6 V; 2,4 W)
   c Spannung an einer Lampe (2,4 W; 400 mA)

Wie teuer ist elektrische Energie?

3. Das Energielabel zeigt, wie viel elektrische Energie das Haushaltsgerät benötigt. → 6
   a ☒ Gib den Gerätetyp an.
   b ☒ Berechne die jährlichen Energiekosten. Gehe von 250 Einsätzen pro Jahr aus.
   c ☒ „A ist viel günstiger als D." Erkläre, was damit gemeint ist.

4. So viel elektrische Energie brauchen die Geräte in diesem Haushalt im Jahr. → 7
   a ☒ Berechne für jedes Gerät die jährlichen „Stromkosten". Gehe davon aus, dass 1 kWh elektrische Energie 0,40 € kostet.
   b ☒ Berechne die jährlichen „Stromkosten" für einen LED-Fernseher. Er hat eine Leistung von 120 W und läuft an 300 Tagen im Jahr durchschnittlich 5 h lang.
   c ☒ In der WG von Antonia sind die Lautsprecher jeden Tag im Durchschnitt 3 h lang in Betrieb. Den Rest der Zeit „wartet" die Anlage im Stand-by. Dabei beträgt ihre Leistung 10 W. Bewerte den Stand-by-Betrieb. Berechne dazu auch die „Stromkosten", die jährlich im Stand-by-Betrieb anfallen.

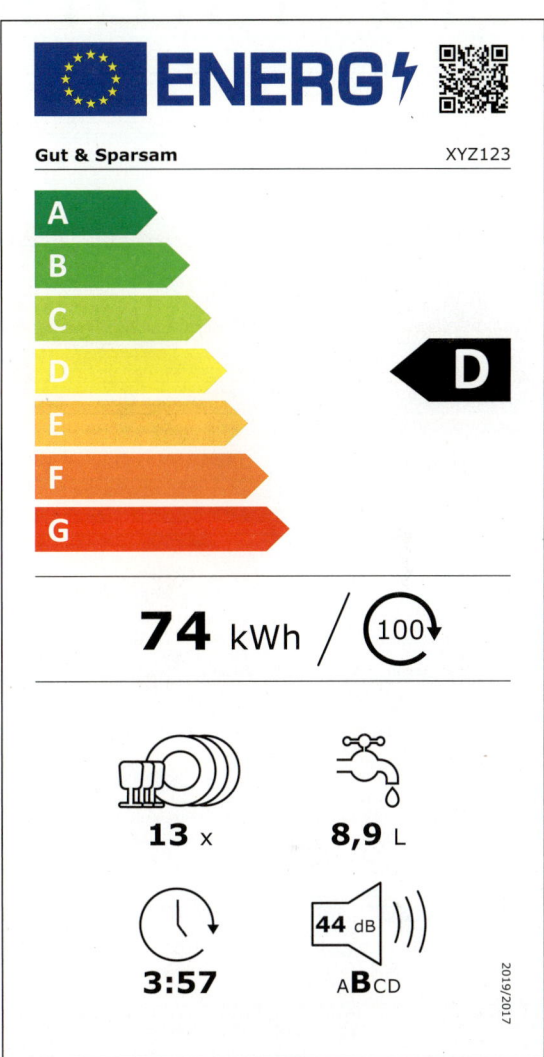

6 Energielabel eines Haushaltsgeräts

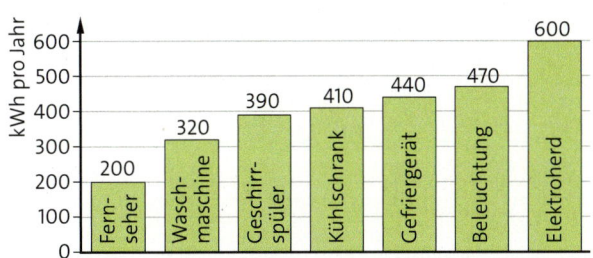

7 Elektrische Energie für einen 4-Personen-Haushalt

Elektrischer Widerstand

Bei eingeschaltetem Strom wird der Draht glühend heiß, sodass er hell leuchtet. Wie lässt sich seine Erwärmung erklären?

Das Erdkabel zur Elektrizitätsversorgung enthält viel teures Kupfer. Warum verwendet man keine billigeren Eisendrähte?

Dieses Fieberthermometer misst die Temperatur mithilfe des elektrischen Widerstands. Ein kleines Bauteil ist dafür verantwortlich. Wie funktioniert es?

Elektronenstrom mit Hindernissen

1 2 Durch welchen „Wald" könntest du schneller laufen?

Material zur Erarbeitung: A

Zwischen den Apfelbäumen kommt man leicht voran. Der Wald aus Bambus ist dagegen voller Hindernisse. In Drähten ist es ähnlich.

Drähte leiten unterschiedlich gut • Die gleiche Lampe leuchtet im Stromkreis mit dem Kupferdraht heller als im Stromkreis mit dem Konstantandraht. → 3 4 Die Stromstärke ist im Kupferdraht größer als im Konstantandraht. Der Kupferdraht leitet besser.

> Drähte lassen den Elektronenstrom nicht ungehindert durch. Je schlechter ein Draht leitet, desto größer ist sein elektrischen Widerstand.

Erklärung im Modell • Wir stellen uns vor, dass die positiven Teilchen im Kupferdraht in Reihen stehen wie die Apfelbäume in der Obstplantage. → 5 Die negativen Elektronen können relativ schnell durch den Kupferdraht strömen. Sie stoßen selten gegen positive Teilchen. Die Stromstärke ist groß. Im Konstantandraht sind die positiven Teilchen dagegen nicht in Reihen angeordnet. → 6 Die Elektronen stoßen oft an und kommen deshalb nur langsam voran. Die Stromstärke ist gering.

Widerstand als physikalische Größe • Das Formelzeichen für den Widerstand ist R (engl. resistance). Die Einheit ist 1 Ohm (1 Ω). Große Widerstände geben wir in Kiloohm (kΩ) an: 1000 Ω = 1 kΩ. Vielfachmessgeräte können Stromstärke, Spannung und Widerstand messen.

Erwärmung • Bei eingeschaltetem Strom steigt die Temperatur der Drähte. Durch die Stöße der Elektronen geraten die positiven Teilchen an ihren Plätzen stärker in Bewegung. Aus dem Chemieunterricht weißt du, dass eine schnellere Teilchenbewegung eine höhere Temperatur bedeutet.

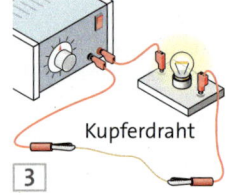
3 Kupferdraht

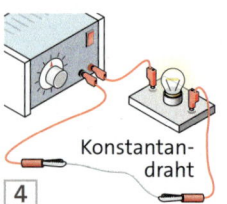
4 Konstantandraht

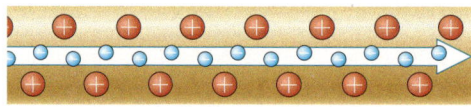
5 Kupferdraht (Modellvorstellung)

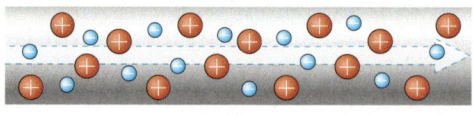
6 Konstantandraht (Modellvorstellung)

Aufgaben

1 Ergänze: „Je besser ein Draht leitet, desto ◇ ist sein Widerstand."

2 Nenne den Draht mit dem größeren Widerstand. → 5 6 Begründe.

Elektrischer Widerstand

der Widerstand
das Ohm (Ω)

Material A

Stromstärke bei verschiedenen Drähten

Materialliste: Glühlampe („4V; 1A" oder „6V; 0,6A"), Netzgerät (4V oder 6V), Drähte aus Kupfer, Eisen, Konstantan (jeweils 0,2 mm dick und 0,5 m lang), Messgerät (Stromstärke), 2 Tonnenfüße, 2 Isolatoren

1 ▶ Die Lampe wird über die verschiedenen Drähte angeschlossen. → 7 Leuchtet sie immer gleich hell?

a Schließe die Lampe direkt an das Netzgerät an. Beschreibe, wie hell sie leuchtet.
b Gleich sollen die Drähte in den Stromkreis eingebaut werden. Wird sich die Helligkeit der Lampe verändern? Schreibe deine Vermutung auf.
c Baue die Drähte nacheinander in den Stromkreis ein. Beobachte und vergleiche jeweils, wie hell die Lampe leuchtet. Vergleiche auch mit deiner Vermutung.

2 ▶ Baue das Messgerät in den Stromkreis ein.
a Miss bei den drei Drähten jeweils die Stromstärke. Notiere die Messwerte. → 8
b Gib an, welcher Draht den größten Strom zulässt und welcher den kleinsten.
c Der Widerstand eines Drahts ist groß, wenn der Draht nur einen kleinen Strom zulässt. Ordne den Drähten einen Widerstand zu: groß, mittel, klein. Ergänze die Tabelle.

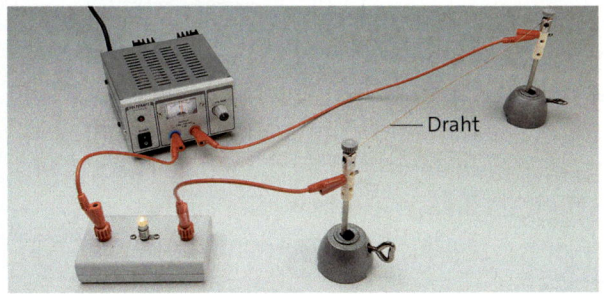

7 Die Glühlampe zeigt die Stromstärke an.

	Stromstärke	Widerstand
Kupferdraht	? mA	?
Eisendraht	? mA	?
Konstantandraht	? mA	?

8 Stromstärke und Widerstand der Drähte (Beispiel)

Achtung • Blanke Drähte nicht berühren, solange sie Teil des Stromkreises sind.

Material B

Drähte und Stromstärke

Draht aus:	Stromstärke
Kupfer	3,64 A
Eisen	0,63 A
Konstantan	0,12 A

9 Gleiche Spannung – verschiedene Stromstärken

1 ▶ Im Versuch werden gleich lange und dicke Drähte aus verschiedenen Stoffen an ein Netzgerät angeschlossen. Bei gleicher Spannung misst man unterschiedliche Stromstärken. → 9
a Sortiere die Drähte nach ihrem Widerstand. Beginne mit dem größten Widerstand.
b Ergänze:
• Der Draht mit der größten Stromstärke hat den ◇ Widerstand.
• Der Draht mit dem größten Widerstand lässt den ◇ Strom zu.

151

Wovon hängt der Widerstand ab?

1 Die Glühlampe wird abgedunkelt – mit einer Flamme!

Materialien zur Erarbeitung: A–B

Der Draht wird heiß – die Lampe wird dunkel. Der Widerstand des Drahts hat sich verändert. Wovon hängt er ab?

Temperatur • Je wärmer ein Draht ist, desto größer ist meist sein Widerstand. → 2 Wir erklären dieses Verhalten mit dem Teilchenmodell: Bei steigender Temperatur bewegen sich die positiven Teilchen im Draht stärker an ihren Plätzen hin und her, sodass die strömenden negativen Elektronen häufiger gegen sie stoßen. Stelle dir vor, dass dein Gegenspieler beim Fußball nicht nur dasteht, sondern sich rasch hin- und herbewegt. Dann wird es schwerer, an ihm vorbeizukommen. Nur bei Konstantan hängt der Widerstand nicht von der Temperatur ab.

Länge • Je länger ein Draht ist, desto größer ist sein Widerstand. → 2 Die Elektronen stoßen auf ihrem Weg durch den langen Draht viel häufiger gegen positive Teilchen als im kurzen Draht.

Dicke • Je dünner ein Draht ist, desto größer ist sein Widerstand. → 2 Im dünnen Draht haben die Elektronen nur wenig Platz, um gleichzeitig durchzukommen.

Material • Kupfer hat nur einen geringen Widerstand. Deshalb benutzt man es oft für elektrische Leitungen. Die meisten anderen Metalle haben einen größeren Widerstand. → 3 Kunststoffe und andere Isolatoren haben einen besonders hohen Widerstand. Das liegt aber nicht daran, dass die positiven Teilchen in den Isolatoren besonders unregelmäßig verteilt sind. In ihnen gibt es so wenige Elektronen, die sich frei bewegen können, dass kaum ein Elektronenstrom möglich ist.

> Der Widerstand eines Drahts hängt vom Material ab.
> Der Widerstand ist umso größer:
> • je länger der Draht ist.
> • je dünner der Draht ist.
> • je höher die Temperatur ist.

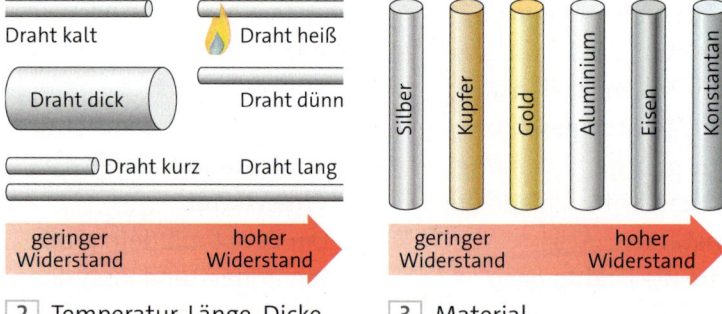

2 Temperatur, Länge, Dicke   3 Material

Aufgabe

1 ▸ Bilde Sätze zu Bild 2 nach folgendem Muster: „Je länger der Draht ist, desto ◇ ist sein Widerstand und desto ◇ leitet der Draht."

Elektrischer Widerstand

Material A

Widerstand beim Erwärmen und Abkühlen

Materialliste: Drähte aus Eisen und Konstantan (jeweils 0,5 m lang, 0,2 mm dick), Bleistiftmine, Messgerät (Widerstand), 2 Tonnenfüße, 2 Isolatoren, Föhn, Eisspray oder Kühlpack

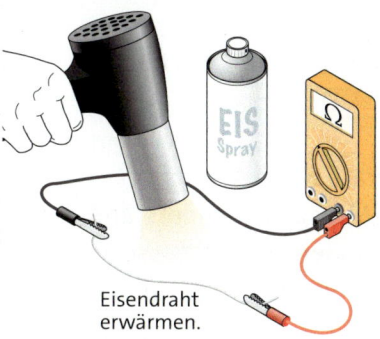

4 Ändert sich der Widerstand?

1 Wie verändert sich der Widerstand von Gegenständen, wenn sie erwärmt oder abgekühlt werden?
a ▣ Miss nacheinander den Widerstand der Drähte und der Bleistiftmine. → 4
Lege eine Tabelle an. → 5
Notiere die Messwerte unter „bei Raumtemperatur".
b ▣ Erwärme mit dem Föhn. Miss den Widerstand der Drähte und der Mine. Trage in die Tabelle ein, wie sich der Widerstand verändert: wird größer, wird kleiner, bleibt gleich.
c ▣ Kühle mit dem Eisspray. Miss wieder den Widerstand. Ergänze die Tabelle.
d ▣ Vergleiche, wie sich der Widerstand der Gegenstände beim Erwärmen und beim Abkühlen verhält.

Gegenstand	Widerstand		
	bei Raumtemperatur	bei Erwärmung	bei Abkühlung
Eisendraht	? Ω	?	?
Konstantandraht	? Ω	?	?
Bleistiftmine	? Ω	?	?

5 Beispieltabelle

Material B

Widerstand – Länge und Dicke von Drähten

Materialliste: Netzgerät (6 V), Eisendrähte (1 m lang, verschieden dick), 2 Tonnenfüße, 2 Isolatoren, Messgerät (Widerstand)

1 ▣ Untersuche, wie der Widerstand eines Drahts von seiner Länge abhängt.
a Plane den Versuch. Lies vorher die Methode „Versuche planen" auf der nächsten Doppelseite.
b Lass die Planung von deiner Lehrkraft überprüfen. Wenn deine Planung in Ordnung ist, kannst du den Versuch durchführen.
c Beschreibe, ob der Versuch deine Vermutung bestätigt.

2 ▣ Untersuche ebenso, wie der Widerstand eines Drahts von seiner Dicke abhängt.

Material C

Heizdraht

1 Der Toaster ist eingeschaltet, der Draht wird heiß. → 6
a ▣ Gib an, wie sich der Widerstand des Drahts ändert.
b ▣ Erkläre mit einem Modell, warum der Draht heiß wird.

6 Glühender Heizdraht

Wovon hängt der Widerstand ab?

Methode

Versuche planen

„Wovon hängt der Widerstand eines Drahts ab?" Solche Fragen werden in der Physik oft gestellt. Der erste Schritt auf dem Weg zur Antwort ist eine Vermutung: „Der elektrische Widerstand eines Drahts hängt vom Material, von der Länge, der Dicke und der Temperatur ab."
Die Vermutung muss überprüft werden. Das geschieht mit einem Versuch. Er muss gut geplant sein:

1. Vermutung genau aufschreiben Beschränke dich auf nur einen Zusammenhang. Beispiel: „Je länger ein Draht ist, desto größer ist sein elektrischer Widerstand."

2. Versuchsidee und -skizze Jetzt brauchst du eine Idee, wie du den Zusammenhang untersuchen kannst. Zeichne sie als Skizze auf. Gib die benötigten Materialien und Messgeräte an. Die Skizze hilft dir, den Versuchsablauf zu verstehen und den Versuch richtig aufzubauen. → [1]

3. Durchführung planen Beschreibe genau, wie der Versuch durchgeführt werden soll. Verändere nur eine der physikalischen Größen!
Die folgenden Fragen können dir bei der Planung helfen:
- Welche Größen werden gemessen?
  Beispiel: Länge des Drahts, Widerstand
- Welche Größe wird verändert?
  Beispiel: Länge des Drahts
- Welche Größen müssen gleich bleiben?
  Beispiel: Material, Dicke und Temperatur des Drahts
- Welche Messgeräte werden benutzt?
  Beispiel: Lineal, Messgerät (Widerstand)
- In welchen Abständen wird gemessen?
  Beispiel: Widerstand bei 5 cm, 10 cm, 15 cm … Drahtlänge messen
- Wie groß sind die Messbereiche?
  Beispiel: Der Draht ist 50 cm lang. Beim Messgerät (Widerstand) wird zunächst der größte Messbereich eingestellt.

4. Aufgaben verteilen Wenn ihr den Versuch in einer Gruppe durchführt, müsst ihr euch vorher absprechen:
- Wer besorgt das Material?
- Wer baut den Versuch auf (und wieder ab)?
- Wer misst?
- Wer schreibt das Protokoll?

Nun ist die Planung abgeschlossen. Der Versuch kann beginnen.

Materialliste:
- *2 Tonnenfüße mit Isolatoren*
- *langer Eisendraht (30 cm)*
- *schwarzes Kabel mit Stecker*
- *rotes Kabel mit Krokodilklemme*
- *Messgerät (Ohm)*
- *Lineal*

[1] Versuchsskizze: Länge und Widerstand des Drahts

Aufgaben

1 Merles Planung für einen Versuch ist nicht vollständig. → [2]
a Beschreibe, was in der Skizze fehlt.
b In der Durchführung ist eine Angabe überflüssig. Nenne sie.
c Vervollständige die Skizze und die Durchführung im Heft.

2 Michael kann aus seinen Messwerten nicht ablesen, ob seine Vermutung stimmt. → [3]
a Beschreibe, was Michael ändern muss, damit er seine Vermutung überprüfen kann.
b Teile Michaels Vermutung in zwei auf.
c Plane einen Versuch, um eine dieser Vermutungen zu überprüfen.

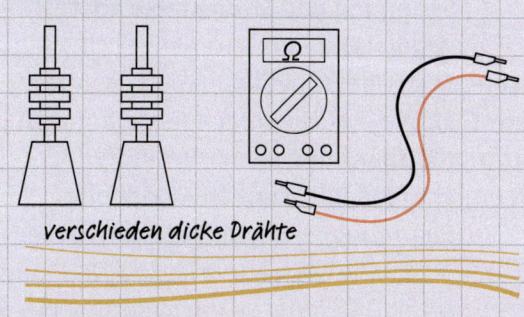

Vermutung: Je dicker der Draht ist, desto kleiner ist sein Widerstand.
Versuchsskizze:

verschieden dicke Drähte

Durchführung: Ich spanne erst einmal den dünnsten Draht zwischen den Isolatoren ein. Beim Widerstandsmessgerät stelle ich den größten Messbereich ein. Dann schalte ich das Messgerät ein. Ich messe den Widerstand des Drahts. Wenn der Messwert sehr klein ist, schalte ich auf den nächstkleineren Messbereich um. Ich notiere den Messwert.
Dann ...

[2] Merles Versuchsplanung

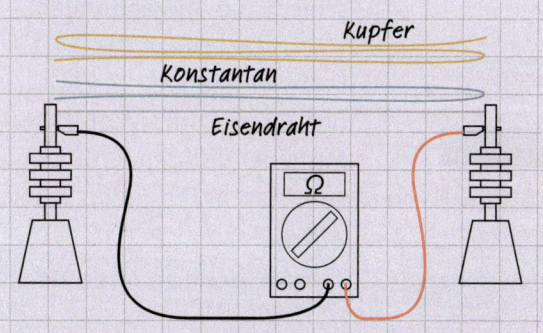

Vermutung: Der Widerstand eines Drahts hängt von der Länge und vom Material ab.
Versuchsskizze:

Kupfer
Konstantan
Eisendraht

Durchführung: Ich messe den Widerstand bei verschieden langen Drähten aus unterschiedlichen Materialien.
Messwerte:

Messung	Länge	Material	Widerstand
1	1 m	Eisen	2 Ohm
2	2 m	Konstantan	8 Ohm
3	3 m	Kupfer	2 Ohm

[3] Michaels Versuch

Widerstand, Spannung und Stromstärke

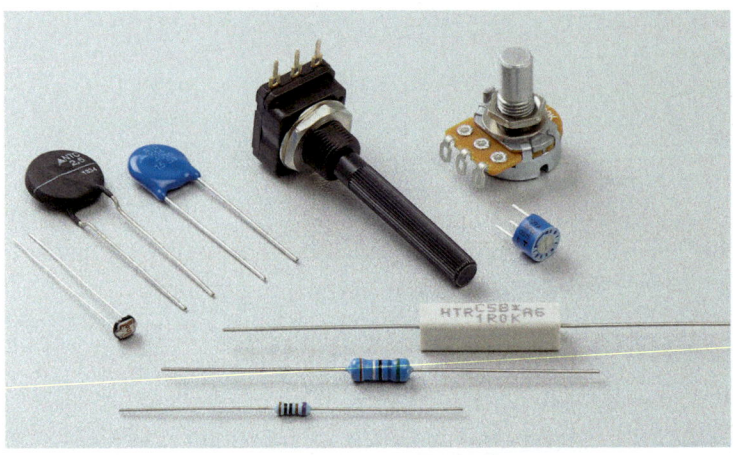

1 Viele Widerstandsbauteile mit verschiedenen Eigenschaften

Material zur Erarbeitung: A

Als Widerstand bezeichnet man nicht nur eine physikalische Größe, sondern auch bestimmte Bauteile für elektrische Schaltungen. Es gibt sie für viele unterschiedliche Anwendungen.

Schaltzeichen:

2 Festwiderstand

Festwiderstände • Ihr Widerstandswert (in Ω) bleibt immer „fest". Sie bestehen aus einer dünnen leitenden Schicht auf einem nicht leitenden Stäbchen. → 2

Fotowiderstand (LDR)	Heißleiterwiderstand (NTC)	Kaltleiterwiderstand (PTC)
Beleuchtung nimmt zu. → Widerstandswert nimmt ab. Lichtempfindlich ist eine dünne Schicht aus Blei- oder Cadmiumsulfid.	Temperatur nimmt zu. → Widerstandswert nimmt ab. Der griechische Buchstabe ϑ (Theta) steht für Temperatur.	Temperatur nimmt zu. → Widerstandswert nimmt zu.

3 Veränderliche Widerstände

Veränderliche Widerstände • Ihr Widerstandswert (in Ω) verändert sich z. B. mit der Helligkeit:
- Der Widerstandswert von Fotowiderständen sinkt, wenn es heller wird. Man spricht auch von LDRs (engl. light dependent resistor). → 3
- Der Widerstandswert von Heißleitern sinkt, wenn die Temperatur steigt. Man spricht von NTC-Widerständen (engl. negative temperature coefficient). → 3
- Der Widerstandswert von Kaltleitern steigt, wenn die Temperatur steigt. Man spricht von PTC-Widerständen (engl. positive temperature coefficient). → 3

Spannung und Stromstärke am Festwiderstand • Im Stromkreis mit einem Festwiderstand kann man die Stromstärke einfach berechnen, wenn man die Spannung kennt. Bei Festwiderständen gilt nämlich: „Doppelte Spannung → doppelte Stromstärke."
→ 4 Die Messkurve im U-I-Diagramm ist eine Gerade, die im Ursprung beginnt. Die Stromstärke ist direkt proportional zur Spannung. Dieser Zusammenhang heißt Ohmsches Gesetz:

> Für einen Leiter gilt das Ohmsche Gesetz, wenn die Stromstärke direkt proportional zur Spannung ist.

Der deutsche Physiker Georg Simon Ohm (1789–1854) führte wichtige Forschungen zur Elektrizität durch. Er entdeckte den Zusammenhang $I \sim U$ bei Drähten mit konstanter Temperatur.

der Widerstand
das Ohmsche Gesetz
die Kennlinie
der Festwiderstand

Die Messkurve im Diagramm bezeichnet man auch als *U-I*-Kennlinie. → 4 Wenn man die angelegte Spannung am Festwiderstand durch die gemessene Stromstärke teilt, ergibt sich für jedes Wertepaar dasselbe Ergebnis:

$\frac{U}{I} = 1000\,\frac{V}{A}$.

Misst man den Widerstandswert des Bauteils mit dem Vielfachmessgerät, erhält man denselben Zahlenwert: $R = 1000\,\Omega$.
Das ist kein Zufall, denn der elektrische Widerstand eines Bauteils ist messtechnisch so festgelegt:

Widerstand = $\frac{\text{Spannung}}{\text{Stromstärke}}$

$R = \frac{U}{I}$

Für die Einheit des Widerstands gilt:
$1\,\Omega = 1\,\frac{V}{A}$.

Bei einem Festwiderstand ist der Quotient $R = \frac{U}{I}$ unabhängig von der Stromstärke, Temperatur oder Helligkeit immer (nahezu) gleich groß.

Spannung und Stromstärke an der Glühlampe • Wenn man die Spannung an einer Glühlampe erhöht, beginnt die Lampe zu leuchten und wird immer heller. Auch hier gilt: Je größer die Spannung ist, desto größer ist die Stromstärke. → 5 Es gilt aber nicht mehr „doppelte Spannung → doppelte Stromstärke". Die Stromstärke wächst mit zunehmender Spannung immer langsamer an. Die Kennlinie wird immer flacher. Die Stromstärke ist nicht direkt proportional zur Spannung.

U in V	1,0	2,0	4,0	6,0
I in mA	1,0	2,0	4,0	6,0

U in V	1,0	2,0	4,0	6,0
I in A	0,1	0,2	0,3	0,4

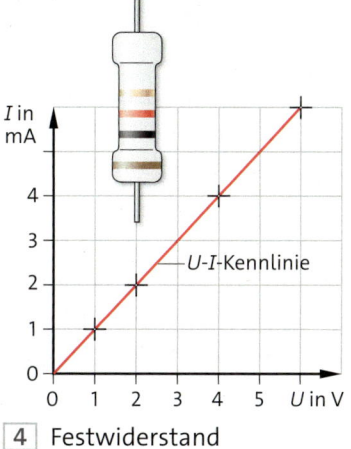

4 Festwiderstand

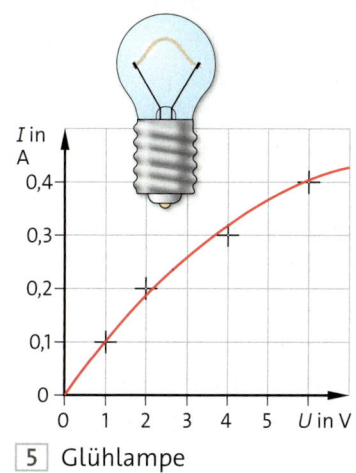

5 Glühlampe

Aufgaben

1 ▸ Nenne zwei verschiedene Arten von Widerständen.

2 ▸ Vergleiche die Funktion von zwei verschiedenen Widerstandsbauteilen miteinander.

3 ▸ Am Festwiderstand liegt eine Spannung von 10 V. → 4 Berechne die Stromstärke.

4 ▸ Berechne den Widerstandswert der Glühlampe bei den vier Messungen. → 5 Beschreibe, wie er sich mit zunehmender Stromstärke verändert.

5 ▸ Gib für Heißleiter und Kaltleiter an, wie sich der Widerstandswert bei sinkender und steigender Temperatur verändert. → 3

Widerstand, Spannung und Stromstärke

Material A

Spannung und Stromstärke

Wenn die Spannung an einem Draht erhöht wird, steigt auch die Stromstärke. Überprüfe, ob dabei der folgende Zusammenhang gilt:
- Doppelte Spannung → doppelte Stromstärke.
- Dreifache Spannung → dreifache Stromstärke.

Materialliste: Netzgerät (6 V), Drähte aus Eisen und Konstantan (jeweils 0,5 m lang und 0,2 mm dick), Bleistiftmine, 2 Tonnenfüße, 2 Isolatoren, 2 Messgeräte (Stromstärke, Spannung)

Achtung • Blanke Drähte und die Bleistiftmine nicht berühren, solange sie Teil des Stromkreises sind.

1 ☒ Spanne den Eisendraht in die Schaltung ein. → 1
a Erhöhe am Netzgerät die Spannung in 1-Volt-Schritten von 0 V auf 6 V. Miss jeweils U und I am Draht. Notiere die Messwerte in einer Tabelle.
b Trage die Messwerte in ein Diagramm ein (waagerechte Achse U, senkrechte Achse I).
c Gib an, ob der Zusammenhang für den Eisendraht gilt.
d Wiederhole den Versuch:
   - mit dem Konstantandraht
   - mit der Bleistiftmine

2 ☒ Durch das Spannungsmessgerät fließt ein kleiner Strom am Eisendraht vorbei.
a Vergleiche die Stromstärke im Draht und die gemessene Stromstärke.
b Vergleiche den Widerstand des Drahts und den berechneten Widerstand $R = \frac{U}{I}$.

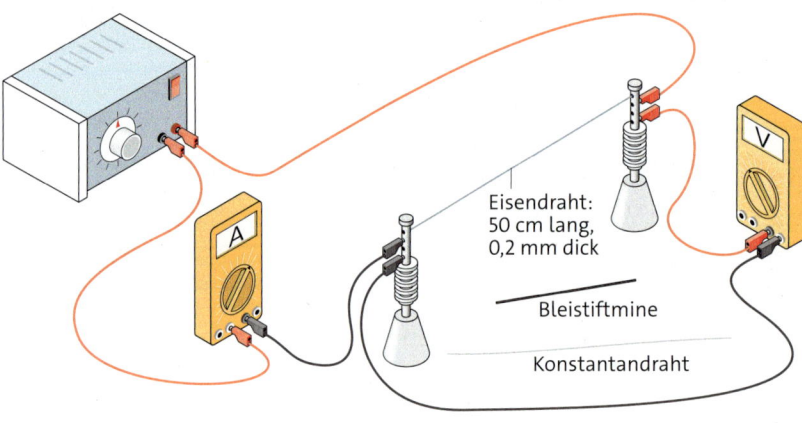

1 Spannung und Stromstärke am Draht messen

Material B

R, U und I berechnen

Festwiderstand	A	B	C
U in V	12	?	1,5
I in A	0,18	1,28	?
R in Ω	?	180	1000

2 Messwerte

1 Die Tabelle ist lückenhaft. → 2 Berechne:
a ☒ den Widerstandswert von Festwiderstand A
b ☒ die Spannung am Festwiderstand B
Tipp: Löse $R = \frac{U}{I}$ nach U auf. Du kannst auch das Hilfsdreieck benutzen. → 3
c ☒ die Stromstärke im Festwiderstand C
Tipp: Löse $R = \frac{U}{I}$ nach I auf.

3 Decke die gesuchte Größe ab.

Material C

Messungen an technischen Widerständen

Materialliste: Messgerät (Widerstand), verschiedene Festwiderstände, Fotowiderstand (LDR), Heißleiter (NTC), Kaltleiter (PTC), Kabel mit Krokodilklemmen, Föhn

1 ⊠ Festwiderstände
a Miss und notiere den Widerstandswert der einzelnen Festwiderstände.
b Erwärme einen Festwiderstand mit dem Föhn. → ⟨4⟩ Miss dabei mehrmals den Widerstandswert. Vergleiche mit dem Wert des kalten Festwiderstands.

2 Fotowiderstand (LDR)
a Miss den Widerstandswert:
 • LDR beleuchtet
 • LDR abgedunkelt
b ⊠ Gib an, ob der Widerstandswert im Hellen oder im Dunkeln größer ist.
c ⊠ Überlege und beschreibe, wozu man den Fotowiderstand verwenden könnte.

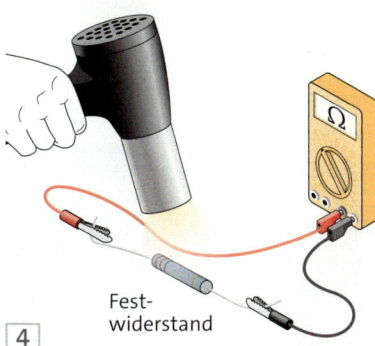
Festwiderstand
⟨4⟩

3 Heißleiter (NTC)
a Miss den Widerstandswert:
 • NTC bei Raumtemperatur
 • NTC bei höherer Temperatur (mit Föhn erwärmen)
b ⊠ Gib an, wie sich der Widerstandswert beim Erwärmen verändert.
c ⊠ Überlege und beschreibe, wozu man den Heißleiter verwenden könnte. Finde mehrere Möglichkeiten.

4 Kaltleiter (PTC)
a Führe den Versuch und die Messung wie beim Heißleiter durch.
b ⊠ Überlege und beschreibe, wozu man den Kaltleiter verwenden könnte.

Material D

Gesamtwiderstand

Zwei Festwiderstände werden unterschiedlich zusammen-

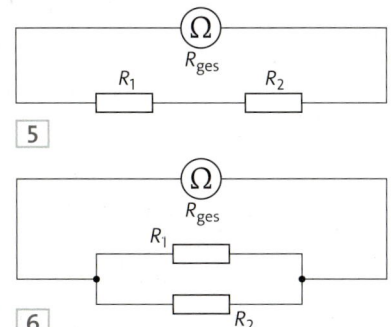

geschaltet. → ⟨5⟩ ⟨6⟩ Wie groß ist ihr Gesamtwiderstand R_{ges}?

Materialliste: 2 verschiedene Festwiderstände (z. B. R_1 = 150 Ω, R_2 = 300 Ω), Messgerät (Widerstand), Kabel mit Krokodilklemmen

1 Reihenschaltung
a ⊠ Miss und notiere den Gesamtwiderstand R_{ges}. → ⟨5⟩
b ⊠ Ergänze: „Bei der Reihenschaltung ist der Gesamtwiderstand ⟨?⟩ als jeder Einzelwiderstand."
c ⊠ Gib einen mathematischen Zusammenhang zwischen den drei Widerstandswerten an.

2 Parallelschaltung
a ⊠ Miss und notiere den Gesamtwiderstand R_{ges}. → ⟨6⟩
b ⊠ Ergänze: „Bei der Parallelschaltung ist der Gesamtwiderstand ⟨?⟩ als jeder Einzelwiderstand."

Widerstand, Spannung und Stromstärke

Erweitern und Vertiefen

Technische Widerstände als Sensoren

Elektronisches Thermometer • Dieses Fieberthermometer hat in seiner Spitze einen kleinen Heißleiter (NTC). ▶ 1 Je höher die Temperatur ist, desto niedriger ist sein Widerstandswert.
▶ 2 Ein kleiner Computer rechnet den gemessenen Widerstandswert mithilfe der Kennlinie des Heißleiters in Grad Celsius um. Das Display des Thermometers zeigt diesen Wert an. Mit 39,5 °C hat das Kind hohes Fieber.

Heizungsanlage • An der Nordwand dieses Hauses ist ein Kaltleiter (PTC) angebracht. ▶ 3 Je höher die Temperatur draußen ist, desto höher ist sein Widerstandswert. ▶ 4 Der Messwert wird an den Heizkessel gemeldet. Ein Computer rechnet den Wert mithilfe der Kennlinie des Kaltleiters in °C um. Wenn es draußen kälter als 0 °C ist, wird das Wasser im Kessel auf 60 °C aufgeheizt. Bei 10 °C Außentemperatur wird das Wasser nur auf 40 °C erwärmt. Ab 20 °C Außentemperatur wird nicht mehr geheizt.

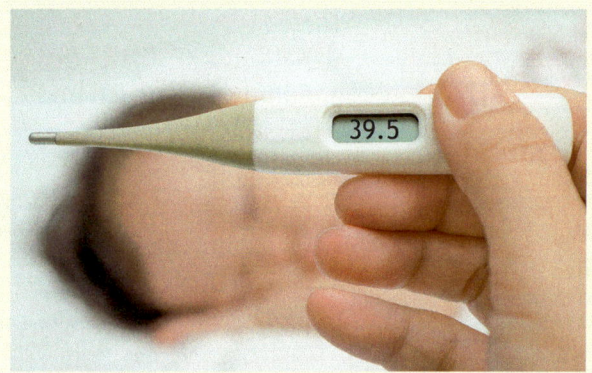

1 Elektronisches Thermometer

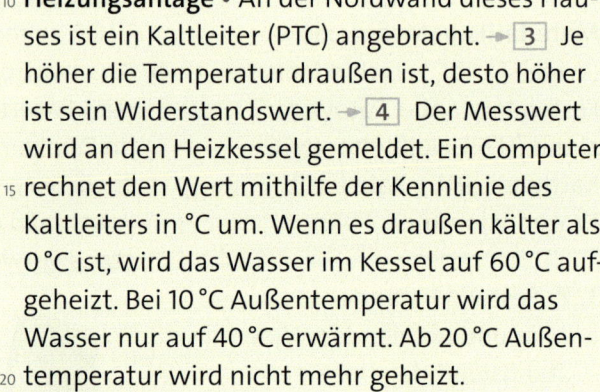

3 Temperaturfühler am Haus

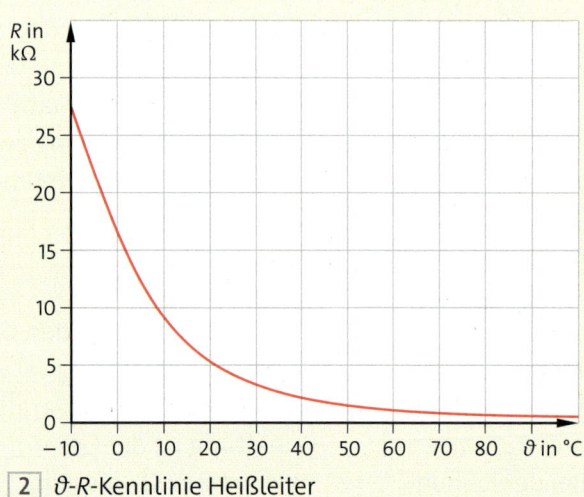

2 ϑ-R-Kennlinie Heißleiter

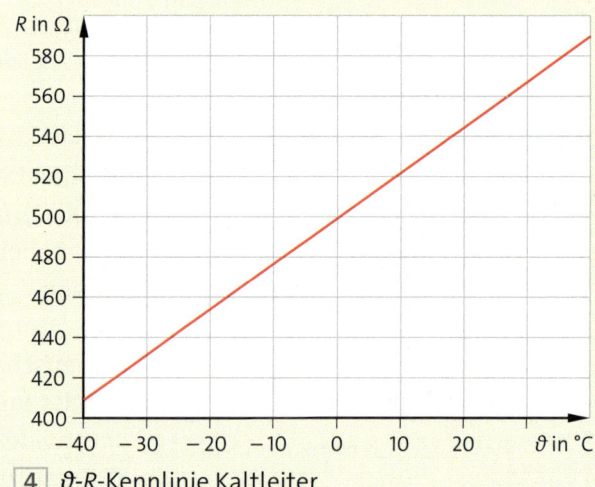

4 ϑ-R-Kennlinie Kaltleiter

Beleuchtung • Viele Straßenlaternen, Leuchten im Garten oder Scheinwerfer an modernen Fahrrädern gehen automatisch an, wenn es dunkel wird. Sie nutzen einen Fotowiderstand (LDR). → 5
Der Widerstandswert des Bauteils wird ständig gemessen. Je dunkler es draußen ist, desto höher ist der Messwert. → 6 Ein kleiner Computer schaltet die Beleuchtung automatisch ein, wenn ein bestimmter Widerstandswert überschritten wird.

5 Sensor einer Solarleuchte im Garten

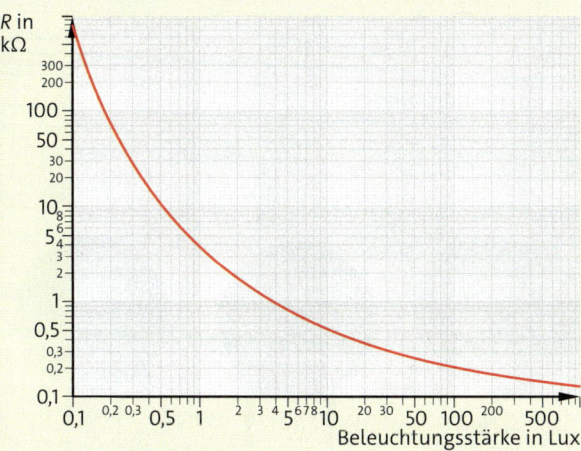

6 Beleuchtungsstärke-*R*-Kennlinie Fotowiderstand

Aufgaben

1 Thermometer
a ▣ Lies den Widerstandswert des Heißleiters bei 0 °C ab. → 2
b ▣ Der Widerstandswert beträgt 5 kΩ. Lies ab, wie hoch die Temperatur ist. → 2

2 Heizungsanlage
a ▣ Lies den Widerstandswert des Kaltleiters bei verschiedenen Temperaturen ab. → 4 7
b ▣ Der Widerstandswert beträgt 560 Ω. Lies ab, wie hoch die Außentemperatur ist.
→ 4 Gib an, ob noch geheizt werden muss.

Temperatur	Widerstandswert
−20 °C	?
−10 °C	?
0 °C	?
10 °C	?
20 °C	?
30 °C	?

7 Kaltleiter: Temperatur und Widerstandswert

3 Beleuchtung
a ▣ In einer Solarleuchte ist ein Fotowiderstand. Beschreibe, wie sich sein Widerstandswert ändert, wenn es dunkel wird.
b ▣ Lies den Widerstandswert des Fotowiderstands bei Dämmerung (100 Lux) und bei Dunkelheit (0,1 Lux) ab. → 6
c ▣ Die Solarleuchte schaltet sich ein, wenn der Widerstandswert mindestens 30 kΩ beträgt. Lies die zugehörige Helligkeit ab. → 6

Elektrischer Widerstand

Zusammenfassung

Elektronenstrom mit Hindernissen • Drähte lassen den Elektronenstrom nicht ungehindert durch. Sie haben einen elektrischen Widerstand. → 1 2 Je schlechter ein Draht leitet, desto größer ist sein Widerstand.

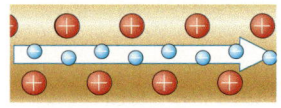

1 Kupferdraht: Widerstand klein

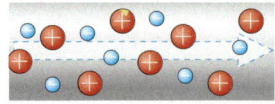

2 Konstantandraht: Widerstand größer

Wovon hängt der Widerstand ab?
- Der Widerstand eines Drahts hängt vom Material ab. → 3
- Der Widerstand ist umso größer, je länger und je dünner der Draht ist. → 4
- Der Widerstand des Drahts nimmt in der Regel mit der Temperatur zu.

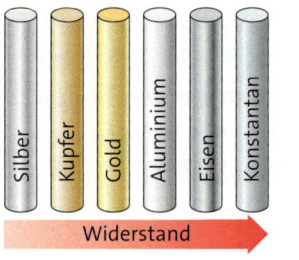
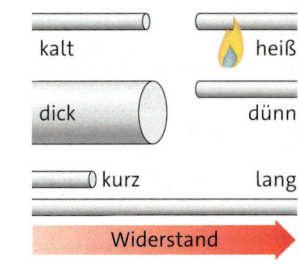

3 4 Abhängigkeiten des Widerstands

Widerstand, Spannung und Stromstärke • Der Widerstand R eines Bauteils ist festgelegt als Quotient aus der angelegten Spannung U und der Stromstärke I, die dadurch bewirkt wird:

Widerstand = $\frac{\text{Spannung}}{\text{Stromstärke}}$; $R = \frac{U}{I}$; $1\,\Omega = 1\,\frac{V}{A}$.

Für Festwiderstände gilt das Ohmsche Gesetz: Die Stromstärke ist direkt proportional zur Spannung ($I \sim U$), der Widerstand $R = \frac{U}{I}$ ist konstant. Die U-I-Kennlinie eines Festwiderstands im Diagramm ist eine Gerade, die im Ursprung beginnt. → 5

Bei anderen Widerstandsbauteilen lässt sich der Widerstandswert von außen beeinflussen:
- Bei Fotowiderständen wird der Widerstandswert kleiner, wenn sie heller beleuchtet werden. → 6
- Bei Heißleitern wird der Widerstandswert kleiner, wenn die Temperatur steigt. → 7
- Bei Kaltleitern wird der Widerstandswert größer, wenn die Temperatur steigt. → 8

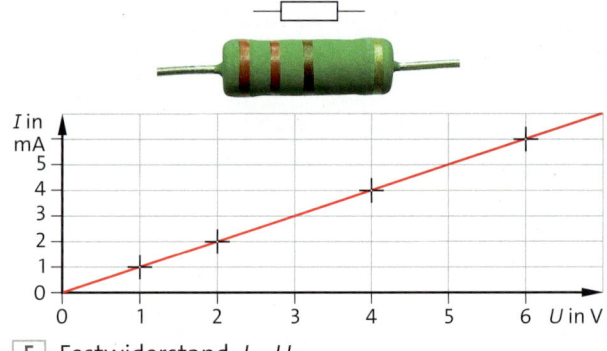

5 Festwiderstand: $I \sim U$

6 Fotowiderstand 7 Heißleiterwiderstand 8 Kaltleiterwiderstand

Teste dich! (Lösungen auf Seite 169)

Elektronenstrom mit Hindernissen

1. Erkläre mithilfe eines Modells, warum Kupfer einen geringeren Widerstand hat als Konstantan.

Wovon hängt der Widerstand ab?

2. Ergänze die folgenden Zusammenhänge (jeweils bei gleicher Spannung).
   a. An verschiedenen Drähten gilt: Großer Widerstand → ⟨?⟩ Stromstärke.
   b. An einem Kupferdraht gilt: Temperatur nimmt zu. → Widerstand ⟨?⟩.

3. Du hast vier gleich lange Drähte zur Auswahl:
   - 2 Eisendrähte, 0,2 mm und 0,4 mm dick
   - 2 Kupferdrähte, 0,2 mm und 0,4 mm dick
   a. Gib den Draht mit dem geringsten Widerstand an.
   b. Gib den Draht mit dem größten Widerstand an.
   c. Begründe deine Auswahl.
   d. An allen Drähten liegt die gleiche Spannung. Gib an, in welchem Draht die Stromstärke am größten ist. Begründe deine Angabe.

Widerstand, Spannung und Stromstärke

4. Ordne die Tabelle im Heft richtig: → 9

Bauteil	Zusammenhang
Heißleiter	Temperatur ↑ → Widerstand ↑
Fotowiderstand	Temperatur ↑ → Widerstand ↓
Festwiderstand	Beleuchtung ↑ → Widerstand ↑
Kaltleiter	Widerstand ändert sich nicht.

9 Verschiedene technische Widerstände

5. An einem Konstantandraht sind Spannung und Stromstärke gemessen worden. → 10
   a. Ergänze die Tabelle im Heft.
   b. Berechne den Widerstand des Drahts.
   c. Zeichne das U-I-Diagramm.

U in V	2,0	4,0	6,0	9,0
I in A	0,050	?	?	?

10 Konstantandraht

6. Drei Elektrogeräte sind an Steckdosen (230 V) angeschlossen. Es werden folgende Stromstärken gemessen: Bügeleisen 5,2 A; Kaffeemaschine 2,6 A; Toaster 4,3 A. Berechne jeweils den Widerstand der Heizdrähte in den eingeschalteten Geräten.

7. Berechne die fehlenden Werte: → 11

U	10,2 V	9 V	10 V	50 V	?	?
I	20 mA	0,2 A	?	?	25 mA	0,23 A
R	?	?	18 Ω	1 kΩ	180 Ω	1 kΩ

11 R, U und I berechnen

8. Wenn man eine Glühlampe (6,0 V; 0,20 A) direkt an eine 9-V-Batterie anschließt, brennt die Lampe durch. Um sie zu schützen, schaltet man einen Vorwiderstand in Reihe dazu. → 12
   a. Gib die Teilspannung U_{vor} an.
   b. Berechne den Widerstandswert R_{vor}.

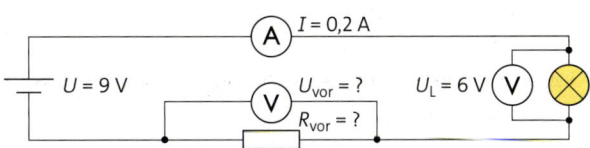

12 Vorwiderstand

Zum Nachschlagen

Lösungen der Testaufgaben

Energie – S. 27

1. Bild 7: chemische Energie, thermische Energie, Strahlungsenergie
   Bild 8: Spannenergie
   Bild 9: Lageenergie, Bewegungsenergie
   Bild 10: Lageenergie

2. Chemische Energie: Apfel, Tank mit Heizöl, Batterie, Kerze; weitere: Birne, Olivenöl, Benzin
   Thermische Energie: Magma im Vulkan, Warmwasserspeicher, heiße Kochplatte, Kachelofen; weitere: Wärmflasche, heißer Stein, Thermosflasche
   Spannenergie: gespannter Bogen, gedehnte Stahlfeder; weitere: gespanntes Gummi, gespannte Gitarrensaite, Trampolin mit Springer darauf
   Lageenergie: Wasser im Stausee, Achterbahnwagen ganz oben; weitere: Auto auf einem Berg, Kugel oben auf einer Rampe, Buch auf dem Tisch
   Bewegungsenergie: rollendes Fahrrad, fahrendes Auto, Wind; weitere: rollende Kugel, Schlitten auf Talfahrt, fließendes Wasser

3. Weil das Planschbecken viel flacher ist als das Schwimmbecken, muss im Planschbecken pro m^2 Grundfläche viel weniger Wasser erwärmt werden als im Schwimmbecken. Für den gleichen Temperaturanstieg muss der geringeren Wassermasse weniger Strahlungsenergie zugeführt werden. Beim Planschbecken genügt dafür schon ein Sommertag. Für die Erwärmung des Schwimmbeckens sind dagegen mehrere Sommertage erforderlich (auch weil das Wasser nachts immer wieder abkühlt).

4. Abkühlen von 1 kg Granit um 1 °C →
   0,8 kJ thermische Energie werden abgegeben.
   Abkühlen von 3 kg Granit um 1 °C →
   2,4 kJ thermische Energie werden abgegeben.
   Abkühlen von 3 kg Granit um 60 °C →
   144 kJ thermische Energie werden abgegeben.
   Abkühlen von 1 kg Wasser um 1 °C →
   4,2 kJ thermische Energie werden abgegeben.
   Abkühlen von 3 kg Wasser um 1 °C →
   12,6 kJ thermische Energie werden abgegeben.
   Abkühlen von 3 kg Wasser um 60 °C →
   756 kJ thermische Energie werden abgegeben.
   Von der Wärmflasche wird also viel mehr thermische Energie abgegeben.

5. Umrechnung: 230 J = 0,23 kJ; 0,67 MJ = 670 kJ; 98 000 J = 98 kJ; 56 MJ = 56 000 kJ

6. Beim Abwärtsfahren wird Lageenergie in Bewegungsenergie umgewandelt. Beim Bremsen wird die Bewegungsenergie durch Reibung zwischen den Bremsbelägen und der Bremsscheibe (bzw. der Felge) in thermische Energie umgewandelt. Bremsbeläge und Bremsscheibe werden warm und geben ihre erhöhte thermische Energie an die Umgebung ab. Insgesamt bleibt die Energie erhalten, aber sie wird in die für den Radfahrer nicht mehr nutzbare thermische Energie der Umgebung umgewandelt.

7. a Das Modellauto kommt bis zur Höhe 1.
   b Der Wagen kommt nicht zur Höhe 3, weil er dann ja rechts mehr Energie als links hätte. Der Wagen kommt nicht zur Höhe 2, weil er bei der Fahrt mechanische Energie durch Reibung verliert.
   c Die Aussage ist falsch. Die Energie bleibt zwar insgesamt erhalten, ein Teil der mechanischen Energie wird aber durch Reibung in thermische Energie umgewandelt. Diese Energie fehlt dann der Bewegung, sodass der Wagen die Höhe 2 nicht mehr erreicht.
   Bewegung im Energiekontenmodell:

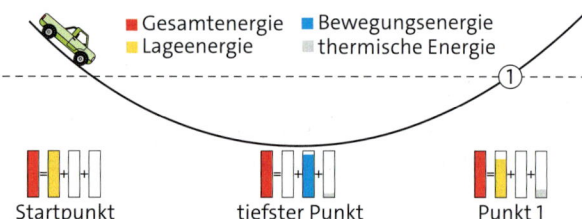

Geschwindigkeit und Bewegungen – S. 53

1. Max hat beim Radfahren schon einmal eine (Momentan-)Geschwindigkeit von $v = 45 \frac{km}{h}$ erreicht.

2. a Gegeben: $s = 270$ km, $t = 3$ h
      Gleichung: $v = \frac{s}{t}$
      Rechnung: $v = \frac{270 \text{ km}}{3 \text{ h}} = 90 \frac{km}{h}$
   b Gegeben: $s = 270$ km, $v = 120 \frac{km}{h}$
      Gleichung: $v = \frac{s}{t}$; umgestellt nach t: $t = \frac{s}{v}$
      Rechnung: $t = \frac{270 \text{ km}}{120 \frac{km}{h}} = 2,25$ h = 2 h 15 min

c In 1 h fährt Frau Meier 120 km weit. In 3,5 h fährt sie 3,5 · 120 km = 420 km weit.
Oder: $s = v \cdot t$; $s = 120 \frac{km}{h} \cdot 3{,}5\,h = 420\,km$

3 Gegeben: $s = 75\,m$, $t = 12{,}5\,s$
Gleichung: $v = \frac{s}{t}$
Rechnung: $v = \frac{75\,m}{12{,}5\,s} = 6{,}0\,\frac{m}{s} = 21{,}6\,\frac{km}{h}$
Felix ist schneller als $18\,\frac{km}{h}$ gelaufen.

4 Anita muss spätestens um 07:17 Uhr starten.
$t = \frac{s}{v}$; $t = \frac{1{,}5\,km}{4{,}0\,\frac{km}{h}} = 0{,}38\,h = 23\,min$

Björn muss spätestens um 07:06 Uhr starten.
$t = \frac{s}{v}$; $t = \frac{8{,}0\,km}{14\,\frac{km}{h}} = 0{,}57\,h = 34\,min$

Elena muss spätestens um 07:12 Uhr starten.
$t = \frac{s}{v}$; $t = \frac{11\,km}{24\,\frac{km}{h}} = 0{,}46\,h = 28\,min$

Nuran muss spätestens um 07:07 Uhr starten.
$t = \frac{s}{v}$; $t = \frac{22\,km}{40\,\frac{km}{h}} = 0{,}55\,h = 33\,min$

Björn muss als Erster zu Hause starten.

5 Gleichförmige Bewegungen: Minutenzeiger, Flugzeug in Reiseflughöhe, Tanker in ruhiger See
Ungleichförmige Bewegungen: Auto in der Stadt, Radfahrer, Sprung vom 5-m-Turm, Läufer beim Start

6 a Auto B war über 200 m schneller.
b Gegeben: $s = 200\,m$, Zeiten t
Gleichung: $v = \frac{s}{t}$
Auto A: $v = \frac{200\,m}{30\,s} = 6{,}67\,\frac{m}{s} = 24\,\frac{km}{h}$
Auto B: $v = \frac{200\,m}{20\,s} = 10{,}0\,\frac{m}{s} = 36\,\frac{km}{h}$
c Diagramm:

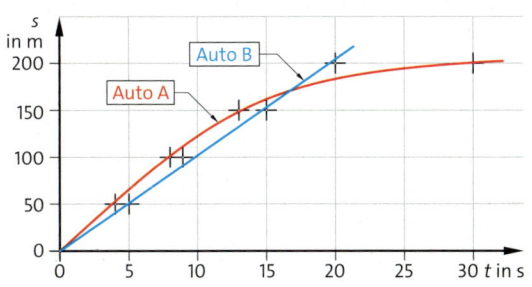

d Auto B ist nahezu gleichförmig gefahren. Der zurückgelegte Weg ist direkt proportional zur Zeit. Im Diagramm gehört zum Auto B eine Gerade, die im Ursprung beginnt.

7 a Die Bewegung ist nicht gleichförmig. Die Kurve im Diagramm ist keine Gerade, die Geschwindigkeit ändert sich mehrmals.
b Der Radfahrer hat zwischen Minute 2 und Minute 3 gestoppt.
c Je steiler die Kurve ansteigt, desto größer ist die Geschwindigkeit. Ab Minute 10 fährt der Radler viel schneller als zwischen Minute 3 und 10.
d Gegeben: $s = 700\,m$, $t = 7\,min = 420\,s$
Gleichung: $v = \frac{s}{t}$; $v = \frac{700\,m}{420\,s} = 1{,}67\,\frac{m}{s} = 6\,\frac{km}{h}$

Kräfte und ihre Wirkungen – S. 78 f.

1 Wirkung: Geschwindigkeit nimmt zu.
Beispiel: Auto fährt an.
Wirkung: Geschwindigkeit nimmt ab.
Beispiel: Auto bremst.
Wirkung: Bewegter Körper ändert seine Richtung.
Beispiel: Fußball wird umgelenkt.
Wirkung: Gegenstand wird verformt.
Beispiel: Eisenstange wird gebogen.

2 orangefarbener Kraftmesser: 0,9 N
gelber Kraftmesser: 25 N
blauer Kraftmesser: 8 N
grüner Kraftmesser: 16 N

3 Je größer die Masse eines Himmelskörpers ist, desto größer ist seine Gewichtskraft. Oder: Je kleiner die Masse eines Himmelskörpers ist, desto kleiner ist seine Gewichtskraft.

4 a Die Milchtüte wird auf der Erde mit einer Kraft von rund 10 N angezogen.
b Der Korb mit Äpfeln wird auf dem Mond mit rund 10 N angezogen.
c Gewichtskraft, mit der die Milchtüte auf der Erde angezogen wird:
$F_G = m \cdot g$; $F_G \approx 1\,kg \cdot 10\,\frac{N}{kg} = 10\,N$

Gewichtskraft, mit der der Korb mit Äpfeln auf dem Mond angezogen wird:
$F_G = m \cdot g$; $F_G = 6\,kg \cdot 1{,}6\,\frac{N}{kg} = 9{,}6\,N \approx 10\,N$

Lösungen der Testaufgaben

5 a Die Kabine wird mit einer Kraft von 4500 N nach unten gezogen. Das Gegengewicht übt eine Kraft von 3000 N nach oben aus. Damit die Kabine im Kräftegleichgewicht ist, müssen die Kräfte nach oben und unten gleich groß sein. Die Seilwinde übt also eine Kraft von 1500 N nach oben aus:
4500 N = 3000 N + Kraft der Seilwinde
Kraft der Seilwinde = 4500 N – 3000 N = 1500 N
b Ohne Gegengewicht müsste die Seilwinde 4500 N nach oben ausüben. Das Gegengewicht verkleinert die für die Seilwinde notwendige Kraft.

6 Wenn ein Gegenstand sich nicht bewegt, so bedeutet dies nicht unbedingt, dass keine Kräfte auf ihn wirken. Es können auch mehrere Kräfte auf ihn wirken, die sich gegenseitig insgesamt aufheben. Auf die Hantel wirken zwei Kräfte: die Kraft von der Hand nach oben und die Gewichtskraft nach unten. Beide Kräfte sind gleich groß und entgegengesetzt gerichtet. Es herrscht ein Kräftegleichgewicht. Die Skizze ist ähnlich Bild 9 auf S. 77.

7 Die Luft, die von den Propellern nach unten bewegt wird, übt eine Auftriebskraft nach oben auf die Propeller und damit auf die Drohne aus. Diese Auftriebskraft ist größer als die Gewichtskraft, mit der die Erde die Drohne nach unten zieht. Deshalb steigt die Drohne auf.

8 Teile am Fahrrad, bei denen Reibung eine wichtige Rolle spielt: Reifen, Bremsen

9 Sportarten, bei denen Reibung unerwünscht ist: Eishockey, Eislaufen, Curling

10 Die Masse eines Busses ist viel größer als die Masse eines Autos. Die Trägheit der Busse ist also sehr viel größer als die Trägheit der Autos.
Die stärkeren Motoren bewirken zwar eine größere Antriebskraft auf die Busse als die schwächeren Motoren auf die Autos. Allerdings ist diese stärkere Antriebskraft nicht groß genug, um die viel schwereren (trägeren) Busse genauso schnell zu beschleunigen wie die Autos.

11 Auf dem einen Wagen wird der Magnet befestigt, auf dem anderen das Eisenstück. Die Wagen werden in einigen Zentimetern Abstand so aufgestellt, dass sie sich aufeinander zubewegen können. Wenn sie losgelassen werden, fahren sie aufeinander zu. Sie treffen sich in der Mitte, wenn beide Wagen gleich schwer sind.
Der Magnet übt eine anziehende Kraft auf das Eisenstück aus. Das Eisenstück übt eine gleich große, entgegengesetzt gerichtete Kraft auf den Magneten aus (Wechselwirkungsprinzip). Deswegen bewegen sich beide Wagen aufeinander zu.

12 Die Rakete stößt die Gase mit großer Kraft nach hinten aus. Die Gase üben eine gleich große Kraft nach vorn auf die Rakete aus (Wechselwirkungsprinzip). Diese Kraft treibt die Rakete an.

13 Die Räder üben beim Beschleunigen eine Kraft nach hinten auf die Straße aus. Die Straße übt eine gleich große Kraft auf die Räder und damit auf das Auto nach vorne aus.
Bei Glatteis können die Räder keine Kraft auf die Straße ausüben, sie drehen durch. Dann übt auch die Straße keine Kraft nach vorn auf das Auto aus.

14 a Die Kugel schwingt nach hinten.
b Die Kugel hängt gerade nach unten.
c Die Kugel schwingt nach vorne.
d Die Kugel schwingt nach rechts.

15 Der Motorroller prallt auf das Fahrzeug. Die Bewegung des Motorrollers wird dabei plötzlich verzögert. Der Dummy bewegt sich anfangs genauso schnell wie der Motorroller. Seine Bewegung wird aber nicht verzögert. Er behält seine ursprüngliche Geschwindigkeit bei und „fliegt" über das Auto.

Elektrizität nutzen – S. 91

1 a Bauteile für die Mikrowellenschaltung: elektrische Energiequelle (Batterie oder Netzgerät), ein Schalter, ein Taster, ein Elektromotor und Kabel
b Der Geräteschalter und der Taster der Tür werden in Reihe geschaltet. Siehe Bild 3 oben auf S. 90.
c Viele elektrische Brotschneidemaschinen laufen nur, wenn sie eingeschaltet sind und ein Knopf an der Schneidescheibe gedrückt wird. Eine Heckenschere schneidet nur, wenn sie eingeschaltet ist und ein Taster gedrückt wird.

2 a Bauteile für die Lampenschaltung: elektrische Energiequelle (Batterie oder Netzgerät), zwei Schalter, eine Glühlampe und Kabel
b Die Schalter werden parallel geschaltet. Siehe Bild 4 oben auf S. 90.
c Funktionstabelle:

Schalter am Bett	Schalter an der Tür	Licht
aus (offen)	aus (offen)	aus
aus (offen)	ein (geschlossen)	ein
ein (geschlossen)	aus (offen)	ein
ein (geschlossen)	ein (geschlossen)	ein

d Es müssen immer beide Schalter geöffnet sein, um das Licht auszuschalten. Wenn man das Licht zum Beispiel an der Tür eingeschaltet hat, kann man es auch nur da wieder ausschalten.

3 a Energiewandler Toaster: elektrische Energie → thermische Energie, Strahlungsenergie
Energiewandler Glühlampe: elektrische Energie → Strahlungsenergie, thermische Energie
Energiewandler Mixer: elektrische Energie → Bewegungsenergie, thermische Energie
Energiewandler Heizgebläse: elektrische Energie → Bewegungsenergie, thermische Energie
b Siehe zum Beispiel Bild 6 auf S. 90.
c Siehe Bild 1 auf S. 90 (mit geschlossenem Schalter).

4 a Beim Mixer entsteht auch thermische Energie, die nicht genutzt wird.
b Siehe Bild 7 auf S. 90.
c Geräte, die ungenutzte Energie abgeben: Toaster (Strahlungsenergie), Glühlampe (thermische Energie), Ladegerät (thermische Energie)

Elektrizität verstehen – S. 128 f.

1 Zwei ungleichartig elektrisch geladene Körper ziehen sich gegenseitig an. Zwei gleichartig elektrisch geladene Körper stoßen sich gegenseitig ab.

2 Wenn ich zwei Luftballons nacheinander am selben Tuch reibe, werden sie elektrisch gleichartig aufgeladen.

3 Wir stellen uns vor, dass ein ungeladener Gegenstand gleich viele elektrisch positive und elektrisch negative Teilchen hat. Ein negativ geladener Gegenstand hat einen Überschuss an negativen Teilchen (Elektronen).

4 Wenn ein elektrisch neutraler Gegenstand Elektronen abgibt, hat er danach mehr elektrisch positive Teilchen als negative. Er ist dann positiv geladen.

5 a Bei einem Ladungsausgleich kann es knistern und funken.
b Wir sprechen von einem Ladungsausgleich, wenn Elektronen von einem negativ geladenen Gegenstand auf einen positiv geladenen Gegenstand übergehen.

6 a Schaltplan:

b Strahlungsenergie → Energiewandler Solarzelle → elektrische Energie → Energiewandler Elektromotor → Bewegungsenergie, thermische Energie

7 In der Heizungsanlage strömt Wasser in den Heizungsrohren, im elektrischen Stromkreis strömen Elektronen in den Kabeln. Vergleich:

Heizungsanlage	Elektrischer Stromkreis
Heizkessel und Pumpe: thermische Energiequelle	Batterie, Netzgerät: elektrische Energiequelle
Rohre: Durch sie strömt Wasser. Es führt dabei thermische Energie mit.	Leitungen, Kabel: Durch sie strömen Elektronen. Sie führen dabei elektrische Energie mit.
Heizkörper: Sie geben thermische Energie ab.	Elektrische Geräte: Sie wandeln elektrische Energie in verschiedene Energieformen um und geben sie ab.

8 Bei derselben elektrischen Energiequelle gilt: Je größer die Stromstärke, desto mehr elektrische Energie wird pro Sekunde zum elektrischen Gerät übertragen.

9 Im einfachen Stromkreis strömen pro Sekunde vor und nach einem Gerät gleich viele Elektronen. Im Gerät gehen keine Elektronen verloren. Die Stromstärke ist daher an allen Stellen im Stromkreis gleich.

10 a Um die Stromstärke zu messen, wird das Messgerät in Reihe mit dem Elektromotor geschaltet.
b Schaltplan: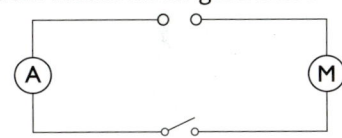

11 Die Stromstärke ist im einfachen Stromkreis überall gleich groß. Die Taschenlampe „verbraucht" keinen Elektronenstrom. Die Taschenlampe wandelt chemische Energie in elektrische Energie um und diese in Strahlungsenergie und thermische Energie. Dabei geht keine Energie verloren.

12 a Um die Spannung am Netzgerät zu messen, wird das Messgerät vor und hinter dem Netzgerät angeschlossen.
b Schaltplan:

Lösungen der Testaufgaben

13 a Man kann mit 8 Batterien mit jeweils 1,5 V eine Spannung von 12 V erreichen.
b Die Batterien müssen in Reihe geschaltet sein.

14 Die Spannung von 12 V teilt sich in der Reihenschaltung auf die 10 gleichen Lampen gleichmäßig auf. An jeder Lampe liegt eine Spannung von 1,2 V an.

15 a Schaltplan mit Stromkreisen:
b Stromstärke in jeder Lampe:
$I = \frac{1,2 A}{3} = 0,4 A$

16 a Schaltplan:

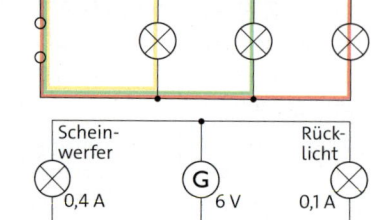

b $I_{gesamt} = I_1 + I_2$; $I_{gesamt} = 0,4 A + 0,1 A = 0,5 A$
c $U_{Quelle} = U_1 = U_2$; $U_{Quelle} = 6 V$

17 a Drei „Adern": Außenleiter (braun oder schwarz), Schutzleiter (gelb-grün), Neutralleiter (blau oder grau)
b Außen- und Neutralleiter sind für den Transport der elektrischen Energie zuständig. Der Neutralleiter ist leitend mit dem Erdreich verbunden („Erdung"). Der ebenfalls geerdete gelb-grüne Schutzleiter soll uns vor Elektrounfällen schützen.

18 a Die Schmelzsicherung ist in Reihe in die Zuleitung für die angeschlossenen elektrischen Geräte geschaltet. Bei eingeschaltetem Strom erwärmt sich der Metalldraht in der Schmelzsicherung. Bevor die Gesamtstromstärke im Stromkreis zu groß für die Leitungen und Geräte wird, erhitzt sich der Schmelzdraht so stark, dass er durchschmilzt. Dadurch wird der Stromkreis unterbrochen, die Leitungen und Geräte sind geschützt.
b Man sollte die durchgebrannte Sicherung nicht sofort durch eine gleiche Sicherung ersetzen, weil die Ursache für die zu große Stromstärke weiterhin besteht. Die neue Sicherung würde gleich wieder durchbrennen.
c Janas Vorhaben ist brandgefährlich. Die 4-V-Sicherung soll die Leitungen und Geräte vor Stromstärken von mehr als 4 A schützen. Die 10-A-Sicherung würde diese Stromstärken zulassen, sodass Leitungen und Geräte durch die zu große Stromstärke in Brand geraten könnten.

19 Der Fehlerstromschutzschalter vergleicht die Stromstärke in Außen- und Neutralleiter. Wenn ein Unterschied festgestellt wird, z. B. durch ein defektes Gerät, wird der Stromkreis unterbrochen.

Elektrische Leistung und Energie – S. 147

1 Ich entscheide mich für das Gerät mit 3000 W. Damit geht das Bügeln schneller und besser. Das Gerät mit 3000 W entwickelt mehr Hitze, damit werden bestimmte Stoffe schneller glatt.

2 Elektrische Leistung: $P = U \cdot I$
a $P = 4,5 V \cdot 0,3 A = 1,35 W$
b $2,4 W = 6 V \cdot I$
$I = \frac{2,4 W}{6 V} = 0,4 A$
c $2,4 W = U \cdot 0,4 A$
$U = \frac{2,4 W}{0,4 A} = 6 V$

3 a Es handelt sich um eine Geschirrspülmaschine.
b Das Gerät braucht 74 kWh für 100 Einsätze. Für 250 Einsätze braucht es 2,5-mal so viel:
$2,5 \cdot 74$ kWh $= 185$ kWh.
1 kWh kostet 0,40 €.
185 kWh kosten 185-mal so viel:
$185 \cdot 0,40$ € $= 74$ €.
c Ein Gerät mit der Energieklasse A braucht für den gleichen Zweck viel weniger elektrische Energie als ein gleichartiges Gerät mit der Energieklasse D. Je geringer der Energiebedarf ist, desto geringer sind die „Stromkosten". Die Anschaffungskosten sind aber in der Regel höher.

4 a Jährliche „Stromkosten":

Fernseher	200 kWh · 0,40 €/kWh = 80 €
Waschmaschine	320 kWh · 0,40 €/kWh = 128 €
Geschirrspüler	390 kWh · 0,40 €/kWh = 156 €
Kühlschrank	410 kWh · 0,40 €/kWh = 164 €
Gefriergerät	440 kWh · 0,40 €/kWh = 176 €
Beleuchtung	470 kWh · 0,40 €/kWh = 188 €
Elektroherd	600 kWh · 0,40 €/kWh = 240 €

b „Stromkosten" des LED-Fernsehers:
$P = 0,120$ kW; $t = 300 \cdot 5$ h $= 1500$ h
$E = P \cdot t$
$E = 0,120$ kW $\cdot 1500$ h $= 180$ kWh
Kosten: 180 kWh $\cdot 0,40$ €/kWh $= 72$ €

c „Stromkosten" für den Stand-by-Betrieb:
$P = 0,010$ kW; $t = 365 \cdot 21$ h $= 7665$ h
$E = P \cdot t$
$E = 0,010$ kW $\cdot 7665$ h $= 76,65$ kWh
Kosten: 76,65 kWh $\cdot 0,40$ €/kWh $= 30,66$ €

Elektrischer Widerstand – S. 163

1 Der Widerstand des Kupferdrahts ist geringer, weil im Kupfer die positiv geladenen Teilchen in Reihen angeordnet sind. Die Elektronen stoßen deshalb weniger oft gegen die positiven Teilchen. Im Konstantandraht dagegen sind die positiv geladenen Teilchen nicht in Reihen angeordnet. Die Elektronen stoßen relativ oft an und werden mehr behindert.

2 Bei jeweils gleicher Spannung:
a An verschiedenen Drähten gilt:
Großer Widerstand → kleine Stromstärke.
b An einem Kupferdraht gilt:
Temperatur nimmt zu. → Widerstand nimmt zu.

3 a Der 0,4-mm-Kupferdraht hat den geringsten Widerstand.
b Der 0,2-mm-Eisendraht hat den größten Widerstand.
c Kupfer hat bei gleichen Abmessungen einen viel kleineren Widerstand als Eisen. Je dicker der Draht, desto geringer ist sein Widerstand. Der 0,4-mm-Kupferdraht hat deshalb den geringsten Widerstand und der 0,2-mm-Eisendraht den größten Widerstand unter den 4 Drähten.
d Die Stromstärke ist im 0,4-mm-Kupferdraht am größten, weil er den kleinsten Widerstand hat.

4 Verschiedene technische Widerstände:

Bauteil	Zusammenhang
Heißleiter	Temperatur ↑ → Widerstand ↓
Fotowiderstand	Beleuchtung ↑ → Widerstand ↓
Festwiderstand	Widerstand ändert sich nicht.
Kaltleiter	Temperatur ↑ → Widerstand ↑

5 a Konstantandraht:

U in V	2,0	4,0	6,0	9,0
I in A	0,050	0,100	0,150	0,225

b Widerstand des Drahts: $R = \frac{U}{I}$; $R = \frac{2{,}0\,V}{0{,}050\,A} = 40\,\Omega$

c Diagramm:

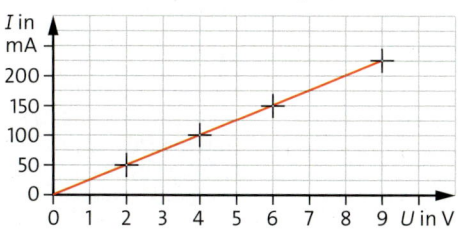

6 Gegeben: $U = 230\,V$, Stromstärken I
Gesucht: R
Gleichung: $R = \frac{U}{I}$
Bügeleisen: $R = \frac{230\,V}{5{,}2\,A} = 44\,\Omega$
Kaffeemaschine: $R = \frac{230\,V}{2{,}6\,A} = 88\,\Omega$
Toaster: $R = \frac{230\,V}{4{,}3\,A} = 53\,\Omega$

7 R, U und I berechnen:

U	10,2 V	9 V	10 V	50 V	4,5 V	230 V
I	20 mA	0,2 A	0,556 A	0,050 A	25 mA	0,23 A
R	510 Ω	45 Ω	18 Ω	1 kΩ	180 Ω	1 kΩ

8 a Der Festwiderstand und die Glühlampe sind in Reihe an die Batterie angeschlossen. Für die Spannungen gilt daher:
$U = U_{vor} + U_L$
$U_{vor} = U - U_L$
$U_{vor} = 9\,V - 6\,V = 3\,V$
b Widerstandswert des Vorwiderstands:
$R_{vor} = \frac{U_{vor}}{I}$
$R_{vor} = \frac{3\,V}{0{,}20\,A} = 15\,\Omega$

Sachregister

Hinweis: Fett gedruckte Begriffe sind Lernwörter.

A
Ampere (A)   102, 127, 174 f.
Angriffspunkt   58, 76
Aufladen   94 f., 126
Auftriebskraft   66, 77
Außenleiter   118, 127

B
Batterie   15, 82 f., 106 f.
Beleuchtung   161
beschleunigte Bewegung   42, 52
Bewegung
- **beschleunigte**   42, 52
- **gleichförmige**   42 f., 52
- **ungleichförmige**   42 f., 52
- **verzögerte**   42, 52

Bewegungsenergie   9, 26
Bewegungsgleichung   36
Blitz   97
Blitzer   41
Brennwert   18

D
Defibrillator   113
Diagramm
- erstellen   46
- Tabellenkalkulation   48 f.

Donner   97
Draht   99
Durchschnittsgeschwindigkeit   42, 52

E
Einheit   32, 174 f.
Einheitensystem   35
elektrische Energie   9, 26, 88, 138
elektrische Energiequelle   82 f., 88, 90, 98, 106
elektrische Ladung   94 f., 126
elektrische Leistung   132 f., 146
elektrischer Stromkreis   82, 90, 98 f.
elektrischer Widerstand   103, 127, 150, 156 f., 162, 174
elektrisches Gerät   88, 90, 98 f.
elektrische Spannung   103, 106, 125, 127, 174
elektrische Stromstärke   102 f., 127, 174
Elektromotor   83
Elektron   94 f., 126
Elektronenstrom   99, 126
Elektroniker/-in   124
elektronisches Thermometer   160
Energie   8 f., 18, 26, 174
- chemische   9, 26
- elektrische   9, 26, 88, 138
- mechanische   9, 11, 26
- **thermische**   9, 20, 26

Energieausweis   142
Energieberatung   144 f.
Energieeffizienzklasse   137, 139
Energieerhaltung   22, 26
Energieform   9, 26
Energiekonto   22
Energiekosten   138, 146
Energielabel   139
Energiemix   24
Energiequelle, elektrische   82 f., 88, 90, 98, 106
Energiesparen   25, 138 f.
Energiespeicher   14
Energiestromstärke   132, 174
Energieträger   14, 26
- erneuerbarer   14, 24, 26
- fossiler   14, 24, 26

Energietransport   12
Energieumwandlung   9, 26
Energiewandler   9, 26
Erdung   118, 127

F
Fahrradtacho   40
Farbtemperatur   137
Fehler finden   110
Fehlerstromschutzschalter   119, 127
Festwiderstand   156 f., 162
- Farbcode   176

Formelzeichen   32, 174
Fotowiderstand (LDR)   156, 161 f.

G
Gerät, elektrisches   88, 90, 98 f.
Gesamtenergie   22, 26
Geschwindigkeit   30 f., 52, 174
Gesetz
- **Hookesches**   58
- **Ohmsches**   156, 162

Gewichtskraft   62, 76
Gewitter   97
gleichförmige Bewegung   42 f., 52
Glimmlampe   95 f., 126
Glühlampe   82 f., 157
Größe, physikalische   32, 174
Grundgröße   174

H
Haartrockner   86
Heißleiterwiderstand (NTC)   156, 160, 162
Heizungsanlage   160
Herzkammerflimmern   113
Hilfsdreieck   36 f.
Hochspannung   111
Hookesches Gesetz   58

I
Internetrecherche   142

J
Joule (J)   18, 26, 174

K
Kaltleiterwiderstand (PTC)   156, 160, 162
Kennlinie   157, 160 ff.
Kilokalorie (kcal)   19
Kilowattstunde (kWh)   18, 138, 146, 174
Klingel   83
Konstantandraht   150, 162
Körperschluss   119
Kraft   56, 58, 76, 174
- **resultierende**   66, 77

Kräftegleichgewicht   66, 77
Kraftmesser   58 f., 76
Kraftpfeil   58, 76
Kraftwirkung   56, 76
Kreislauf   98 f.
Kugellager   69
Kupferdraht   150, 162

L
Ladung, elektrische   94 f., 126
Ladungsausgleich   95, 126
Lageenergie   9, 26
Länge   174 f.
Lasersäule   41
Leistung   174
Leistung, elektrische   132 f., 146
Leitung, elektrische   82 f., 98
Lichtstrom   137
Lineal   33

M
Magnetsensor   40
Maßband   33
Masse   62, 76, 174 f.
Maßzahl   32
Messfehler   33
Messgenauigkeit   33
Messgerät   33
Messschieber   33
Messwert   33
Mikrowelle   82 f.
Momentangeschwindigkeit   42, 52
Mond   62, 76

N
Nerven   112 f.
Neutralleiter   118, 127
Newton (N)   58, 76, 174
Newton, Isaac   62 f.
Nullpunktschieber   59, 76

O

Ohm (Ω) 150, 157, 162, 174
Ohm, Georg Simon 156
Ohmsches Gesetz 156, 162
Operator 173
Ortsfaktor 62, 76

P

Parallelschaltung 83, 90, 114 f.
physikalische Größe 32, 174
Potenzial 125
Potenzialunterschied 125
Präsentationen halten 143
Pumpspeicherkraftwerk 17

R

Reibung 22
Reibungskraft 68, 76
Reihenschaltung 83, 90, 107
resultierende Kraft 66, 77

S

Schalter 82 f.
Schaltplan 82
Schaltzeichen 82 f., 176
Schmelzsicherung 118
Schraubenfeder 58 f., 76
Schutzkontakt 119, 127
Schutzleiter 118 f., 127

Sensoren 160 f.
Sicherung 118, 127
Sicherungsautomat 118, 122 f.
SI-Einheitensystem 35, 175
Spannenergie 9, 26
Spannung
- elektrische 103, 106, 125, 127, 174
- messen 109

Speicherkraftwerk 17
Stand-by-Betrieb 139
Steckdosenleiste 114
Strahlungsenergie 9, 26
Stromkreis, elektrischer 82, 90, 98 f.
Stromrechnung 138
Stromrichtung, technische 125
Stromstärke
- elektrische 102 f., 127, 174 f.
- messen 105

Stromunfall 111

T

Taster 83
technische Stromrichtung 125
Teilchen, elektrische 94 f., 126
Temperatur 20, 26, 174 f.
thermische Energie 9, 20, 26
Thermometer, elektronisches 160
Trägheit 70, 77
Trägheitsgesetz 74, 77

U

ungleichförmige Bewegung 42 f., 52

V

Versuche planen 154
verzögerte Bewegung 42, 52
Videos aufnehmen 64 f.
Volt (V) 106, 127, 174

W

Watt (W) 132 f., 146, 174
Wattsekunde (Ws) 139
Wechselwirkung 70, 72
Wechselwirkungsprinzip 70, 77
Widerstand
- elektrischer 103, 127, 150, 156 f., 162, 174
- veränderlicher 156

Z

Zahlenwert 32
Zeit 174 f.
Zerreißprobe 61
Zikade 16
Zitterfische 112

Bildquellenverzeichnis

Cover
stock.adobe.com/Henrik, Sofarobotnik GbR m.r., bht2000: u.l.

Fotos
Adobe Stock: Aleksei Golovanov/aleks_g: 118/3, Animaflora Pics-Stock: 139/o.r., auremar: 124, Alexey Kuznetsov: 38/7, amphotolt: 34/1, alexlmx: 106/Knopfzelle, chones: 91/11, Cpro: 16/1, Coprid: 106/Handyakku, Daniel Berkmann: 173/o.r., Dreadlock: 41/4, Dragana Gordic: 11/7, Evgeny Korshenkov: 106/Powerbank, eyeami: 57/10, Francesco Bucchi Photographer/norbel: 3/o.+6, frenzelll: 5/m.+130, Gina Sanders: 15/5, Gundolf Renze: 31/5, goir: 33/Lineal, Janni: 44/7, Jonas Glaubitz: 12/1, Jürgen Fälchle: 44/8, Kadmy: 66/1, lllonajalll: 91/13, johnmerlin: 44/1, Marco2811: 111/4, Microgen: 113/3, Nischaporn: 14/4, noppharat: 129/4, Olga Yastremska and Leonid Yastremskiy/Africa Studio: 18/1, Olga Yastremska Africa Studio/New Africa: 15/9, New Africa: 91/8, Petr Malyshev: 81/r., PhotoSG: 15/6, photomelon: 106/Blockbatterie, PRILL Mediendesign: 121/7, Ralf Gosch: 44/5, Robert Kneschke: 57/9, Robert Schneider: 44/3, Sergej Toporkov: 138/1, stefanholm: 44/2, 52/3, Stefan Schurr: 44/6, stuporter: 38/4, stockphoto-graf: 106/Steckdose, sonyakamoz: 7/l., txakel: 52/5, Vlad Ivantcov: 33/Messschieber, 107/4, yatcenko: 91/12, Yordan Rusev: 106/Solarladegerät, WavebreakMediaMicro: 38/5, www.fhmedien.de/photowahn: 41/6, 06photo: 102/1, 77SG: 23/5 | **akg-images:** Science Photo Library: 75/9 | **Cornelsen:** Christo Libuda: 22/1, Lothar Meyer: 40/2, Heinz Mahler: 89/5, Markus Gaa Fotodesign: 15/7, 18/2, 23/5 l., 83/alle Bauteile, 85, 86, 87/6, 88/1, 98/1, 103/4, 105, 106/Flachbatterie, 107/6, 109, 116, 134/3, 135, 152, 156/1, Volker Döring: 94/1, Volker Minkus: 4/m., 29/l., 75/7, 80, 90/6, 91/10, 93/l., 96/6, 106/Netzgerät+Fahrraddynamo+2+3, 108/4, 132/1, 132/2 Typenschild, 137, 151 | **Cornelsen/Inhouse:** 118/Schmelzsicherung, 162, Thomas Gattermann: 119/7, 129/5, 134/1 | **Depositphotos:** Yevheniia Sudakova: 55/r. | **Deutsche Bahn AG:** Uwe Miethe: 38/8 | **dpa Picture-Alliance:** JOKER: 111/5 | **Europäische Kommission:** Europäische Union, 1995–2020, lizenziert unter CC-BY 4.0 147/6 | **Imago Stock& People GmbH:** fStop Images/Caspar Benson: 79/8, imagebroker: 24/1, Imago Sportfotodienst GmbH: 56/1, imago images: 57/7, Imago Sportfotodienst GmbH/PanoramiC: 57/6, Imago Sportfotodienst GmbH/McPhoto: 58/1, Image Source/Monty Rakusen: 61/4, imago stock&people: 74/1, Imago: 160/3, Hohlfeld: 36/1, Jochen Tack: 121/6, 131/r., nph: 14/1, Ulmer: 3/u., 28, Westend61: 29/r., 57/4, Xinhua: 128/1, Volker Preußer: 14/2 | **INTERFOTO:** imagebroker/Hans Blossey: 17/7 | **mauritius images:** alamy stock photo/yon marsh Phototrix: 5/u., 148, alamy stock photo/Asia File: 12/2, alamy stock photo/David R. Frazier Photolibrary, Inc.: 15/10, alamy stock photo/Ray Wilson: 16/4, alamy stock photo/Elizaveta Galitckaia: 20/1, alamy stock photo/MediaWorldImages: 57/3, alamy stock photo/Anthony Smith: 71/5, Danita Delimont: 17/5, imageBroker/Norbert Probst: 112/1, imageBroker/uwe umstätter: 149/r., alamy stock photo/Miguel A. Munoz Pellicer: 161, Mito Images/Robert Niedring: 40/1, Norbert Eisele-Hein: 42/1, Photo Alto: 93/r., Pixtal: 153, Science Source: 7/r., Westend61/VEM: 22/2 | **NASA:** Lunar and Planetary Institute/Houston Texas: 62/1 | **Nathan Grossman:** 136/1 | **Panther Media GmbH:** Daniel Loretto: 57/8, Volodymyr Melnyk: 57/5 | **Science Photo Library:** ROGER HILL: 4/u., 92, PEKKA PARVIAINEN: 97 | **Shutterstock:** Andrey_Popov: 131/l., dolomite-summits: 68/1, Fotokostic: 4/o., 54, Gts: 139/o.l., lbrix: 111/4, Iurii Stepanov: 81/l., JRP Studio: 55/l., Kekyalyaynen: 68/4, Kjpargeter: 106/Batterie, Kenneth Dedeu: 150/2, lorenza62: 150/1, MarcelClemens: 38/6, Martin Charles Hatch: 73/5, mimagephotography: 44/4, MNI: 118/4, parinyabinsuk: 160/1, Piotr Wytrazek: 33/Maßband, PRESSLAB: 15/8, Rodica Vasiliev: 64, Sergey Ryzhov: 149/l., Somchai Som: 134/4, Syda Productions: 14/3, 78/4, yevgeniy11: 90/7, You can more: 106/Autobatterie, Zuzha: 38/3 | **StockFood GmbH:** sciencephotolibrary/Scimat: 68/2

Illustrationen
Atelier G/Marina Goldberg: 89/Ausrufezeichen | **Cornelsen:** Rainer Götze: 9, 10, 11/5+6, 12/3+4, 13, 16/2+3, 17/6, 18/3+4, 20/2+3, 21, 22/3+4, 23/6, 24/2, 26, 27, 30/2+3, 36/4, 37, 39, 40/3, 41/5, 42/2, 43, 44/9, 45, 46, 47, 48, 49, 50/1+2, 52/4+6, 53, 57/11, 58/2−4, 59, 60, 61/5−8, 62/2+3, 66/2−5, 67, 68/3, 69, 71/3+4, 72, 73/6−8, 75/6, 76/2−6, 77, 78/1−3, 79/5+7, 82/2−5, 83/alle Zeichnungen/Schaltzeichen, 84/1, 87/4+5, 88/2, 89/3+4, 90/1−6, 91/9, 94/2+3, 95, 96/1−5, 98/2−4, 99, 100, 101, 102/2+3, 103/5+6, 104, 107/5+7, 108/2+3, 110, 112/m.u.r., 113/2, 114/2+3, 115, 117, 118/2, 119/5+6, 120, 121/4+5, 122, 123, 125, 126, 127, 128/3, 132/2, 133, 138/2+3, 140, 143, 145, 146, 147/7, 150/3−6, 152/2+3, 153/4, 154, 155, 157, 158/1, 159, 160/2+4, 161/6, 162/1−5, 163, 164, 165, 169, 176, Inhouse: 84/2, 156/2+3, 158/3, 167, 168, Matthias Pflügner: 8, 25, 32/1, 35, 50/mr.r., 56/2, 63, 70, 74/2+4+5, 75/8, 76/1, 79/6, 114/1, 118/1, 136/2, 141, 144, Stephan Möhrle: 32/2, Tobias Dahmen, Utrecht/NL+Matthias Pflügner: 74/3, Tobias Dahmen, Utrecht/NL: 30/1, Volker Minkus: 156/3r., 162

Operatoren

Die meisten Aufgaben in diesem Buch beginnen mit einem Verb:
- **Nenne** alle Energieformen, die du kennst.
- **Beschreibe** jeweils, wie die Energie transportiert wird.
- **Erkläre,** warum ein Satellit nicht auf die Erde fällt.
- **Erläutere** die Begriffe fossile und erneuerbare Energieträger.
- **Skizziere** den Aufbau des Stromkreises.
- **Untersuche** die Wirkung von Haartrocknern mit verschiedenen Wattzahlen.
- **Nimm Stellung** zu der Aussage: „Reiben erzeugt elektrische Ladung."

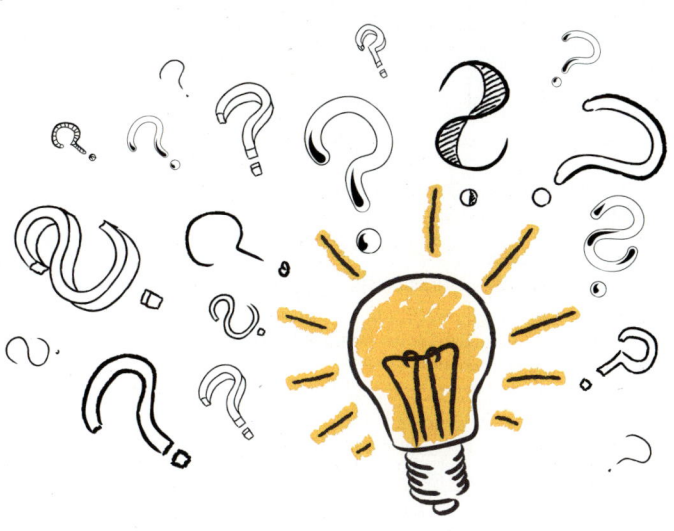

Diese Verben geben an, was du tun sollst. Sie werden auch als Operatoren bezeichnet.
→ 1

Operator	Das sollst du tun:
Nenne Gib an	Notiere Namen oder Begriffe. Verwende Fachwörter.
Beschreibe	Formuliere etwas so genau und ausführlich mit Fachwörtern, dass ein anderer es sich gut vorstellen kann.
Erkläre	Verstehe, wie etwas funktioniert oder aufgebaut ist. Führe die Funktionsweise und den Aufbau auf Regeln und Gesetze zurück.
Begründe	Gib die wichtigen Gründe oder Ursachen an.
Erläutere	Erkläre ausführlich anhand von einem oder mehreren Beispielen.
Vergleiche	Stelle Gemeinsamkeiten und Unterschiede zum Beispiel in einer Tabelle dar.
Skizziere	Fertige ein ganz einfaches Bild an, das auf den ersten Blick verständlich ist.
Zeichne	Gib dir Mühe, ein genaues und vollständiges Bild anzufertigen.
Berechne	Stelle den Rechenweg dar und gib das Ergebnis an.
Ermittle Bestimme	Komme durch eine Rechnung, eine Zeichnung oder einen Versuch zu einem Ergebnis.
Untersuche	Erforsche einen Zusammenhang mit einem oder mehreren Versuchen. Mache dir vorher einen Plan. Führe Protokoll.
Nimm Stellung Bewerte	Entscheide dich, ob du einer Aussage zustimmst oder sie ablehnst. Begründe dann deine Entscheidung. Führe sie auf Regeln und Gesetze zurück.

1 Operatoren im Physikunterricht und ihre Bedeutung

Tabellen

Größe	Formel-zeichen	Einheit		Weitere Einheiten		Beziehungen
Temperatur	T	Kelvin	K	Grad Celsius	°C	$0\,K \mathrel{\hat=} -273{,}15\,°C$ $0\,°C \mathrel{\hat=} 273{,}15\,K$
Länge Strecke Weg	l, s	Meter	m	Meile Zoll Lichtjahr	mi " ly	$1\,mi = 1609\,m = 1{,}609\,km$ $1" = 0{,}0254\,m = 2{,}54\,cm$ $1\,ly = 9{,}4605 \cdot 10^{15}\,m$
Fläche	A	Quadratmeter	m^2	Hektar	ha	$1\,ha = 10\,000\,m^2$
Volumen	V	Kubikmeter	m^3	Liter	l	$1\,l = 1\,dm^3 = 0{,}001\,m^3$ $1\,m^3 = 1000\,l$
Masse	m	Kilogramm	kg	Tonne	t	$1\,t = 1000\,kg$
Dichte	ϱ	Kilogramm pro Kubikmeter	$\frac{kg}{m^3}$	Gramm pro Kubikzentimeter	$\frac{g}{cm^3}$	$1\,\frac{g}{cm^3} = 1000\,\frac{kg}{m^3}$
Kraft	F	Newton	N			
Energie	E	Joule	J	Kilowattstunde	kWh	$1\,J = 1\,Nm = 1\,Ws$ $1\,kWh = 3{,}6\,MJ$
Leistung Energiestromstärke	P	Watt	W			$1\,W = 1\,\frac{J}{s} = 1\,\frac{Nm}{s}$
Zeit	t	Sekunde	s	Minute Stunde	min h	$1\,min = 60\,s$ $1\,h = 60\,min = 3600\,s$
Geschwindigkeit	v	Meter pro Sekunde	$\frac{m}{s}$	Kilometer pro Stunde	$\frac{km}{h}$	$1\,\frac{m}{s} = 3{,}6\,\frac{km}{h}$
elektrische Stromstärke	I	Ampere	A			
elektrische Spannung	U	Volt	V			$1\,V = 1\,\frac{W}{A}$
elektrischer Widerstand	R	Ohm	Ω			$1\,\Omega = 1\,\frac{V}{A}$

1 Physikalische Größen und ihre Einheiten

SI-Einheiten • Wir geben Längen in Metern und Kilometern an, Flächen zum Beispiel in Quadratmetern. In England verwendet man stattdessen Fuß, Meilen und Quadratfuß.
Temperaturen werden bei uns in Grad Celsius angegeben, in England in Fahrenheit.

Damit die verschiedenen Einheiten bei internationalen Projekten nicht zu Fehlern führen, hat man ein gemeinsames Einheitensystem festgelegt (SI-System). Es enthält 7 Grundgrößen. → 2
Alle anderen Größen werden aus diesen Grundgrößen abgeleitet.

Grundgröße	Länge	Masse	Zeit	elektrische Stromstärke	Temperatur	Stoffmenge	Lichtstärke
Formelzeichen	s	m	t	I	T	n	I_V
Einheit	Meter m	Kilogramm kg	Sekunde s	Ampere A	Kelvin K	Mol m	Candela cd

2 Grundgrößen und Einheiten des SI-Systems

Vorsilbe	Abkürzung	Multiplizieren mit	
Deka-	D	10	10^1
Hekto-	h	100	10^2
Kilo-	k	1 000	10^3
Mega-	M	1 000 000	10^6
Giga-	G	1 000 000 000	10^9

3 Vorsilben bei Vielfachen von Einheiten

Vorsilbe	Abkürzung	Multiplizieren mit	
Dezi-	d	0,1	10^{-1}
Zenti-	c	0,01	10^{-2}
Milli-	m	0,001	10^{-3}
Mikro-	μ	0,000 001	10^{-6}
Nano-	n	0,000 000 001	10^{-9}

4 Vorsilben bei Teilen von Einheiten

Zahl		
Zehn	10	10^1
Eintausend	1 000	10^3
1 Million	1 000 000	10^6
1 Milliarde	1 000 000 000	10^9
1 Billion	1 000 000 000 000	10^{12}
1 Billiarde	1 000 000 000 000 000	10^{15}
1 Trillion	1 000 000 000 000 000 000	10^{18}
1 Trilliarde	1 000 000 000 000 000 000 000	10^{21}

5 Vielfache von Zehn

Tabellen

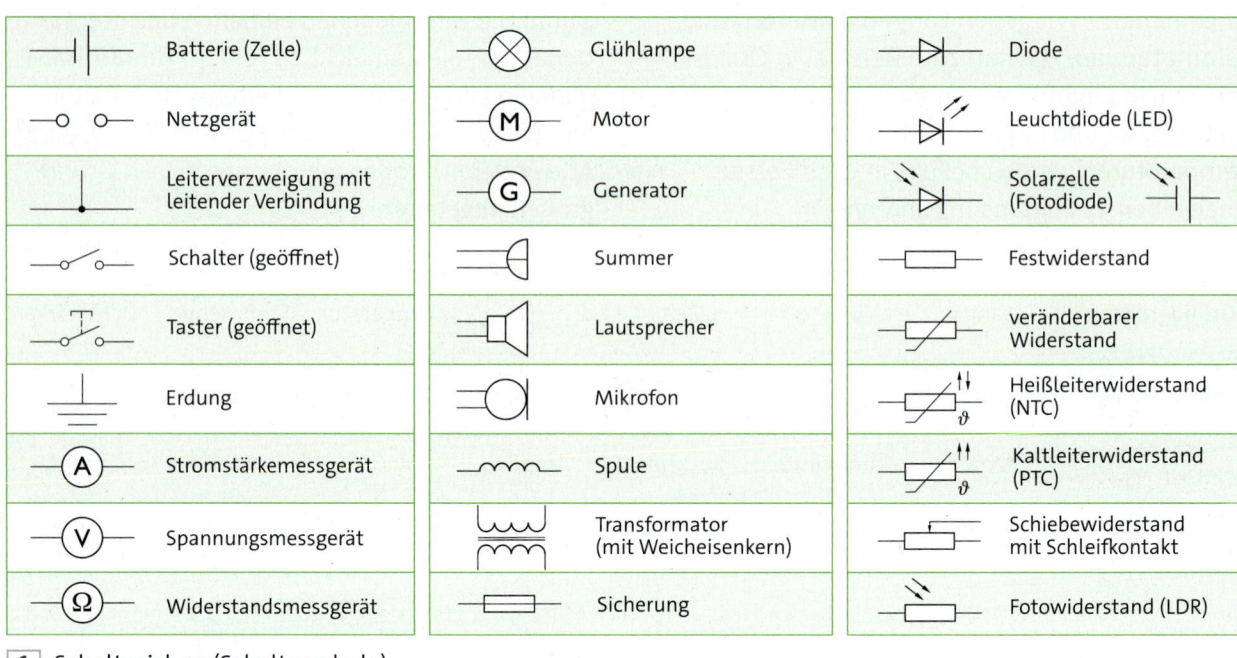

1 Schaltzeichen (Schaltsymbole)

Ringfarbe	1. Ring (1. Ziffer)	2. Ring (2. Ziffer)	3. Ring (Multiplikator)		4. Ring (Toleranz)
Schwarz	0	0			
Braun	1	1	0	10^1	±1 %
Rot	2	2	00	10^2	±2 %
Orange	3	3	000	10^3	
Gelb	4	4	0000	10^4	
Grün	5	5	00000	10^5	
Blau	6	6	000000	10^6	
Violett	7	7	0000000	10^7	
Grau	8	8			
Weiß	9	9			
Gold					±5 %
Silber					±10 %
keine					±20 %

Dieser Festwiderstand hat 1000 Ω ±5 %:
Braun   Schwarz   Rot   Gold
  1   0   00   ±5 %
Der Widerstandswert liegt zwischen 950 Ω und 1050 Ω.

2 Farbcode für Festwiderstände